企业生产管理

张　娴　辛曼玉　主编

电子工业出版社

Publishing House of Electronics Industry

北京·BEIJING

内 容 简 介

本书的主要内容有：生产管理基本概念与职能、企业的组织结构、生产计划策略与编制、核算生产期量标准与平衡生产能力、生产作业计划与作业控制、现代企业管理、生产设备的综合管理、生产成本控制与绩效考核。本书适合作为职业技术学校相关专业和企业管理人员培训机构教材。

图书在版编目（CIP）数据

企业生产管理 / 张娴，辛曼玉主编. —北京：电子工业出版社，2015.7
ISBN 978-7-121-26579-2

Ⅰ. ①企… Ⅱ. ①张… ②辛… Ⅲ. ①企业管理－生产管理 Ⅳ. ①F273

中国版本图书馆 CIP 数据核字（2015）第 155825 号

策划编辑：杨宏利
责任编辑：杨宏利　　　特约编辑：李淑寒
印　　刷：北京盛通数码印刷有限公司
装　　订：北京盛通数码印刷有限公司
出版发行：电子工业出版社
　　　　　北京市海淀区万寿路 173 信箱　邮编　100036
开　　本：787×1 092　1/16　印张：17.25　字数：441.6 千字
版　　次：2015 年 7 月第 1 版
印　　次：2024 年 8 月第 8 次印刷
定　　价：36.00 元

凡所购买电子工业出版社图书有缺损问题，请向购买书店调换。若书店售缺，请与本社发行部联系，联系及邮购电话：（010）88254888，88258888。

质量投诉请发邮件至 zlts@phei.com.cn，盗版侵权举报请发邮件至 dbqq@phei.com.cn。

本书咨询联系方式：（010）88254591，bain@phei.com.cn。

P 前 言
PREFACE

生产管理是一种很有意义的"管理技术和艺术"。说管理是技术,是因为管理有具体的方法和技巧。只有掌握这些具体的技巧和方法,并将其进行组合,运用自己的方式去表现它们,才能成为艺术。绘画也好,音乐也罢,都是这个道理,没有技术的艺术虽然不能说不是艺术,但至少是盲目的艺术。很多人认为管理是不需要学习或者不可掌握的。其实恰好相反,管理是必须学习的,必须掌握一些基本的技术和方法,才能通过灵活运用这些方法和技术来达到管理的目的。

随着信息化技术的发展及管理水平的不断提升,信息化生产管理成为制造企业生产管理的重要手段,通过信息化技术,掌握生产环节、生产速度、生产质量及生产工人的工作绩效,可以大大提升制造企业的生产管理水平。此外,在生产现场应用更多的自动化设备,可以大大提升生产效率,降低生产成本,保证产品质量稳定。

本书阐述了生产管理的基本理论、原则和方法,以及如何对生产活动进行计划、组织和控制。本书以生产管理工作所需的知识和实用技能为核心来编写,遵循"以理论为基础、以技能为主导"的原则,注重知识的应用性和实践性。

本书由贵阳学院的张娴和东莞职业技术学院的辛曼玉主编,辛曼玉编写了第1、2、4章,张娴编写了第5章,王旭东、李郁文、罗春玲、刘浩、郑瑜、毕凌云编写了第3、6、7、8章。本书在编写中参考了同类题材的优秀文献,使其内容更加丰富,知识更加全面,在此向这些文献的作者表示衷心的谢意。

编 者
2015 年 1 月

目录
C ONTENTS

VII

绪 论

1. 生产管理的概念

（1）生产管理

生产管理是对企业生产系统设置和运行的各项管理工作的总称，又称生产控制。其内容包括以下几方面。

① 生产组织工作，即选择厂址，布置工厂，组织生产线，实行劳动定额和劳动组织，设置生产管理系统等。

② 生产计划工作，即编制生产计划、生产技术准备计划和生产作业计划等。

③ 生产控制工作，即控制生产进度、生产库存、生产质量和生产成本等。

（2）生产管理的任务

① 通过生产组织工作，按照企业目标的要求，设置技术上可行、经济上合算、物质技术条件和环境条件允许的生产系统。

② 通过生产计划工作，制定生产系统优化运行的方案。

③ 通过生产控制工作，及时有效地调节企业生产过程内外的各种关系，使生产系统的运行符合既定生产计划的要求，实现品种、质量、产量、出产期限和生产成本的预定目标。

生产管理的目的就在于，做到投入少、产出多，取得最佳经济效益。而采用生产管理软件的目的，则是提高企业生产管理的效率，有效管理生产过程中的信息，从而提高企业的整体竞争力。

2. 生产管理的九大模块

生产管理包含计划管理、采购管理、制造管理、品质管理、效率管理、设备管理、库存管理、士气管理及精益生产管理共九大模块。

3. 生产管理的目标

① 高效：迅速满足用户需要，缩短订货、提货周期，为市场营销提供争取客户的有利条件。

② 低耗：人力、物力、财力消耗最少，实现低成本。

③ 灵活：快速适应市场变化，生产不同品种并不断开发新品种。

④ 准时：在用户需要的时间，按用户需要的数量，提供所需的产品和服务。

⑤ 高品质和满意服务：产品和服务质量达到顾客满意的水平。

4. 信息化生产管理

（1）信息化背景

随着信息化技术的发展及管理水平的不断提升，信息化生产管理成为制造企业生产管理的重要手段，通过信息化技术，掌握生产环节、生产速度、生产质量及生产工人的工作绩效，可以大大提升制造企业的生产管理水平。此外，在生产现场应用更多的自动化设备，可以大大提升生产效率，降低生产成本，保证产品质量稳定。

（2）生产管理系统

① 制造资源计划管理系统（ERP）。

② 制造企业生产过程管理系统（MES）。

③ 生产设备和工位智能化连网管理系统（DNC）。

④ 生产数据及设备状态信息采集分析管理系统（MDC）。

⑤ 制造过程数据文档管理系统（PDM）。

⑥ 工装及刀夹量具智能数据库管理系统（Tracker）。

⑦ NC 数控程序文档流程管理系统（NC Crib）。

5. 生产管理的三大手法

（1）目视管理

所谓目视管理，是指通过视觉导致人的意识变化的一种管理方法。目视管理有以下三个要点。

① 无论是谁都能判明是好是坏（异常）。

② 能迅速判断，精度高。

③ 判断结果不会因人而异。

在日常活动中，人们是通过五感（视觉、嗅觉、听觉、触觉、味觉）来感知事物的。其中，最常用的是视觉。据统计，人的行动的 60%是从视觉的感知开始的。因此，在企业管理中，强调各种管理状态、管理方法清楚明了，使人"一目了然"，确保员工容易明白、易于遵守，让员工自主理解、接受、执行各项工作，这将会给管理带来极大的好处。

（2）管理看板

管理看板是管理可视化的一种表现形式，主要是对管理项目特别是情报进行的透明化管理活动。它通过各种形式（如标语、现况板、图表、电子屏等）把文件上、脑子里或现场等隐藏的情报揭示出来，以便任何人都可以及时掌握管理现状和必要的情报，从而能够快速制定并实施应对措施。因此，管理看板是发现问题、解决问题的非常有效且直观的手段，是现场管理必不可少的工具之一。

管理看板是一种高效而又轻松的管理方法，对于企业管理者来说用处很大。

（3）异常管理看板

异常管理看板的内容包括异常呼叫时间点、异常开始处理时间点、异常处理结束时间点，由此统计异常处理时间、异常发生率、异常发生率趋势等。

管理中最核心的问题是对人的激励。激励不是操纵，不是牵制，而是对人的需要的满足，是通过满足需要对人的行为的引导和对人的积极性的调动。人的需要就是人的本性，只有认识人性的特点，适应人性的特点，才能使激励具有有效性。在企业管理中只有设身处地为员工着想，将心比心，才能赢得员工的真心，从而有效激励员工。

6. 生产管理绩效考核

生产管理绩效是指生产部门所有人员通过不断丰富自己的知识、提高自己的技能、改善自己的工作态度，努力创造良好的工作环境及工作机会，不断提高生产效率、提高产品质量、提高员工士气、降低成本以及保证交期和安全生产的结果和行为。生产部门的职能就是根据企业的经营目标和经营计划，从产品品种、质量、数量、成本、交货期等市场需求出发，采取有效的方法和措施，对企业的人力、材料、设备、资金等资源进行计划、组织、指挥、协调和控制，生产出满足市场需求的产品。生产管理绩效主要包括以下6个方面。

（1）效率

效率是指在给定的资源下实现产出最大，也可理解为针对作业目的所采用的工具及方法是否最合适并被充分利用。效率提高了，单位时间人均产量就会提高，生产成本就会降低。

（2）品质

品质就是把顾客的要求分解，转化成具体的设计数据，形成预期的目标值，最终生产出成本低、性能稳定、质量可靠、物美价廉的产品。产品品质是一个企业生存的根本。对于生产主管来说，品质管理和控制的效果是评价其生产管理绩效的重要指标之一。

（3）成本

成本是产品生产活动中所发生的各种费用。企业效益的好坏在很大程度上取决于相对成本的高低，如果成本所挤占的利润空间很大，那么企业的净利润就会降低。因此，生产主管在进行绩效管理时，必须将成本管理作为其工作的主要内容之一。

（4）交货期

交货期是指准时送达所需数量的产品或服务，即在用户需要的时间，按用户需要的数量，提供所需的产品和服务。一个企业即便有先进的技术和先进的检测手段，能够确保所生产的产品质量，而且生产的产品成本低、价格便宜，但是没有良好的交货期管理体系，不能按照客户指定的交货期交货，那么客户也不会购买该企业的产品。因此，交货期管理非常关键，不能严守交货期也就失去了生存权，这比品质、成本管理更为重要。

（5）安全

安全生产管理就是为了保护员工的安全与健康，保护财产免遭损失，安全地进行生产，提高经济效益而进行的计划、组织、指挥、协调和控制等一系列活动。安全生产对于任何一个企业来说都是非常重要的，因为一旦出现生产事故，不仅会影响产品质量、生产效率、交货期，还会给员工个人、企业带来很大的损失。

（6）士气

员工士气主要表现在三个方面：离职率、出勤率、工作满意度。高昂的士气是企业活力的表现，是取之不尽、用之不竭的宝贵资源。只有不断提高员工士气，才能充分调动员工的积极性和创造性，让员工发挥最大的潜能，为公司的发展作出尽可能大的贡献，从而使公司快速发展。

生产管理绩效应该从以上 6 个方面进行全面考核。

7. 基本业务

（1）制定生产计划

这里所说的生产计划主要是指月计划、周计划和日计划。原则上，生产部门要以营销部门的销售计划为基准来确定自己的生产计划，否则在实行时很可能会出现产销脱节的问题——要么是生产出来的产品不能出货，要么是能出货的产品却没有生产，不管是哪一种情形，都会给企业带来浪费。当然，由于市场本身瞬息万变，所以营销部门有时也无法确定未来一段时期内的销售计划。这时，生产部门就要根据以往的出货情况及当前的库存情况安排计划。生产计划做出来后一定要传达给采购部门及营销部门。

（2）把握材料的供给情况

虽然说材料的供给是采购部门的职责，但生产部门有必要随时把握生产所需的各种原材料的库存数量，目的是在材料发生短缺前能及时调整生产并通报营销部门，以便最大限度地减少材料不足所带来的损失。

（3）把握生产进度

为了完成事先制定的生产计划，生产管理者必须不断确认生产的实际进度。起码要每天将生产实绩与生产计划比较一次，以便及时发现差距并采取有效的补救措施。

（4）把握产品的品质状况

衡量产品品质的指标一般有两个：过程不良率及出货检查不良率。把握品质不仅要求生产管理者了解不良数据，更要求生产管理者对品质问题进行持续有效的改善和追踪。

（5）按计划出货

按照营销部门的出货计划安排出货，如果库存不足，应提前与营销部门联系以确定解决方法。

（6）对从业人员的管理

和单纯技术工作不同的是，生产管理者要对自己属下的广大从业人员负责，包括把握他们的工作、健康、安全及思想状况。对人员的管理能力是生产管理者业务能力的重要组成部分。

（7）职务教育

生产管理者要对属下的各级人员实施持续的职务教育，目的在于不断提高他们的思想水平和工作能力，同时预防某些问题的再发生。为了做到这一点，生产管理者要不断提高自身的业务水准，因为企业不可能完全依靠聘请外部讲师来完成教育计划。

8. 生产管理的具体内容

生产管理的具体内容有以下几项。

① 基础数据维护。生产管理的基础数据有：产品用料构成、工时定额、设备信息、生产线信息、工序信息等。

② 产品用料。产品用料定义了每种产品的材料构成及用量，即生产某种产品需要哪些材料及要多少。

③ 工时定额。工时定额定义了每道工序的标准工时，可以此为标准进行工时统计。

④ 设备信息。设备信息记录了各种设备的基本信息，如所在生产线名称、设备名称、型号、工作状态、责任人、安装时间、原值、折旧年限、折旧方法、净残值等，可为成本计算提供依据。

⑤ 生产线信息。生产线信息记录了各生产线的基本信息，如生产线编号、生产线名称、对应工序、安装地点等。

⑥ 工序信息。工序信息定义了各道工序的编号、名称和作业内容。

⑦ 模具库。模具库用于存放模具信息，如模具编号、名称、规格、对应客户等，可以多种条件随时查询。

⑧ 生产计划维护。生产计划来自销售管理、生产管理及库存管理，生产计划是下达生产任务的依据。

⑨ 下生产单。下生产单是执行生产计划的第一步，填写生产单时可直接引用生产计划，也可手动填写。

⑩ 生产备料。生产备料是根据物料需求清单确定库存物料是否短缺，如果短缺，则要确定是外购还是生产，以及外购多少或生产多少。

⑪ 生产领料。备料完成后，不足部分的物料等待采购或生产，已有的物料可先领取，以便进行生产。生产领料后即可进行生产。

⑫ 工序进料。工序进料用于记录进入生产线各道工序的物料量，并根据领料量，计算物料剩余量。

⑬ 工序退料。工序退料用于将多领或错领的物料退还仓库，退料单确认后，物料直接入仓。

⑭ 工序记录。工序记录用于对产品生产的每道工序进行详细记录，以便及时了解产品的生产情况。

⑮ 工时统计。工时统计是依据工时定额，计算并统计产品生产的人工工时，以便计

算工人工资。

⑯ 制定维修计划。制定设备的短期、长期、临时维修计划，以便及时、准确、高效地对设备进行必要的维修，确保设备正常运行。

⑰ 生产月报表。生产月报表用于对当月的材料使用情况进行统计，统计的信息有材料名称、单位、投料量、使用量、废料量、材料利用率等。

9. 细节突破管理

在生产技术及生产管理技术方面，企业要注意做好行业生产基础技术的积累和创新工作，认真做好每一步骤。在生产管理技术上更需要深入细节，因为生产管理本身就是细节的管理，需要注意每一数据的变化情况，在生产计划、组织、指挥、协调、控制诸方面做到细致、细心、关注细节。

在生产设备方面，要注重设备功能在细节方面的改进和优化，注意前后流程间相关设备的对接和协同一致，在引进先进设备的同时一定要注意设备维护和生产环境维护等工作，提高设备使用率，降低设备使用成本。

在员工素质方面，要做到从操作规程、设备使用技巧、工艺技术等方面提高员工工作能力，强化员工的细节意识，并明确细节工作对于整个组织的意义和重要性，努力培养注重细节的工作氛围和车间生产环境等，充分提高员工素质，以提高工作效率。

10. 生产管理职业资格

《生产运作管理师国家职业标准》已经由原劳动和社会保障部（现人力资源和社会保障部）正式颁布施行。该标准全面、系统地规定了助理生产运作管理师（国家职业资格三级）、生产运作管理师（国家职业资格二级）和高级生产运作管理师（国家职业资格一级）应该掌握和具备的知识和技能，并对三个级别的培训鉴定方法做了明确规定。

该标准的颁布实施标志着我国生产运作管理人员的职业培训及资格认证有了统一规范和科学依据，并被正式纳入国家考试制度这一法制轨道。依照该标准，经过正规培训并且鉴定考试合格者，可获得由人力资源和社会保障部颁发的中华人民共和国职业资格证书（简称国家职业资格证书）。

第1章

生产管理基本概念与职能

1.1 生产的概念

1.1.1 生产的发展与概念的形成

1. 生产的发展

生产是伴随着人类历史发展而产生的，从古至今，人类一直从事着不同形式的生产以满足自己的生存、生活需要。生产的发展大体分为 3 个阶段。不同的阶段，生产的概念也有所不同。

（1）自然物的生产

这个阶段的生产是以自然物为对象的生产活动。从原始社会开始，人类为了生存，以自然界的资源为生产对象，如采集果实和狩猎，以此来满足自己的生理需要。获取的果实多了就设法进行播种，以保证来年有收成；而获取的猎物多了，就把它们圈养起来，让它们繁衍，等到人们找不到猎物时，再将那些圈养的猎物杀死以充食。这就是最早的生产活动——农耕、畜牧、捕捞等。原始的生产方式发展到今天，就形成了包含农、林、牧、渔的第一产业。

（2）有形物的生产

随着人类社会不断进步，奴隶社会、封建社会和资本主义社会等社会形态不断产生。在这些社会里，人们除了对自然界的资源进行生产、使用、占有之外，还希望改变这些自然资源的形态以达到丰富人们生存、生活所需的目的。例如，把坚硬的铁矿石冶炼为铁，再制成镰刀、锄头等更利于生产活动的工具。随着生产力的不断提高，人们渐渐开始了提炼、制造等生产活动。这些活动的结果都产生了人们需要的有形物。有形物生产发展到今天，就是包括制造业、建筑业等在内的第二产业。

（3）无形物的生产

在非自给自足社会里，人们进行有形物生产在大多数情况下不是为了自己使用，更多的是提供给其他需要的人使用。随着社会分工的细化，一个人无法生产出他所需要的所有生活用品，他需要用自己生产出的物品去交换所需要的物品。于是人们开始了最早的物品交换，产生了货币，出现了商品交换。而随着商品交换的日益繁荣，生产者已无法保证自己的产品及时、广泛地进行交换，于是就产生了帮助生产者进行商品交换的活动。正是这些活动，使有形物的生产者和使用者得到了有效联系，从而推动了有形物生产。这样的过程虽然没有改变有形物（商品）的性质，但使有形物（商品）的效用得到了发挥，或者满足了人们的需求，这就是包括运输、销售、贸易流通、服务等在内的第三产业。

2. 生产的概念

什么叫生产？从广义上讲，生产是指以一定生产关系联系起来的人们把生产要素的投入转为有形和无形的生产财富（产出），从而增加附加价值并产生效用的过程。这种生产包括物质产品和非物质产品的生产，产出的财富包括产品、服务和知识，生产的目的是增加附加值和产生效用。广义的生产范畴非常广泛，不同类别的生产有不同的规律。在人们的实际认识中，更多的是把生产看成有形物的生产，也就是第二产业的生产。狭义地讲，生产是指"以一定的生产关系联系起来的人们利用生产工具改变劳动对象以适合自己需要的过程"。

本书讨论的是狭义的生产及在此基础上的生产管理。

怎样理解生产这一概念呢？以煤变"棉花"的例子来说明，如图 1-1 所示。

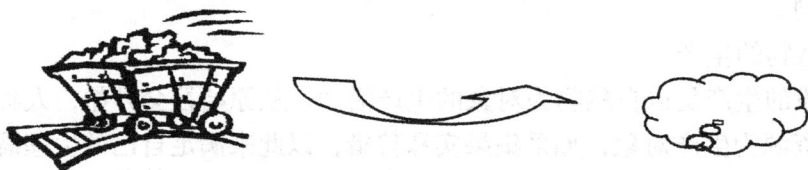

图 1-1　煤变"棉花"

煤是一种黑色的既硬又沉的天然原料，把它变成人们需要的白色的既软又轻的"棉花"，在生产技术不发达的年代是不可想象的，即使在今天，没有接受过高中以上教育的人也觉得不可思议。实际上这样一个变化的过程就是典型的生产。生产的过程是把原料变为中间产品，再变为成品，如图 1-2 所示。

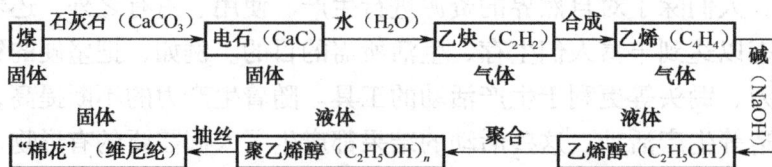

图 1-2　"棉花"（维尼纶）生产过程

在这一过程中，劳动对象由煤变成了"棉花"，实现了劳动目的，生产工具包括电炉、聚合釜等设备。生产联系起来的人们就是生产维尼纶的工厂中的车间、班组工人和各级管理者。

因此，生产也可说是劳动者使用劳动工具使原料变成产品的过程。产品就是劳动者劳动的目的，即生产的目的。

生产在现实生活中比比皆是，如汽车厂把钢板等原料加上橡胶、玻璃、电气设备等一些中间产品组装成汽车等。

1.1.2 生产系统及其要素

1．生产系统

生产系统是企业大系统中的一个子系统，主要指生产的输入、转换、输出（实物产品、服务和知识）的过程，其目的是实现价值增值，满足社会（用户）需要，增加企业利润和提高职工福利。

2．生产系统的组成

生产系统的组成，如图 1-3 所示。

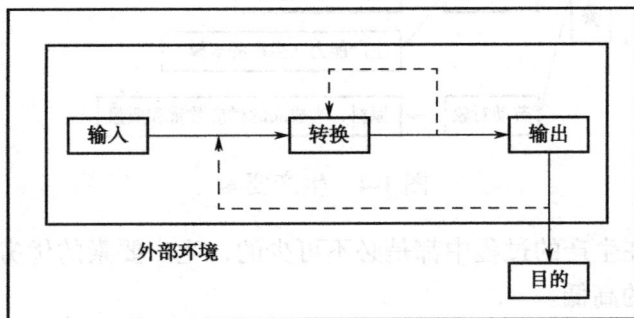

图 1-3　生产系统的组成

企业输入的生产要素，一般包括人、知（知识）、机（机器设备、工具）、料（原材料、外购件）、法（工艺方法）、资（资金）、能（能源）、信（生产信息，如生产计划、定额）等。

生产系统的转换，是指生产制造过程和质量、成本、设备、库存等管理过程。生产制造过程包括生产过程的空间组织、时间组织、劳动分工与协作、按预定的工艺流程生产出产品。质量、成本、设备、库存等管理过程，主要指生产过程中控制质量、成本、库存和维修设备等。

生产系统的输出，是指输出实物产品、服务和知识。

生产系统要有明确的目的性，这是系统设立的前提。在社会主义市场经济条件下，生产系统设立的目的就是实现价值增值，满足国家经济建设的需要和用户需要，增加企业利润和提高职工福利。生产系统要强调效益性，争取输出大于输入，提供高效益。

外部环境与生产系统之间存在物质、能量与信息的转换。生产系统要不断适应外部环境，加强内部协调性工作。为了改善生产工作，还应随时注意信息的反馈，从而使生产顺畅地进行，生产出符合要求的产品或提供服务。企业要增强生产系统对外部环境的适应性，在震荡的外部环境中做到应付自如、反应机敏。企业可采用柔性制造系统、混流生产平准化、计算机辅助管理等方法。

从生产的概念中可知，生产出某种产品必须有劳动者（工厂管理者和工人）、劳动工具（全厂的生产设备）和劳动对象（工厂的原料或半成品），这三大方面组成了生产系统。每一个大方面又由许多小的重要方面组成，这些重要方面直接影响生产的效果，称为生产要素，如图1-4所示。

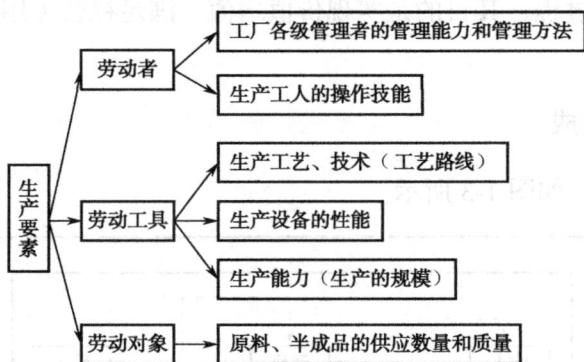

图 1-4　生产要素

上述生产要素在生产的过程中都是必不可少的，生产要素的优劣决定了产品成本、质量和市场竞争力的高低。

生产系统要素也可以从硬件和软件两个方面分为结构化要素和非结构化要素。

（1）生产系统的结构化要素

生产系统的结构化要素，主要是构成生产系统物质形式的那些硬件及它们之间的相互关联。结构化要素主要包含生产技术、生产设施、生产能力和生产系统的集成等。各结构化要素的内涵如下。

生产技术，是指生产工艺技术的特点、工艺技术水平、生产设备的技术性能等。它通过生产设备构成和技术性能反映生产系统的工艺特征、技术水平。

生产设施，是指生产性建筑物、机器设备、生产装置的构成及规模。

生产能力，是指生产系统内机器设备等生产性固定资产的种类、技术性能、数量及相互关系，它反映生产的可能性。

生产系统的集成，是指系统的集成范围、集成的方向（即生产过程的纵向集成、横向集成）、系统与外部的联系等，它反映出企业生产系统的结构形式。

结构化要素是形成生产系统框架结构的物质基础。建立这些要素需要的投资大，一旦建立起来并形成一定的组合关系之后，再进行调整难度较大，因此决策时应该慎重。当然，如果结构化要素确实落后了，企业效益不高，那就需要进行必要的调整，这是不可避免的。

（2）生产系统的非结构化要素

生产系统的非结构化要素是指在生产系统中起支持和控制系统运行作用的要素。非结构化要素大部分以软件的形式出现，主要包括人员组织、生产计划、生产库存和质量管理等。各非结构化要素的内涵如下。

人员组织，是指人员素质特点、人事管理制度、劳动定额、定员、组织机构等。它是对系统进行组织，使其运作的决定性因素。

生产计划，是指计划的类型、编制、实施和控制。它决定着生产系统的顺利运行。

生产库存，是指库存类型、库存储备量、库存控制方式等。它是生产系统正常运转的基本条件之一，直接影响生产系统的经济效益。

质量管理，是指质量标准的制定、质量检验、质量控制和质量体系的建立。它是生产系统正常运作和产品质量的基本保证。

建立上述非结构化要素，一般不需要很大的投资，建成后对它们的改变和调整较容易。因此，对于采用何种非结构化要素，决策的风险较小。但是，随着企业不断发展和进步，非结构化要素的作用会愈来愈大。在某些情况下，非结构化要素能够以很大的作用力影响结构化要素。

优化生产系统的结构，也就是提高企业的装备水平、员工素质和管理能力。企业的装备水平越先进、员工素质越高、管理能力越强，企业生产管理的效率就越高，必然会产生良好的效益，具有较强的竞争力。因此，任何一个企业都应高度重视生产系统这一基础条件，这对搞好企业生产管理是非常重要的。从下面的案例中可以很好地理解这个道理。

典型案例

案例 1.1　两种国产汽车的生产工艺技术

国内某牌号汽车的产品质量相对不好，虽然拥有一定的市场占有率，但市场销售价格一直偏低。这是为什么呢？原因在于这种汽车生产的工艺路线和工艺要求决定了它的价格。这种汽车的生产线装配是由人工完成的。例如生产引擎盖，两块薄铁板冲压成形后要焊接，该厂的生产工艺是由工人手工随意沿边焊接几个点，焊接的点不固定，由操作工人凭感觉大致确定，焊接完的引擎盖焊点明显不一致。两块薄板联结本应该有最佳的着力点，但实际焊接时却这样随意（赶进度），怎能保证质量？由此也就不难理解这种汽车受冲击易变形的原因，当然也就不难理解其价格为什么较低了。

反之，国内另一种牌号汽车使用的是自动化生产线，选用的引擎盖薄板较厚，冲压成形后，进入自动化装配线沿边满焊，受力均匀，焊接牢固。因此，这种品牌的汽车耐冲击能力更强，产品质量更好，售价自然比前一种车更高。

案例 1.2　高原明珠——云南铝业股份有限公司

据报道，2005 年中国铝行业 80% 的企业亏损，云南铝业股份有限公司既无资源优势，又无市场销售优势（原料从国外进口，运距远；产品主要销往广东、上海等发达地区和国外市场），但却连年取得骄人的成绩。为什么？仔细分析不难看出，原因就是该公司通过不懈的努力，使公司的生产要素实现了不断优化，并得到了最佳组合。该公司积极进行创新。

技术创新：不断跟踪世界先进电解铝工业技术，采用先进的 30 万 kVA 电解生产技术，仅这一项技术每吨产品就可节电 1000kWh。

管理创新：不断学习和运用科学的管理方法和手段，提高企业管理水平，如通过质量管理、环境管理、职工安全生产管理的国际认证等。

人才培养：从制度和效益挂钩入手，通过学历教育和多渠道培训使员工文化素质不断提高，员工整体素质明显优于其他同类企业。

这些都是该公司优化生产要素的重大举措，正因为有这些措施，才保证了该公司虽地处西南边陲却成为全国电解铝行业的骄子，成为一颗耀眼的高原明珠。

从以上两个案例，可以看出生产要素的优劣对于生产是至关重要的。

1.2　企业的特征与类型

企业是从事生产、流通、服务等经济活动，向社会提供产品或劳务，满足社会需要并获取赢利，实行自主经营、自负盈亏、独立核算，具有法人资格的经济组织。

1.2.1　企业的特征

1. 经济性

企业是从事生产、流通或服务性活动的经济组织。经济组织，是企业与不从事经济活动的行政单位、事业单位和群众组织的根本区别。企业的特点就是它所有活动的最终目的是赢利，产生利润。因而区别企业和行政事业单位的主要标志之一就是企业要向国家上缴税收，而行政事业单位不向国家上缴税收，如公立学校不能以赢利为目的，也不需要向国家上缴税收。

2. 赢利性

任何企业必须以赢利为目的。不讲效益、没有赢利的企业将难以维持简单再生产，更谈不上扩大再生产，终将被淘汰。当然，社会主义企业与资本主义企业的赢利在本质上是有区别的。

3．独立性

企业是实行独立经济核算、自负盈亏的商品生产者和经营者，不是行政机构的附属物。

4．社会性

企业是国民经济整体的基本组成单位，是国民经济有机体中的一个"细胞"。因此，它必然与国民经济其他部门相互依存、相互协作。一方面，它的生存与发展有赖于其他部门的支持配合；另一方面，它必须承担一定的社会责任，以促进整个社会的文明与进步。

1.2.2 企业的类型

1．按资本组成形式划分

按资本组成形式划分的企业类型有独资企业、合伙企业和公司，如图 1-5 所示。

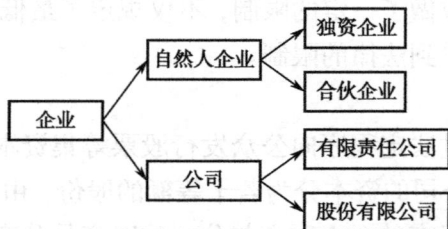

图 1-5　按资本组成形式划分的企业类型

（1）独资企业（Sole Proprietorship）

独资企业是指由个人独资经营，归个人所有和控制的企业。这种企业在法律上为自然人企业，不具有法人资格，是历史最久、最简单的企业形式。在资本主义国家中，这种所有制形式的企业占企业总数的 70%以上。独资企业的业主独自经营，独自对盈亏负责，对企业的债务负有连带无限责任。这类企业规模和寿命通常有限。在西方，独资企业常见于农业和零售业等。

（2）合伙企业（Partnership）

合伙企业是指由两个人或更多人以订立合同的方式成立的联合经营的企业。在这种组织形式下，合伙人之间的关系以及各人的权利与义务在他们订立的合同中明确规定；如果没有这一合同，则合伙人对合伙企业的利润和损失应均等分配。

合伙企业的特点是合伙人对企业债务负有无限责任，也就是说，合伙人的私有财产可作为其债权人的担保品。因此，每个合伙人都有权参与合伙企业的经营管理，并在企业所从事的业务范围内，有权作为合伙企业或其他合伙人的代理人。任何合伙人死亡、得了精神病或宣告破产，合伙企业即告结束。一些国家的法律规定，合伙企业是法人；而更多的国家则认为，合伙人与合伙企业不能分离，因此不承认合伙企业是法人。但是，合伙企业可以用其商号起诉或被诉。合伙企业一般都是较小的企业，而且大多限于零售业。在西方，会计师事务所和律师事务所往往是合伙企业，而且有些规模相当大。较大企业中合伙经营的还有房地产业等。

（3）公司

独资企业和合伙企业都是自然人企业，而公司是法人实体，就是在法律上具有独立的人格。公司有权用自己的名义来从事经营、和他人订立合同、向法院提起诉讼或被诉等。简言之，公司作为法人，能和自然人一样成为权利的主体。公司又可分为有限责任公司和股份有限公司两种基本形式。

① 有限责任公司。

有限责任公司是指各股东对企业所负责任仅以出资额为限，一般是由较少股东组成的公司，亦称有限公司。公司股东既可以是自然人，也可以是法人。有限责任公司的资本数额由股东自定，并由股东全部交足，不得分期付款或向公众募集资金，也不分为若干等额的股份。一般来说，无沦出资多寡，每一股东都有一票表决权。不少国家的法律对有限责任公司的股东人数做了一定的限制，不仅规定了最低人数，也规定了最高人数。同时，股东转让其股份也受到法律的限制。

② 股份有限公司。

股份有限公司是指通过法定程序向公众发行股票筹集资本，由有限责任股东组成的一种企业组织。股份有限公司的资本分为若干等额的股份，由股东按股认缴，取得股票，并按所持股票取得股息。股东的个人财产与公司的财产是分离的，股东对公司债务不负任何责任，一旦公司破产或解散后进行清算，公司债权只能对公司的资产提出要求而无权直接向股东起诉。公司的股份可以自由转让，其股票在社会上（主要通过证券交易所和银行）公开出售。一般来说，只要愿意支付股金，任何人都可获得股票而成为股东。股票所有人可以自由出售和转让其股票，但不能向公司退还股票索回股本。股份有限公司不会因股东变更而消失，它可以长期而稳定地存在。各国公司法一般都规定，股份有限公司必须在每个财政年度终了时公布公司年度报告，其中包括董事会的年度报告、公司损益表和资产负债表等。这类公司的拥有者和管理者一般是分离的，负责企业经营管理活动的是董事会和总经理。股份有限公司具有股本大、资金雄厚、规模庞大、竞争力强、股东众多等特点。早在18世纪初，股份有限公司就出现于欧洲，到19世纪下半叶已在欧美得到了广泛发展。目前，西方国家中的绝大多数大企业和跨国公司都采取股份有限公司的形式。

2. 按生产性质划分

按生产性质划分的企业类型有工业企业、流通企业和服务企业，如图1-6所示。

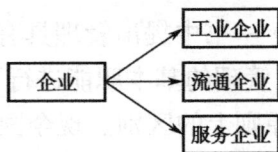

图 1-6　按生产性质划分的企业类型

（1）工业企业

工业企业是通过改变劳动对象，使原料变为产品，产品的价值大于原料的价值，因而产生利润的组织，如化工厂、冶炼厂、制造厂等，生产的过程改变了原料的性质和功能。

（2）流通企业

流通企业是通过把商品从制造商或供应商提供给另一供应商或客户，从商品的差价中获取利润的组织，如商场、超市、贸易公司等，流通过程并不改变商品的性质和功能（因商品超期等因素导致商品变质的除外）。

（3）服务企业

服务企业是通过满足人们的需求而得到报酬，从而产生利润的组织，如运输企业、宾馆、餐馆、金融服务企业等，服务的过程并不提供商品或不主要提供商品。

工业企业属于第二产业，流通企业和服务企业属于第三产业（第一产业是农业）。随着社会的不断进步，从事不同产业的人数以及不同产业创造的价值正在发生变化。美国从事第一产业的劳动者占全国人口的 3%，从事第二产业的占 25%，从事第三产业的占72%。目前，中国从事第三产业的人口仅占全国人口的 17%，但随着中国产业结构的变化，这一比例会不断提高。

1.3　生产管理

生产是由许多要素构成的，这些要素的差异使生产的效果不同。有些厂家工艺技术和装备水平都一样，但生产的效果却有明显的差距。究其原因是这些厂家的生产要素不同。其中主要是管理者对生产要素的组织和控制处于不同的状态，也就是说这是生产管理的能力和方法的差异造成的。由此可见，生产管理对于企业来说是非常重要的。那么，什么是生产管理呢？生产管理是指对企业全部生产系统进行计划、组织、领导和控制，以实现生产目的，全面地提高经济效益。

1.3.1　生产管理的职能和作用

1. 生产管理的职能

管理的职能，也就是管理要做些什么，可以理解为管理系统所具有的功能和职责。最早系统地提出管理的基本职能的是法国实业家亨利·法约儿（Henri Fayol）。他在 1916

年出版的《工业管理与一般管理》一书中提出管理具有计划、组织、指挥、协调和控制 5 项职能。后来,许多管理学者对管理的基本职能进行了研究,提出了一些不同的看法。但从总体上看,这些看法并没有原则上的区别。现今国内外许多学者认为管理具有 4 项基本职能,即计划、组织、领导和控制,如图 1-7 所示。

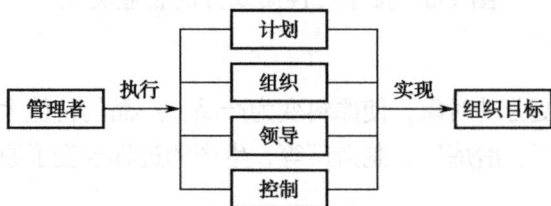

图 1-7　管理的 4 项基本职能

（1）计划职能

计划职能是指管理者对要实现的组织目标和应采取的行动方案做出选择和具体安排,包括明确组织的使命、分析外部环境和内部条件、确定目标、制订战略和作业计划、制订决策程序等。任何管理活动都是从计划开始的,因此计划是管理的首要职能。正确发挥计划职能的作用,有利于组织主动适应市场需求和环境变化,根据组织的竞争态势,对生产经营活动做出统筹安排;有利于组织正确地把握未来,应对外部环境带来的不确定性,在变动的环境中稳定地发展;有利于使全体员工将注意力集中于组织的目标;有利于对有限的资源进行合理分配和使用,以取得较高的效率和效益。

（2）组织职能

组织职能是指管理者根据计划对组织活动中各种要素和人们的相互关系进行合理的安排,包括设计组织结构、建立管理机制、分配权力和资源、配备人员、建立有效的信息沟通网络、监督组织运行等。组织工作是计划工作的自然延伸,其目的是把组织的各种要素、各个部门和各个环节,从劳动的分工和协作、时间和空间的联结以及相互关系上,都合理地组织起来,使劳动者之间以及劳动者和劳动工具、劳动对象之间,在一定的环境下形成最佳的结合,从而使组织的各项活动协调有序地进行,不断提高组织活动的效率和效益。

（3）领导职能

每一个组织都是由人组成的,管理者的主要任务之一是指导和协调组织中的人,这就是领导（Leading）。领导职能是指管理者带领和指挥下属努力实现目标的过程。有效的领导职能要求管理者在合理的制度（领导体制）环境中,针对组织成员的需要和行为特点,运用适当的方式,采取一系列措施去提高和维持组织成员的工作积极性。下属一般愿意服从那些能理解其思想和行为并且能满足其需要的领导者,因此,领导职能包括运用影响力、激励和沟通等。

（4）控制职能

控制（Controlling）职能是指管理者在建立控制标准的基础上,衡量实际工作绩效,分析出现的偏差，并采取纠偏措施的过程。控制职能和计划职能密不可分，计划是控制的前提，为控制提供目标和标准，没有计划就不存在控制；控制是实现计划的手段，没有控制，计划就不能顺利实现。

管理的 4 项职能是相互联系的，它们既相互依存，又各自发挥其独立的作用。虽然组织中所有管理者都要执行管理的 4 项基本职能，但处于不同层次的管理者在这 4 项职能上所花的时间是不一样的。随着管理者职位的提升，他们从事更多的计划工作和更少的直接领导工作。例如，高层管理者要花更多的时间来考虑组织的发展战略和整个组织的设计，而基层管理者则要更多地考虑如何激励下属的工作。这种变化见表 1-1。

表 1-1　处于组织不同层次的管理者在各项管理职能上的时间分布

管理职能 / 管理者	计划	组织	领导	控制
高层管理者	28%	36%	22%	14%
中层管理者	18%	33%	36%	13%
基层管理者	15%	24%	51%	10%

2. 生产管理在企业管理中的作用

生产管理是企业管理的一个重要方面，它和经营管理、技术管理等都是企业管理的内容。它们相辅相成，都是为企业最大限度地提高经济效益和社会效益服务的。

现代企业管理是一个完整的大系统，它是由许多子系统组成的。生产管理作为一个子系统，在现代企业管理系统中处于十分重要的地位，如图 1-8 所示。

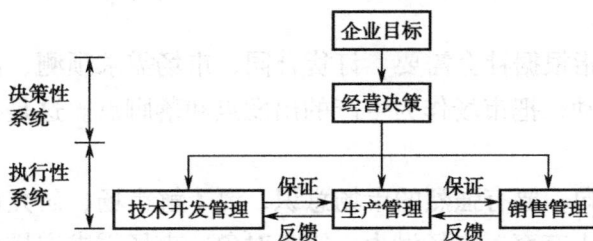

图 1-8　现代企业管理主要活动系统图

从图 1-8 可以看出生产管理和其他子系统的关系，以及生产管理和经营决策的关系。生产管理是现代企业管理的重要组成部分，它要根据企业经营决策所确定的一定时期内的经营意图，即经营方针、目标、战略、计划的要求以及下达的具体生产任务，组织生产活动，并保证实现。从企业管理系统的分层看，经营决策处于上层，即领导层；生产管理处于中层，即管理层。因此，它们之间是决定和执行的关系。生产管理对经营决策起保证作用。

1.3.2 生产管理的基本内容和原则

1. 生产管理的基本内容

从生产管理的定义可以看出，生产管理的内容包括对生产全过程的计划、组织、领导和控制4个方面。

① 生产管理的计划方面：生产什么产品？怎样建设工厂？建在哪里？生产多少？怎么生产？

② 生产管理的组织方面：机构怎样设置？生产人员怎样组织？

③ 生产管理的领导方面：怎样组织、指挥、协调生产过程中人、财、物之间的关系，使之有效发挥作用，实现正常、有序的生产？

④ 生产管理的控制方面：采用什么样的管理方法，使生产过程得到有效控制，取得最佳效益？

2. 生产管理的原则

对生产要素和生产过程的管理，其目的是提高生产效率，也就是提高企业的经济效益和社会效益。怎样才能搞好生产管理？企业管理者针对不同的生产要素应有不同的重点，但生产管理的普遍原则是应该遵循的。

（1）坚持市场竞争导向

坚持市场竞争导向，就是产品要适应市场的需要，同时要注意研究市场的潜在需求，开发市场，引导消费。

市场竞争导向是指根据社会需要、订货合同、市场需求预测、市场占有率来安排生产计划和组织生产活动，把市场作为生产的出发点和落脚点。这是社会主义市场经济的基本要求。

坚持市场竞争导向，要有强烈的市场意识，要了解市场、研究市场、适应市场，要根据市场容量、市场占有率、市场潜力、服务对象、市场需求安排生产计划和组织生产活动。

坚持市场竞争导向，要正确处理生产与销售的关系，既要满足销售，又要兼顾生产。生产要为销售服务，满足销售需要，这是生产的方向。要坚持这个方向，生产就必须从企业实际出发，要扬长避短，才能做到为销售服务。在处理这个关系时，要防止两种片面性：一是只讲为销售服务，不顾企业生产条件，如职工技术水平等；二是过分强调生产中的困难和条件，不愿努力改进工作为销售服务。

坚持市场竞争导向，要不断提高生产管理对市场的适应能力，建立质量、成本、交货期等方面的竞争优势，要做好情报工作，及时掌握市场动态，开发新产品，建立雄厚的技术储备，采用弹性的生产组织方法等，以满足顾客的需要。

坚持市场竞争导向，还要搞好产品结构调整，生产适销对路的产品，生产高附加值、高技术含量的产品。只有这样，企业才能有生机和活力。一些企业不在这方面下工夫，造成产品销路不畅、库存积压、资金占用，但又要维持企业的运转，只好举债经营，带来了严重的债务拖欠。

（2）追求经济效益

搞生产不能像过去那样，片面地追求产量、产值、速度，忽视品种、质量、成本，结果速度上去了，效益不理想；消耗指标上升了，利润下降了。只有讲求经济效益，才能增加积累，发展生产。

经济效益是投入与产出之比。讲求经济效益，是指以最少的劳动消耗和资金占用，生产出尽可能多和尽可能好的适销对路的产品。具体体现在生产管理的目标上，就是要做到数量多、质量好、交货及时、成本低等。

企业在生产管理中讲求经济效益，应该做到以下 4 点。一是要树立效益和赢利的观念，在正确的经营思想指导下，企业要会赚钱。二是要讲求综合的经济效益，全面完成生产管理目标，做到质量好、数量足、交货及时、成本低等，也就是全面地讲求经济效益。全面地讲求经济效益，要正确处理企业效益和社会效益的关系，不能只顾企业效益而忽视社会效益，更不能为了追求企业效益而损害社会效益，而应该在兼顾社会效益的前提下尽可能提高企业效益；还要正确处理当前利益和长远利益的关系，要立足长远，兼顾当前，把两者正确地结合起来。三是要全面地完成生产指标，制订正确的生产政策，可以有所侧重。例如，高级家具厂应该坚持质量第一、交货期第二、成本第三，一般家具厂则应该坚持成本第一、交货期第二、质量第三。全面地讲求经济效益，不等于一刀切，如强调质量第一，不是任何情况下质量都第一，质量指标应根据市场需要，该高则高，该低则低。四是要采用现代管理方法，如制订生产计划要进行计划指标的优化，可采用盈亏分析法、线性规划法、投入产出法、C 曲线法等；设计生产过程要运用程序研究、统筹法等；采用 JIT 生产方式；运用 CIMS（电子计算机集成制造系统）等。

目前，为了尽快实现"两个转变"，不少企业在创名牌、上规模经济、增加技术含量、生产高附加值产品上做文章，这是值得借鉴的。

赢利是生产的目的，要开展双增双节（增产节约、增收节支）活动，实现利润的最大化。但追求经济效益，不能只顾眼前利益，忽视长远利益，即要注意克服短期行为。我国改革开放后，在企业管理中采用过的承包制就很容易导致这种行为的发生。不少承包者在承包期内掠夺式消耗完企业资本，获得利益后却使企业陷入困境，变得满目疮痍。现行年薪制管理的企业应引以为戒。

（3）科学安排生产

现代生产的两大特征，一是产品供应的时效性强，有的产品一周变换几个价，能否及时交货，时间关系重大；二是受外部条件的影响大，很多生产要素受外部制约较大。例如供电，在丰水期和枯水期，不但电价差别大，供应负荷的差别也大。因此，科学地安排生产要对影响生产的各种要素进行预测、判断，做好人力、物力的各种准备，灵活、及时地调整生产的节奏，包括必要的短期加班等。当然，应该尽力做好外部条件的保障，以使组织均衡生产。

均衡生产是指企业各个生产环节（企业、车间、工段、班组、工作地），在每段相等的时间（旬、周、昼夜、轮班、小时）内，完成相等或递增数量的任务，按计划均匀地进行生产和出产，保证完成计划任务，满足订货单位和社会市场的需要。

组织均衡生产是现代化大生产的客观要求，有利于建立正常的生产秩序和管理秩序，提高设备与工时利用率，保证产品质量，实现安全生产，减少资金占用，对于全面提高经济效益具有十分重要的作用。

均衡生产受主、客观因素的影响，要搞好均衡生产也应该从这两方面采取措施。但是，重点应该从企业主观上采取措施，并努力改善外部条件。

企业从主观上要克服前松后紧的习惯，月初没活干，月末连轴转。有人形象地说这是"月初天女散花，月末夜战马超"。同时，要搞好生产准备工作，搞好生产作业计划，加强生产调度工作和在制品管理，采用准时生产制。准时生产制是指企业为了保证各项订货按期交货，生产过程中各工序在必要的时候，按必要的数量，生产必要的产品。它是以社会需要、市场需求为依据，力求取得最大经济效益的一种新型的生产方式，也是组织生产的最高要求。

企业从客观上要努力改善外部条件，建立起比较稳定的供应渠道和密切的协作关系，保证原材料、外购件和外协件能够按质、按量及时地供应。

国外也搞均衡生产，而且要求很高。例如，日本实行混流生产平准化，每小时均衡生产，不仅产量均衡，而且品种均衡。

（4）严格规范管理

采用现代化的科学管理方法，对生产系统生产全过程进行严格而规范的管理，从而实现文明生产和安全生产。文明生产指按现代工业生产的客观要求，建立合理的生产管理制度和良好的生产环境及生产习惯，科学地从事生产活动。

文明生产包括：建立一套科学管理生产的规章制度；工厂、车间和设备布局合理，工作场地布置合理，通道合理，在制品存放、工具箱要有固定位置；工作环境清洁卫生，厂区整齐，环境美化，防污染，光线充足，温湿度适宜；养成良好的工业生产习惯，按工艺规程办事，零件运输必须有工位器具，即放在一定位置上运输，防止落后的野蛮生产。

实行文明生产有利于保证职工健康，提高劳动情绪和效率，创造良好的气氛，保证产品质量。它符合心理学原理，是企业搞好社会主义精神文明建设的重要标志之一。

安全生产是指为了预防在生产过程中发生人身、设备事故，形成良好的劳动环境和工作秩序而采取的一系列措施和活动。

安全与生产是辩证统一的关系。生产必须安全，安全为了生产；生产必须安全，安全必将促进生产。安全生产对于保障工人劳动安全、防止人身和设备事故、延长设备的使用年限、提高工人劳动积极性、促进生产过程顺利进行、保护国家和企业财产免受破坏和损失等，都起重要的作用。

企业要做到安全生产，应该把生产与安全统一起来，遵守劳动保护法规，采取各种安全技术和工业卫生方面的技术措施，加强劳动保护，开展群众性安全教育和安全检查活动，防止各种不安全因素的产生。要坚持安全第一，预防为主，安全生产管理活动计划化，专管与群管相结合，保证安全生产条件，使工人在最佳状态下从事生产劳动。

当今世界上不少先进的管理理念、方法是人类智慧的结晶，管理者应从中吸取营养，不断提升自己的管理水平。

1.3.3　学习生产管理的意义

生产是工业企业存在的前提，生产管理是企业管理的重要组成部分，它要根据企业的经营方针、目标、战略、计划的要求以及下达的具体任务组织生产活动并保证生产得以实现。因此，生产管理对企业的经营决策起保证作用。生产管理搞好了，企业就可以做到产品品种多、质量高，而且价格便宜、服务周到、交货及时，能适应千变万化的市场需要，企业也必然能够创造较高的效益。

通过对生产管理的学习，可以知道生产管理的内容是什么，知道生产管理直接影响企业的效益和生存，知道怎样才能搞好生产管理，从而努力学习生产管理方面的科学方法，用于生产管理的实践，最终提高生产管理的水平和能力，为企业赢得更好的经济效益和社会效益。

第2章

企业的组织结构

2.1 生产管理的组织结构

为了便于管理，实现生产产品和赢利的目的，一般的工厂（极小的、极为简单的除外）都分设有若干管理层次的管理机构和生产单位，明确它们各自的职责和权限，以及相互间分工协作和信息沟通的方式，这样组织起来的上下左右紧密结合的框架结构就是工厂组织结构。

工厂的管理机构一般是厂级班子，包括厂长、副厂长、总工程师、总经济师、总会计师等。实行现代企业制度的企业管理机构则是资产所有者董事会（董事长、副董事长、董事）和资产经营者（总经理、副总经理、总工程师、总经济师、总会计师等）。业务管理部门包括生产管理部，有时又细分为计划科、生产科、调度室、技术科、安全环保科等；经营管理部，有时又细分为销售科、供应科等；财务管理部，有时又细分为财务科、资产科等；综合管理部，有时又细分为办公室、后勤处、劳资科等。

工厂的生产单位一般按照生产类别和生产过程来划分，如生产几种产品，就设几个分厂，其余作为辅助厂，如机修厂、水电供应公司等。某种产品生产过程中，可能有几个中间产品，就把生产某一个中间产品的部门称为车间。这个中间产品又分为几段来生产，每一段称为一个工段。每一段生产时，可能有几条生产线的人员在同时作业，或在同一工段组织人员在不同时间工作，这就是班组。

2.1.1 组织结构的设置原则

无论组织规模或性质如何，做好组织工作都要遵循一些最基本的原则。这些原则包括以下几个。

1. 分工与协作原则

为了发挥组织整体效率，组织内部要进行分工协作，就是要做到分工合理、协作明确，对于每个分部或部门、每个人的业务范围、工作内容、相互协作方法等要有明确的规定。分工要掌握一个合适的度。一般而言，分工越细，专业化水平越高，责任越明确，效率越高；但分工过细，会导致机构增多、协作和协调困难等问题。分工过粗，则机构会减少，但专业化水平低，且不利于实现规模经济。分工程度与生产率之间的关系，如图 2-1 所示。

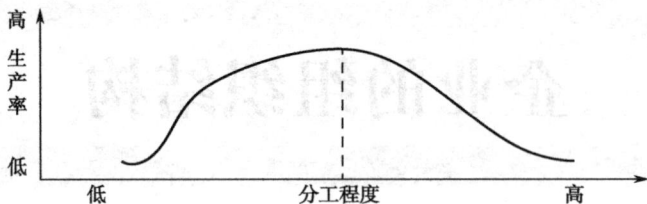

图 2-1　分工程度与生产率关系图

2．统一指挥原则

统一指挥是组织原则中最基本的一条原则，无论是传统的管理，还是现代化的管理，都比较广泛地采用这一原则来进行组织设计和管理。

统一指挥原则，强调的是命令的统一和垂直的管理系统，要求每个职务都有明确的责任者，严格规定命令逐级下达，上级不得越级指挥下级，下级也不得越级请示上级，一级只能指挥一级，一级只对其上级负责，上下级之间形成一个"指挥链"。只有这样才能做到政令畅通，提高管理工作的效率和效果。

3．适当管理幅度原则

管理幅度是指一个管理者能够有效地领导的直接下属的人数。任何一个管理者，受其精力、知识、经验等条件的限制，能够有效地领导下属的人数是有限的。

一般而言，每个管理者直接管理的下属越多（管理幅度宽），那么组织层次就越少，所需管理人员也越少；反之，每个管理者直接管理的下属越少（管理幅度窄），组织层次就越多，所需管理人员也越多。

古典的管理理论主张较窄的管理幅度，以实现有效控制。但这样一来，企业就要设置较多的层次，导致集权和决策缓慢等问题。现代管理则倾向于较宽的管理幅度，以减少组织层次，简政放权，加速组织中的信息传递。

遵循适当管理幅度原则，就是要为组织的各个层次确定一个合理的管理幅度。而管理幅度的选择往往取决于下面几个因素。

① 管理者所处的层次。一般来说，高层管理人员的管理幅度应相对小一些，管理人员的职位越低，其管理幅度就越大。

② 管理者的能力。综合能力、理解能力、表达能力等较强的管理人员能够迅速把握问题的关键，就下属的问题提出恰当的指导建议，并使下属明确理解，因而能够直接管理更多的人却不降低组织效率。若管理人员能力较差，管理幅度只能窄些。

③ 处理问题的难易程度。企业生产经营中最重要、最复杂的决策性问题，一般由高

层管理人员解决，因此他们直接领导的下属人数不宜过多。反之，处理日常工作的问题，则多属于基层管理人员的事情，他们的管理幅度自然可以宽一些。此外，在同级管理人员中，若工作标准化程度不同，管理幅度也可能不同。也就是说，工作标准化程度高，有既定的工作程序，指导就方便，管理幅度就可以宽些；工作性质差异大，没有既定的工作程序，则需要较多的个别指导，管理幅度就要窄些。

④ 下属的成熟程度。下级具有符合要求的能力、训练有素，则无须管理者事事指点，从而降低上下级之间的接触频率，管理幅度就可宽些，反之则要窄些。

设计工厂组织结构时，首先要确定管理层次，也就是确定从最高管理者到最低操作者之间有几层管理机构。一般的工厂可分为厂部、车间、班组三级；规模较大、生产技术较复杂的工厂分为厂部、车间、工段、班组四级，或公司、分厂、车间、工段、班组五级；小型工厂则可实行两级管理，即厂部直接管理班组。

管理层次多的组织结构称为高层结构，又称宝塔型结构，如图 2-2 所示。它的特点是每个层次所管理的范围较小，分工明确，便于指挥和控制。缺点是管理人员多，费用大，信息沟通不易，不利于发挥下层人员的积极性。

管理层次少的组织结构称为扁平结构，如图 2-3 所示。它的特点和高层结构相反。其中，最明显的特点是由于中间层少而管理效率高，管理措施很快就可在基层实施

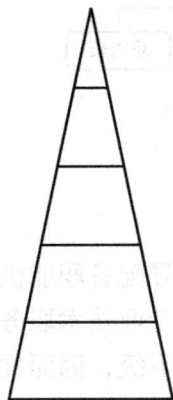

图 2-2　宝塔型管理结构　　　　图 2-3　扁平管理结构

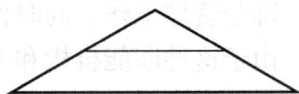

究竟用高层结构还是扁平结构进行管理，需要根据工厂的管理幅度来决定。

在工厂，管理幅度是指一名领导人（如厂长、车间主任）直接领导的下属人员数量。一般说来，管理幅度与管理层次成反比。在工厂人数一定的情况下，加大管理幅度就可减少管理层次，反之亦然。

国外管理学家研究的结果表明，高层管理者的管理幅度一般不要多于 6 人，低层管理者（如班组长）的管理幅度一般不要多于 20 人。

管理层次和管理幅度合理，可有效发挥组织成员的积极性，提高工作效率。反之，则有可能人浮于事，贻误工作。不少机关、学校一名副职分管一个部门，往往使副职领导和部门领导的作用都发挥不好。因此，工厂的组织结构不应产生这种状况。

4. 适度分权原则

分权和集权是两个相对的概念。所谓集权，就是指把生产经营管理权限较多地集中在企业最高管理层，下级部门或下级管理人员只能依据上级的决定和指示办事，一切行动听从上级指挥。所谓分权，就是指把企业生产经营管理权限适当分散到中、下层，但最重要的决策，如经营战略、重大的财务决策等仍集中在最高管理层。

2.1.2 企业的组织结构

1. 直线制组织结构形式

直线制组织结构形式的特点是组织的各层领导负责该层的全部管理工作，不为他们配备职能机构和人员，如图 2-4 所示。

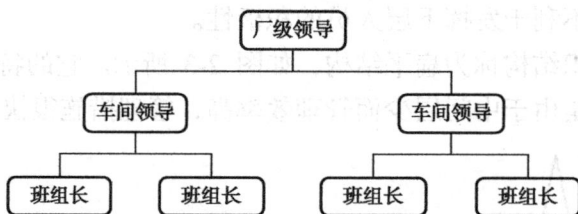

图 2-4 直线制组织结构示意图

2. 直线—职能制组织结构形式

这是一种常见的组织结构形式，其特点是为各层次领导配备职能机构或人员充当参谋和助手，分担一部分管理工作，同时也可弥补领导某些专业技术职务方面的不足，并减轻领导的负担。由于这种职能机构和人员不能直接领导下级，因而领导者仍能统一指挥。这种形式适合人数众多的大、中型工厂。缺点是领导者权力过于集中，信息沟通相对困难，如图 2-5 所示。

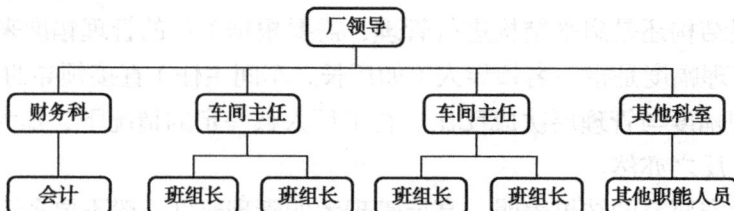

图 2-5 直线—职能制组织结构示意图

3. 分部制组织形式

对于一些特大型企业和企业集团，高层领导如果集权大，就会导致下属单位决策迟缓，贻误战机，降低管理效率，因此不宜采用前两种组织形式，而宜采用分部制组织形式。在这种形式中，二级单位有一定自主权，可以单独建立自己的组织结构，因而较有活力，如图 2-6 所示。

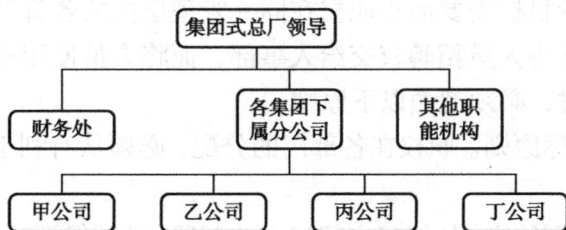

图 2-6　分部制组织结构示意图

2.1.3　企业组织的职权配置

企业的组织机构设置完毕，并不意味着组织机构就可以有效地运行了，要使其有效运行，最主要的条件之一就是必须使这些机构的管理者具有一定的指挥和协调的权力，即在不同部门或管理层次之间配置职权，以便在组织机构建立后，通过建立一定的职权关系，将各职位、机构联系起来，形成一个稳定规范、协调运行的有机组织。

职权是构成组织结构的核心要求，对于组织的合理构建与有效运行具有关键性作用。

1. 职权与职责

职权，是指由于占据组织中的职位而拥有的权力。与职权相对应的是职责，是指担当某一职位而必须履行的责任。职权是履行职责的必要条件与手段，职责则是行使职权所要达到的目的。

2. 职权的类型

管理者的职权有 3 种类型。

① 直线职权。直线职权即直线人员所拥有的决策指挥权，如下达命令、指挥下级等。

② 参谋职权。参谋职权即参谋人员所拥有的咨询权和专业权，如为职能管理者提供咨询、建议，以及在本专业领域内的指导权等。

③ 职能职权。职能职权即参谋人员所拥有的由直线主管人员授予的决策与指挥权，如经理授予某职能管理者在某个问题上的指挥权。

3. 职权配置的含义

职权配置，是指为有效履行职责、实现工作目标，将组织的职权在各管理部门、管理层次、管理职务中进行分配与设置。

4. 职权配置的基本类型

（1）职权横向配置

职权横向配置即依目标需要而将职权在同一管理层次的各管理部门和人员之间进行合理配置。例如，公司将人员招聘权交给人事部，而将人员使用权交给各业务部门。职权在组织中横向配置时，必须遵循以下原则。

① 服务于组织目标原则。职权在各部门的分配，必须从有利于实现组织目标和工作任务出发。

② 统一指挥与协调原则。各部门之间权力的配置，必须保证整个组织实现统一指挥，不能令出多门，要有利于各部门之间的协调运行。

③ 责权对等、权责明晰原则。各部门或人员所拥有的权力一定要与应履行的职责对等，并且规定明确的权力与职责范围、界限。权责界限不清，必然造成管理上的混乱。

④ 权力制衡原则。权力的设置，既要有助于推进工作，又要适当地加以制约。在各管理部门之间，应建立既能高效率地完成工作任务，又有必要的制约、平衡作用的权力结构。例如，对于立法、执行与监督三者之间的科学分立、协调与制约。

（2）职权纵向配置

职权纵向配置即依目标需要而将职权在不同管理层次的部门或人员之间进行分割，主要表现为集权与分权。例如，在事业部体制中，总公司将相当大的一部分权力交给下属的事业部，就属于一种分权体制。

2.1.4 企业组织的集权与分权

1. 集权与分权的概念

集权与分权是指职权在不同管理层之间的分配与授予。所谓集权，是指较多的权力和较重要的权力集中在组织的高层管理者；所谓分权，是指较多的权力和较重要的权力分授给组织的基层管理者。

集权与分权是任何组织正常运行过程中的必然现象。而且，集权与分权也是相对的，没有任何组织是绝对集权或绝对分权的。"职权的集中和分散是一种趋向性，它的性质就像'热'和'冷'一样。"

2. 集权与分权的优缺点

集权有利于组织实现统一指挥、协调工作和更为有效的控制。但另一方面，集权会加重上层领导者的负担，从而影响重要决策的质量；不利于调动下级的积极性与主动性；难以适应外部环境的变化。而分权的优缺点则正与集权相反。应根据组织目标与环境、条件的需要正确决定集权与分权程度，但现代管理中总的趋势是组织职权分权化。

最近一家公司的总裁感叹道："我们对地方分权长期、坚定和近乎狂热的承诺，造成与产品相关的不同部门为争取客户而彼此竞争。结果形成一股有悖整体的力量和一种人人为我、却无我为人人的精神。"他还说："表面上把企业分成较小的单位，应该能够鼓励地方的主动性和承担风险的积极性，事实上恰巧相反，部门分立与自治产生了更短期导向的管理者，他们比以前更受利润的影响。"

听到这种意见后，另一位经理却提出了截然相反的意见。由此可见，集权或分权互有利弊，需要适度和加以控制。

3. 影响集权与分权的主要因素

（1）组织因素

① 组织规模。组织规模的不断扩大导致分权化。

② 产品结构及生产技术特点。单一产品结构更强调集权；而多品种，特别是产品差异大的产品结构则要求分权。

③ 职责与决策的重要性。重大问题的决策权更有可能集中在上层。

④ 管理控制技术发展程度。

（2）环境因素

① 外部环境。例如，当企业面临复杂多变的市场时，必须实行分权，以便更及时、更准确地适应市场的需要。再如，当出现极为复杂的政治形势时，组织可能要保留相当的集中决策的权力，以便整体协调。

② 内部环境。例如一个组织的历史传统、组织文化等，都将影响到集权与分权程度。

（3）管理者与被管理者因素

① 管理者的管理哲学、性格、喜好与能力。例如，不同领导者的领导观念、领导方式不同，集权或分权的程度就会不同。

② 被管理者的素质与对分权的兴趣。对具有较高素质的被管理者应授予更大的权力。

集权与分权的关键在于所集中或分散权力的类型与大小。在判断或评价集权或分权的标准上，决策权比执行权更为重要，人权、财权比一般业务权更为重要，最终决定权比建议权、过程管理权更为重要。管理者应该根据实现组织目标的需要，结合上述影响因素，正确地确定集权或分权的权力类型与大小，实现科学的职权分配。

2.1.5 企业组织上的授权

广义上的分权应包括制度分权与管理者授权两种类型。前者是由组织体制所决定的分权，后者是由管理者个人将自己所拥有的一部分权力授予下级而形成的分权。这里所说的授权就是指第二种形式。管理者授权是现代管理的一种科学方法与领导艺术。

1. 授权的优越性

① 授权有利于组织目标的实现。通过科学授权，使基层拥有实现目标所必需的权力，自主运作，可以更好地促进目标的实现。

② 授权有利于领导者从日常事务中跳脱出来，集中力量处理重要决策问题。"授权是领导者的分身术"，高明的领导者都会恰当地运用授权。

③ 授权有利于激励下级。下级若拥有完成任务的权力，能按照自己的意图，独立自主地进行工作，就会获得一种信任感和满意感，这有利于调动其工作的积极性、主动性和创造性。

④ 授权有利于培养、锻炼下级。下级在自主运用权力、独立处理问题的过程中，会不断地提高管理能力，提高综合素质。

2. 授权的原则

在授权中，应遵循如下原则。

（1）依目标需要授权原则

授权是为了更为有效地实现组织目标，因此，必须根据实现目标和工作任务的需要，将相应类型与限度的权力授给下级，以保证其有效地开展工作。

（2）适度授权原则

授权的程度要根据实际情况决定，要考虑到工作任务及下级的情况，既要防止授权不足，又要防止授权过度。

（3）职、责、权、利相当原则

在授权中要注意职务、权力、职责与利益四者之间的对等与平衡，要真正使被授权者有职、有权、有责、有利。此外，还要注意授权成功后合理报酬的激励作用。

（4）职责绝对性原则

领导者将权力授予下级，但仍承担实现组织目标的责任。这种职责对于领导者而言，并不随授权而推给下级。

（5）有效监控原则

授权是为了更有效地实现组织目标，因此，在授权之后，领导者必须保留必要的监督控制手段，使所授之权不失控，确保组织目标的实现。

3. 授权的类型

（1）口头授权与书面授权

这是就授权的传达形式而言的。一般书面授权比口头授权更正规、更规范。

（2）个人授权与集体授权

这是就授权主体而言的。个人授权是指由管理者个人决定将其所拥有的一部分权力授予下级。集体授权是指由领导班子集体研究，将该层次拥有的一部分权力授予其下级。

（3）随机授权与计划授权

这是就授权的时机而言的。计划授权是指按照预定的计划安排将某些权力授予下级。随机授权是指由于某些特殊需要而临时将权力授予下级。

（4）长期授权与短期授权

这是就授权的期限而言的。短期授权是指为完成特定任务而进行的授权，完成任务即结束授权。而为完成长期任务而进行的授权就要较长时间地将权力授予下级。

（5）逐级授权与越级授权

这是就授权双方的关系而言的。来自顶头上司的授权就属于逐级授权，而来自更高层次的领导者的授权就是越级授权。

4．授权的步骤

简单授权没有必要划分步骤，而较为规范的授权可以划分为以下几个步骤。

（1）下达任务

授权的目的在于完成任务，实现目标，因此，授权过程始于下达任务。首先，要选择好被授权者。其要有正确行使权力的能力，并能有效完成任务。其次，要下达明确的任务，规定所要实现的目标与标准（尽可能量化），以及相应要求和完成时限。

（2）授予权力

领导者要将完成任务、实现目标所需的相应类型和限度的权力授给下级，要做到权责对等，并与一定的利益挂钩。授权中，要特别注意明确权力界限，切不可含糊不清、令出多门。还要注意在授权的同时，给予下级充分的信任，全力支持，放手使用。

（3）监控与考核

在授权过程中，即下级运用权力推进工作的过程中，要以适当的方式与手段进行必要的监督与控制，以保证权力的正确运用与组织目标的实现。在工作任务完成后，要对授权效果、工作实绩进行考核与评价。

2.2　企业的制度化建设

工厂设置组织机构是为了有效组织生产经营，为此必须使这些机构协调运行，给各级管理者适宜的职权，让他们能够指挥协调，这是非常重要的。但如果组织成员的活动都要靠指挥协调才能进行，那么组织机构的效率就会下降，组织成员的积极性和主动性就不能发挥。另一方面，工厂组织机构的成员日常所从事的工作，特别是下级机构人员的工作往往是一些固定重复的工作，如果把这些工作经过总结提高，上升为行之有效的办法、措施，大家形成自觉习惯，按照这些办法与措施来工作，就可提高工作效率，这就是工厂的制度化建设，也称工厂的制度规范。工厂建立了一整套行之有效的制度，就可以由此形成完整的规范管理。

管理制度是企业兴衰成败的生命线，是企业长远发展的运转平台。成功的企业源自卓越的管理，而卓越的管理源自优异的制度。企业之间的竞争，归根到底是企业制度的竞争。企业有了先进的制度才能凝聚人才、引进人才、稳定人才。

企业制度建设对企业来讲是极其重要的，因为企业本身就是各种生产要素的组合体，企业的生产要素实际上就是依靠企业制度组合起来的。企业制度的重要性，主要表现在以下几个方面。

1. 企业制度是企业得以生存的体制基础

企业是各种生产要素的组合体，而企业制度是对各种生产要素进行组合的核心纽带和基础。因此，没有企业制度，就根本谈不上企业的发展。

2. 企业制度是企业经营活动的体制保障

企业的所有经营活动，无论是生产经营活动，还是资本经营活动，都必须在一定的体制框架中进行，这种体制框架就是企业制度。没有合理的企业制度，就不可能有企业的高效经营活动。因为没有良好的企业制度，企业经营活动就没有体制保障，企业经营活动也就无法高效地展开。

3. 企业制度是企业员工必须遵守的行为规范

企业员工作为企业的组成人员，无论是 CEO，还是普通员工，都必须遵守体现企业制度要求的各种规则，也就是要按照企业制度的要求对员工的行为进行规范，因而规范员工行为的准则就是企业制度。或者说，企业中所有员工都必须遵守企业制度，按照企业制度的要求来确定自己的行为。基于此，人们通常把企业制度称为员工的行为规范。例如，为了保证生产经营高效有序，使各职能部门的职责权限得到落实，西安杨森制订了一整套系统化、规范化的生产经营程序和制度，其中包括基本制度、生产经营工作制度、技术质量管理制度等。这些规章制度全面细致、操作性强，是公司职工进行自我约束的行为规范。它使公司每个部门、每个岗位、每个职工的工作都有章可循，避免了工作中的随意性和不协调。各级领导则把主要精力放在制订政策和协调、处理、解决"非程序化"的问题上，"例外原则"使他们的工作大为简化。

2.2.1 制度规范的作用、特点与类型

制度规范是指组织为有效实现目标，对组织的活动及其成员的行为进行规范、制约与协调，而制订的具有稳定性与强制力的规定、规程、方法与标准体系。

制度规范建设是组织结构的继续与细化。建立了组织结构的框架，确定了各部门、各职位的基本职能与职权关系之后，还必须通过建立组织制度规范体系的形式，将上述职能与职权明确化、具体化、规范化、制度化和合法化。

1．制度规范的作用

制度规范可以制约与协调组织成员的行为。组织制订制度规范最基本的功能是对组织的活动及其成员的行为进行规范、制约与协调，以保证有效实现组织的目标。

（1）规范功能

制订并执行制度规范，可以有效地指导组织及其成员按照既定的程序、方法、标准行事，使其有章可循，以保证各项活动规范运作、秩序井然、更有效率。

（2）制约功能

制度规范能有效地约束组织及其成员有悖于组织目标实现的活动，惩戒违规行为，鼓励积极行为，使组织更有秩序与纪律。

（3）协调功能

通过建立完善的制度规范体系，使组织的各项工作与活动建立在科学设计的高结构化的体系之上，使组织整体协调运行，并为处理冲突提供协调的依据。

2．制度规范的特点

（1）权威性

制度规范是由组织或其上级制订颁布的，要求其成员必须执行，有很高的权威性。

（2）规范性

制度体系不但具有高度的统一性、标准性，而且体现规律的要求，对组织成员进行科学合理的指导与规范。

（3）强制性

制度规范就是组织中的法规，强制性地要求其成员执行、遵守。违反者必须受到制裁。

（4）稳定性

组织的规章制度一经制订，就是相对稳定的，要在一定时期内严格执行。

3．制度规范的类型

（1）组织的基本制度

组织的基本制度是指规定组织构成和组织方式，决定组织性质的基本制度。这是组织的根本制度，决定与制约组织的行为方向以及基本活动的范围与性质。例如，企业的产权制度、公司治理制度、企业章程等。

（2）组织的管理制度

组织的管理制度是指对组织各领域、各层次的管理工作所制订的指导与约束规范体系。它引导并约束组织的成员为实现组织的目标努力工作，是实现组织目标的根本性保证。例如，组织中的各种职权关系与联系的组织制度、各种部门与岗位的权责制度、各种管理程序与标准的管理制度等。

（3）组织的技术与业务规范

组织的技术与业务规范，是指组织中的各种关于技术标准、技术规程以及业务活动的工作标准与处理程序的规定。例如，企业的技术规程、业务流程、技术标准等。

（4）组织成员的个人行为规范

这是为了对组织中成员的个人行为进行引导与约束所制订的规范，如员工职业道德规范等。

2.2.2　制度规范的制订与执行

1. 制度规范制订的原则

（1）法制性原则

组织制订的一切规章制度，都要符合党和国家的政策法规，并同本组织的章程等基本制度相一致。

（2）目标性原则

必须根据组织的目标需要来制订组织的规章制度，所有制度都必须服从与服务于组织的目标。一些专业性的制度规范，还应紧密服务于具体的经营管理目标。

（3）科学性原则

组织制订规章制度，一是必须体现客观规律，特别是管理规律的要求；二是必须从实际出发，充分考虑本组织实际；三是必须先进可行，将先进性与可行性结合起来。

（4）系统性原则

组织制订规章制度必须考虑各种规范的衔接与统一，并形成配套体系。

> **小贴士**
>
> 　　企业在制订企业制度时应该考虑一个根本性的因素——员工以及员工的需求。那么在考虑人的因素时应注意哪些方面呢？
>
> 　　1. 考虑员工的基本素质状况
>
> 　　很多制度规定了管理活动中的权限，也就是权力在不同的管理层次、不同人员之间的分配。这种权力的分配并不是简单地按照一定的管理学法则来实现的，而是要切实地考虑现有员工的状况。一个组织集权与分权的程度取决于权力承担者的素质状况。一般来说，倾向于将较多的权力交给能力较强的中坚人员，这样有助于保证企业目标的实现。而对于目前能力不足的管理人员，一方面应加强对他们的培训，另一方面通过上级对他们的指导逐步将权力移交给他们，最终实现充分授权。
>
> 　　2. 考虑当前人员管理存在的问题
>
> 　　一些制度的制订目的就在于解决管理中出现的与员工有关的问题，对员工的行为进行约束与规范。例如，当发现有些人总是在会议中迟到、早退时，就需要制订相应

的会议考勤管理制度对员工的行为进行约束。

3. 考虑员工的未来发展

考虑员工的未来发展并不等于要简单适应和迁就现有员工，通常的解决方案是"老人老办法，新人新办法"。企业制度在今天是企业发展的助推剂，明天就有可能成为绊脚石。因此，制度必须不断创新，一方面要不断地适应人才，另一方面要适应外部环境的变化。

2. 制订制度规范的程序

（1）调研与提出目标

要根据组织总目标的需要，在充分调查研究的基础上，提出制订制度规范的具体目标。

（2）制订草案

在大量分析处理有关信息资料的基础上，制订制度规范草案。

（3）讨论与审定

制度规范草案提出后，要广泛征求意见，反复讨论修改。最后完善定稿，报制度审定部门审批。

（4）试行

将制度规范在组织内试行，经进一步修改、检验，使之完善。

（5）正式执行

将制度规范以正式的、具有法律效力的文件形式颁布实施。

3. 管理制度的制订

不同组织的管理制度各不相同。就企业而言，管理制度主要包括专项管理制度和部门（岗位）责任制。

（1）专项管理制度

这是指在企业生产经营过程中，对各项专业管理工作的范围、内容、程序、方法、标准等所做的制度规定。通过企业专项管理制度的制订与实施，明确工作程序、方法与应达到的标准，规范与制约各项管理活动与行为，以保证各项管理工作的科学化与效率化。专项管理制度要依据不同企业的实际进行设计与制订。企业专项管理制度的内容一般包括以下几项。

① 该项管理工作的目的、地位与意义。

② 做好该项工作的指导方针与原则。

③ 开展该项管理工作的依据和采集信息的渠道。

④ 该项管理工作的范围与内容。

⑤ 该项管理工作的具体程序、方法与手段。

⑥ 该项管理工作完成的时限与达到的标准。

⑦ 该项管理工作的主管部门、承担者与相关部门。

⑧ 该项管理工作与其他专项管理工作之间的关系等。

企业专项管理制度通常采用条例或规定的形式。一般根据现有组织的高层提出的总的指导方针与部署方案，由各职能部门或业务单位依据专业要求制订制度草案，经有关专业人员与群众参与讨论研究，反复修订，最后经授权部门批准颁布。

（2）部门（岗位）责任制

这是指对工作部门或工作岗位（个人）的工作责任与奖惩所做的规定。部门（岗位）责任制的主要内容有：各部门或工作岗位（个人）的工作范围、工作目标、职责与职权、工作标准、工作绩效与奖惩等。责任制可分为部门责任制和岗位责任制。前者主要规定各职能部门或生产经营单位的工作范围、目标、权限、协作关系等，以保证实行科学有序的管理；后者主要规定岗位（主要指个人）的职责、工作程序与方法、达到的标准以及相应的奖惩等，以保质保量地完成工作任务。

部门（岗位）责任制，要在企业的原则指导下，由各部门员工起草制订，最后由主管部门或人员审批颁布。在制订过程中，要特别注意既要发挥本部门与本岗位人员的专业优势，使责任制更符合实际与体现专业特点；又要由上级严格把关，使所制订的标准先进合理，奖惩有一定力度，将标准上先进合理与操作上可行便捷统一起来。

4．技术与业务规范的制订

（1）生产技术标准

这是对企业产品或工程等在质量、技术、规格等方面所做的规定，主要体现为一种质量与水平性质的标准。根据制订的单位与使用的范围，我国企业执行的技术标准分为国家标准、地方标准、行业标准和企业标准。

（2）生产技术规程

这是对企业的产品设计、生产制造、服务运作、设备使用与维护等生产技术活动的程序、方法所做的规定。其主要内容是生产经营活动的基本流程与要求。

（3）技术与业务规范制订的基本要求

① 要严格按照生产经营过程中客观规律的要求进行设计。技术与业务规范直接反映了技术规律、经济规律与管理规律的要求，因此，在设计与制订的过程中，必须研究规律、把握规律、运用规律，充分体现规律的要求。

② 应坚持先进的管理思想，反映先进的技术水平。制订技术与业务规范一定要体现先进性。

③ 必须从本企业的实际出发。要使所制订的技术与业务规范不但先进而且可行，以充分发挥其规范与制约作用。

④ 要充分发挥专业人员与群众的作用。专业人员与群众是技术与业务规范的执行者，在实践中对技术与业务过程最熟悉，最有资格制订技术与业务规范。要调动他们研究技术规律、参与规范制订的积极性，发挥其创造性，使他们参与起草、制订的全过程，

以提高技术与业务规范的科学性、可行性，并增强员工贯彻执行规范的自觉性。

5. 制度规范的执行

① 加强宣传教育。要利用各种有效途径与方式，将组织的规章制度向组织的全体成员进行宣传，做到"家喻户晓"，并教育组织成员认真贯彻实施。

② 明确责任，狠抓落实，严格执行。组织制度规范的生命就在于执行。再好的制度，如果束之高阁，也是毫无意义的。贯彻执行制度规范，必须有严格的责任制度保证，并狠抓落实、严格执行。

③ 坚持原则性与灵活性的统一。在具体工作实践过程中，必须依法办事，保证规章制度的严肃性；同时，一定要结合具体情况，灵活而创造性地执行制度，注重规章制度的实效。

④ 加强考核与监督。制度规范工作的重点在于落实，而落实的关键在于考核与监督。执行制度规范，只停留在号召与要求上是远远不够的。最关键的是搞好制度贯彻情况的监控，进行科学的考核，实行严格的监督。

⑤ 加大奖惩力度。制度规范的执行总有这样或那样的困难，往往涉及利益冲突，因此，必须用较大力度的奖惩手段来推进与保证。制度执行好的，就应该有奖励；执行不好的，就应受到处罚。通过加大奖惩力度来保证制度的实施，并放大制度规范的作用。

⑥ 跟踪控制，在适当的时机进行调整与进一步完善。

6. 制度化管理

（1）制度化管理的概念

组织中的制度化管理或称规范化管理，就是国家管理中的"法治"模式，它是同"人治"相区别的。所谓制度化管理，就是倚重制度规范体系进行管理的模式。

（2）制度化管理的实质

制度化管理的实质就是依靠由制度规范体系构建的具有客观性的管理机制进行管理。制度化管理由于依靠的是管理机制，因此具有很强的客观性、规范性、正规性和稳定性；而"人治"依靠的是管理者的个人权威及其情感好恶。

（3）制度化管理的优越性

① 制度化管理的科学性。由于制度化管理是靠管理机制进行管理，因此较好地体现了相关规律的要求，使管理更科学、更可行、更有效率。

② 制度化管理的客观性。制度化管理实行的是"法治"，而不是"人治"，使管理行为更具有客观性，能最大限度地排除人为因素的不利影响。

③ 制度化管理的规范性。由于有成文的制度，有法可依，管理工作可以按程序进行，可以实现工作的标准化。

④ 制度化管理的稳定性。制度化管理依靠制度体系与机制进行管理，因此稳定性是比较高的。

（4）制度化管理的要求

① 要建立健全科学、系统的制度规范体系，特别是注重管理机制的改革与建设。这是制度化管理的前提与基础。

② 要树立"法治"观念，在组织内树立制度规范的权威。"法治"是现代社会治理的基本准则之一，组织的全体成员都要牢固树立"依法治事"的观念；组织制订的制度规范就是组织中的法规，"法律面前，人人平等"，组织的全体成员都必须严格执行。

③ 要加大授权，凭借制度化管理机制进行管理。制度化管理的实质就是依靠由制度规范体系构建的管理机制进行管理，这就要求以完整的制度规范体系为基础，实行充分授权，构建科学而权威的规范管理机制，基层或被管理者以制度规范为"准绳"，自觉规范、约束、协调组织与个体的行为，维护运行秩序，实现组织目标。

④ 要将坚持制度的严肃性与尊重人、调动人的积极性和创造性有机结合起来。制度化管理注重制度规范的作用，但绝不意味着忽视人的因素，而是必须与人的活力、积极性、主动性、创造性以及人的社会联系与情感因素有机地结合起来，这样才能取得制度化管理的最大功效。

2.3　领导的管理艺术

2.3.1　领导的概念与实质

管理者在计划、组织职能完成之后，就要执行领导职能，即领导所属人员去实现组织的目标。

1. 领导的概念

领导是指管理者指挥、带领和激励下属努力实现组织目标的行为。这个定义包含 4 个方面内容。

① 领导的主体是组织的管理者，领导的客体是管理者的部下，有部下并对其施加影响才可称之为领导。

② 领导的作用方式是带领与影响，包括指挥、激励、沟通等多种手段。

③ 领导的目的是有效实现组织的目标。

④ 领导是管理者一种有目的的行为，是管理者的一项重要职能。

管理学中所说的具有四大职能的领导是一种行为，是动词，与人们日常生活中常说的某某领导的概念不同，后者指担任一定职务的官员，是名词。

2. 领导与管理两个概念的关系

管理学中所说的管理是一个宽泛的概念，是指为实现目标而对整个组织施加影响的全部行为或过程。而领导只是管理中的一个职能。领导只是在管理过程中，继计划与组织职能之后，带领与影响部下组织实施的行为。

在日常管理中，领导由于具有带领下属的性质，在狭义上是指决策、指挥、带领下属的直线管理职能，是组织的直线管理者，特别是高层管理者的管理行为；与之相对应，管理有时在狭义上是指不带领下属的职能管理者所从事的执行性、事务性、操作性工作，如后勤事务管理。

3. 领导的实质

领导实质上是一种对他人的影响力，即管理者对下属及组织行为的影响力。这种影响力能改变或推动下属及组织的心理与行为，为实现组织目标服务。这种影响力可以称为领导力或领导者影响力，管理者对下属及组织施加影响力的过程就是领导的过程。

领导工作有效性的核心内容就是领导者影响力的大小及其有效程度。管理者要实施有效的领导，最关键的就是要提高其对下属及组织影响力的强度与有效性。

2.3.2 领导的手段

1. 指挥

（1）指挥的概念与方式

生产管理中的指挥，指管理者在生产过程中运用指示、部署、安排、指导与协调等基本手段，保证生产有效进步，实现生产目的的活动。指挥是领导者实施领导的一种常用方式，它具体体现为事前准备工作。

① 要"吃透两头"。指挥有效实施的前提是"吃透两头"，即一方面要正确把握目标任务要求，理解目标与任务的本质内涵、工作标准与完成时限，以便准确地加以落实；另一方面要全面了解与任务相关的环境、条件等因素，因地因时制宜，量力而行，以保证有针对性地落实。

② 配置好资源。为确保工作任务的落实与目标的实现，必须合理地配置资源。特别是人员、资金与所需物资，在数量与质量上与实现工作任务的要求要相匹配。这是目标与任务落实的基础。

③ 选准时机。工作目标与任务的落实，必须抓住时机。借助某种机遇来推进目标与任务的落实，充分利用各种有利的时机、氛围、条件，为任务的落实创造尽可能好的环境因素，这是工作落实的重要环节。

④ 部署任务。要有效地实现目标，就必须科学地进行部署，狠抓工作的落实。"抓而不紧，等于不抓"。

● 要进行目标与任务的层层分解，把企业的目标分解落实到部门与人员。

● 要使下级明确目标标准与完成时限，实行目标与任务的量化管理。

- 要制订详尽可行的对策计划与落实措施。
- 资源、条件、权限要落到实处，以确保目标与任务的实现。

⑤ 实行严格的工作责任制。工作落实的关键是人员责任的落实。对于工作实施体系而言，最重要的是建立科学有效的责任制。

- 要明确责任者，包括直接责任者、第一责任者。
- 要落实责任，特别要将量化的标准与完成时限落实到人。
- 实行充分授权，使责任者有职有权，以保证任务的完成。
- 要建立有效激励与严厉的责任追究措施与制度。

⑥ 抓好指导与激励。在工作实施的过程中，管理者负有重要的指导与激励责任。管理者要结合工作实际，及时地进行指挥与指导，并适时地进行激励，最大限度地调动员工努力工作的积极性，以促进工作的有效开展。

⑦ 注重工作协调。通过各种管理手段，解决组织运行中的各种矛盾，使生产管理活动平衡、有效地进行。

（2）指挥的条件——权力

领导者进行指挥的条件就是拥有权力。权力包括对人、财、物、资源、信息等的掌握和支配。只有这样，指挥才有效用。权力是管理者行使领导职能最重要的条件，管理者凭借权力与权威进行有效的指挥。

① 领导权力的概念。

领导权力广义上包括两个方面。一是管理者的组织性权力，即职权。这是由管理者在组织中所处的地位赋予的，并由法律、制度明文规定，属正式权力。这种权力直接由职务决定其大小以及拥有与丧失。二是管理者的个人性权力，主要指管理者的威信。这种权力主要不是靠职位因素，而是靠管理者自身素质及行为赢得的。因职位而拥有的职权即为狭义上的权力，而个人性权力则包括在广义的权力概念中。

② 权力相关概念的实质与关系。

- 权力实质上就是指管理者对组织及其成员的影响力，即前文所讲的领导影响力。广义上的权力包括职权与威信，即组织影响力与个人影响力。
- 职权实质上是管理者在组织规定的范围内对下级行为所拥有的支配力。它具有明确性、直接性、强制性等特点。例如，命令下级干什么或禁止干什么，要求下级必须服从。
- 威信实质上是管理者在领导过程中所形成的对下级的感召力。它具有隐含性、间接性和非强制性等特点。例如，管理者以高尚品德或技术专长而赢得下级的敬仰。此时，下级会发自内心地自觉服从其领导。
- 权威是指管理者所拥有的对他人的影响与威信。权威是一种以威信为核心的影响力，不一定有职位性质的职权。

同时，权力、职权、威信与权威，在实际应用中存在大量交叉。本书所研究的管理者的权力可以作为其统称。

（3）管理方格理论

管理方格理论是由美国管理学家布莱克和穆顿在 1964 年提出的。他们认为，领导者在对生产（工作）的关心与对人的关心之间存在着多种复杂的领导方式，可以用二维坐标图加以表示。以横坐标代表领导者对生产的关心，以纵坐标代表领导者对人的关心。两个方向各划分 9 个格，反映关心的程度。这样形成 81 种组合，代表各种各样的领导方式，如图 2-7 所示。

图 2-7　管理方格

管理方格中有 5 种典型的领导方式，简要分析如下。

① 1.1：放任式管理。领导者既不关心生产，也不关心人，是一种不称职的领导。

② 9.1：任务式管理。领导者高度关心生产任务，而不关心员工。这种方式有利于短期内生产任务的完成，但容易引起员工的反感，对长期管理不利。

③ 1.9：俱乐部式管理。领导者不关心生产任务，而只关心人，热衷于融洽的人际关系。这不利于生产任务的完成。

④ 9.9：团队式管理。领导者既关心生产，又关心人，是一种最理想的状态。但是，在现实中是很难做到的。

⑤ 5.5：中间道路式管理。领导者对生产的关心与对人的关心都处于中等水平。在现实中相当一部分领导者都属于这一类。

一个领导者较为理性的选择是：在不低于 5.5 的水平上，根据生产任务与环境等情况，在一定时期内，在关心生产与关心人之间做适当的倾斜，实行一种动态的平衡；同时最好把关心生产与关心人结合起来，如对生产效果好的员工给予表扬、奖励等，努力向 9.9 靠拢。

2. 激励

1）激励的概念、作用、特点和要素

（1）激励的概念

激励的原意是指人在外部条件刺激下出现的心理紧张状态。管理中的激励，是指管理者运用各种管理手段，刺激被管理者的需要，激发其动机，使其向所期望的目标前进的心理过程。

（2）激励在管理中的作用

激励的最主要作用是通过动机的激发，调动被管理者工作的积极性和创造性，自觉自愿地为实现组织目标而努力。其核心作用是调动人的积极性。

（3）激励的特点

激励作为一种领导手段，与前面所讲的凭借权威进行指挥相比，最显著的特点是内在驱动性和自觉自愿性。由于激励起源于人的需要，是被管理者追求个人需要满足的过程，因此，这种实现组织目标的过程不带有强制性，而完全是由被管理者内在动机驱使、自觉自愿的过程。

（4）激励的要素

构成激励的要素主要包括以下几个。

① 动机。激励的核心要素就是动机，关键环节就是动机的激发。

② 需要。需要是激励的起点与基础。人的需要是人们积极性的源泉和实质，而动机则是需要的表现形式。

③ 外部刺激。这是激励的条件。外部刺激主要指管理者为实现组织目标而对被管理者所采取的种种管理手段及相应形成的管理环境。

④ 行为。这是激励的目的，是指在激励状态下，人们被动机驱使所采取的实现目标的一系列动作。

动机、需要、行为与外部刺激这些要素相互组合与作用，构成了对人的激励。

2）激励方式与手段

有效的激励，必须通过适当的激励方式与手段来实现。按照激励中诱因的内容和性质，可将激励的方式与手段大致划分为 3 类：物质利益激励、社会心理激励和工作激励。

（1）物质利益激励

物质利益激励是指以物质利益为诱因，通过调节被管理者物质利益来刺激其物质需要，以激发其动机的方式与手段。主要包括以下具体形式。

① 奖酬激励。

奖酬包括工资、奖金、各种形式的津贴及实物奖励等。虽然对于国外一些较高收入水平的人来说，工资、奖金已不成为主要的激励因素，但对于我国相当一部分收入水平较低的人来说，工资、奖金仍是重要的激励因素。奖酬激励应遵循以下原则。

● 设计奖酬机制与体系要为实现工作目标服务。这关系到奖酬能否发挥激励作用及其作用大小。也就是说，奖酬的形式、奖酬与贡献挂钩的办法、奖酬发放的方式等，都要根据有助于促进工作目标实现来设计和实施。而其中的关键又是奖酬与贡献直接挂钩的科学化与定量化。管理者必须善于将奖酬的重点放在管理者关注的重点上，以引导下属为多得奖酬而多做工作，从而通过利益驱动实现组织目标。离开目标与贡献来发放奖酬，就不会产生激励作用，甚至会南辕北辙，产生副作用。

● 要确定适当的刺激量。用奖酬手段进行激励，必然涉及刺激量的确定。奖酬刺激量一是表现为奖酬绝对量，即工资、奖金的数量；二是表现为奖酬的相对量，即工资和奖金在同一时期不同人之间的差别，以及同一个人在不同时期的差别。奖酬激励作用主要取决于相对刺激量，即同一时期不同人之间的奖酬差别，以及同一个人在不同时期奖酬变化的幅度。这正体现了公平理论的要求。在实际工作中，既要有选择地实行重奖，以期引起轰动和奖励效应；又要防止不适当地扩大刺激量，导致员工产生不公平心理。

● 奖酬要同思想政治工作有机结合。奖酬的作用是重要的，但也不能搞金钱万能，必须注意辅以必要的思想工作及其他激励形式，尽可能限制物质刺激的副作用。

② 关心照顾。

管理者对下级在生活上给予关心照顾，是激励的有效形式。这不但能使下级获得物质上的利益和帮助，而且能使下级获得受尊重和归属感上的满足，从而产生巨大的激励作用。一个平时不关心下属的管理者，遇有紧急任务时，下属不会积极地给予合作与支持。日本企业经理重视给员工过生日，就是采用这种关怀激励的方式。对下属的关心照顾，包括给予员工集体福利，帮助解决员工生活、思想、工作及其他方面的困难。

③ 处罚。

在经济上对员工进行处罚，是一种管理上的负强化，属于一种特殊形式的激励。运用这种方式时要注意：必须有可靠的事实根据和政策依据，令其心服口服；处罚的方式与刺激量要适当，既要起到必要的教育与震慑作用，又不能激化矛盾；要同深入细致的思想工作结合，注意疏导，化消极为积极，真正起到激励作用。

（2）社会心理激励

社会心理激励，是指管理者运用各种社会心理学方法，刺激被管理者的社会心理需要，以激发其动机的方式与手段。这类激励方式是以人的社会心理因素作为激励诱因的。主要包括以下一些具体形式。

① 目标激励。

目标激励即以目标为诱因，通过设置适当的目标，激发动机，调动积极性的方式。员工在管理中的自觉行为，都是追求目标的过程，正是一个个目标，引导着员工去采取一个又一个行动。因此，追求目标的实现是满足人的需要的重要途径，目标成为管理激励中极为重要的诱因。可用以激励的目标主要有 3 类：工作目标、个人成长目标和个人生活目标。管理者可通过对这 3 类目标的恰当选择与合理设置，有效调动员工的积极性。

● 尽可能增大目标的效价。根据弗鲁姆的期望理论，激发力的大小取决于效价及概率。管理者在设置目标时，一要选择下级感兴趣、高度重视的内容，使所选择的目标尽可能多地满足下级的需要；二要使目标的实现与奖酬或名誉、晋升挂钩，增大目标实现的效价；三要做好说明、宣传工作，使下级能真正认识到目标的社会心理价值及其实现所带来的各种利益。

● 增强目标的可行性。只有通过努力能够实现的目标，才能真正起到激励作用。目标的程度要适中，好像摘桃子一样，通过劳动能达到，也就是"跳一跳能摸到的高度"；如果不需要跳就能摸到，说明目标太易达到；如果使劲跳也摸不到，说明目标太难达到，两者都起不到激励的作用。同时目标水平要先进合理，要具备相应的实施条件，要具有可操作性，并要做好必要的说明解释工作，使下级充分认识到实现的可能性。

② 教育激励。

教育激励是指通过教育方式与手段，激发动机，调动下级积极性的形式。具体包括以下几种。

- 政治教育。例如，通过世界观教育、爱国主义教育、敬业爱岗教育等，提高员工的觉悟，激发他们的政治热情和工作积极性。
- 思想工作。要通过个别沟通、谈心等多种方式，做深入细致的思想工作，以收到预期的激励效果。做好思想工作的关键在于深入探索人的思想规律，提高思想工作的科学化程度，杜绝说做不一致的空洞的政治说教现象，以求实效。

③ 表扬与批评。

表扬与批评是管理者经常运用的激励手段。要讲究表扬与批评的艺术，因为它将直接关系到表扬与批评的效果。主要应注意以下几点。

- 坚持以表扬为主，批评为辅。以表扬为主，能够满足人们受尊重的心理需要，易于为下级接受，效果较好；但必要的批评也不可或缺，放弃了批评，就是对违纪的放纵，就是对权力的放弃。
- 必须以事实为依据。无论是表扬还是批评，都必须尊重事实。如果失实，就会造成南辕北辙的不良后果。
- 要讲究表扬与批评的方式、时机、地点，注重实际效果。例如，当众表扬与批评可能对别人的震慑作用大，教育效果明显；但当众批评也会引起受批评者的强烈反感。管理者要根据问题的性质、表扬与批评对象的身份与心理特点，科学地选择适宜的方式。此外还要注意进行的时机与场合等因素。
- 批评要对事不对人。针对某人的过失批评，他会心服口服，而如果因一个过失，就批评这个人本身，指责其人格，甚至斥责其动机，则极易引起受批评者的反感，从而引起对立与冲突，使批评失败。
- 要限制批评的频次，尽量减少批评的次数，否则会冲淡教育效果。同时，要一事一评，切不可批评一次，将过去发生的多个问题来个算总账，这样不但重点不突出，而且还会引起受批评者的反感和抵触。
- 批评与表扬适当结合。当批评一个人的缺点时，应首先肯定其优点与成绩，这样受批评者会觉得受到公正对待，容易接受批评。如有必要，在表扬一个人的时候，也可以提示一下其缺点，这样可使其心悦诚服地克服缺点。

④ 感情激励。

感情激励即以感情作为激励的诱因，调动人的积极性。现代人对社会交往和感情的需要是强烈的，感情激励已成为现代管理中极为重要的调动人的积极性的手段。感情激励主要包括以下几方面内容。

- 在上下级之间建立融洽和谐的关系。管理者对下级影响力的一个重要来源是亲和力。这就要求管理者高度重视与下级的个人关系，使相互间关系融洽或有较深的友谊，以增强亲和力。
- 促进下级之间关系的协调与融合。组织中各成员之间的关系，也会影响到组织目标的实现。需要对非正式组织关系进行积极引导，以尽可能满足各成员社会交往的需要。
- 营造健康、愉悦的团体氛围，满足组织成员的归属感。管理者应注意以维系感情为中心，组织开展各种健康、丰富多彩的组织文化活动，营造愉悦的团体氛围，使每个成员因置身于这一团体而感到满意和自豪，满足其归属感，创造一种高质量的社会生活，从而实现有效激励，令其自觉地、心情愉快地为实现组织目标而努力工作。

⑤ 尊重激励。

随着人类文明的发展，人们越来越重视尊重的需要。管理者应利用各种机会信任、鼓励、支持下级，努力满足其尊重的需要，以激发其工作积极性。

- 要尊重下级的人格。上下级只是管理层次和职权的差别，彼此之间是平等的。管理者应尊重自己的下级，特别是尊重其人格，使下级始终获得受到尊重的体验。
- 要尽力满足下级的成就感。要尊重下级自我实现的需要，创造条件鼓励和支持下级实现自己的工作目标，追求事业的成功，以满足其成就感。
- 支持下级自我管理、自我控制。管理者要授权于下级，充分信任他们，放手让下级实行自我管理、自我控制，以满足其自主心理。

⑥ 参与激励。

参与激励即以让下级参与管理为诱因，调动下级的积极性和创造性。下级参与管理，有利于集中群众意见，以防决策的失误；有利于满足下级受尊重的心理需要，从而使其受到激励；有利于下级对决策的认同，从而激励他们积极自觉地推进决策的实施。支持下级参与管理或称民主管理，主要注意以下几点。

- 增强民主管理意识，建立参与的机制。管理者与被管理者双方都要树立民主管理既是员工政治权利，又是现代管理方式的意识，要自觉地推进其实施。同时，要建立科学而可行的员工参与管理的制度、结构、程序和方法，从制度方法体系上保证民主管理的实施。
- 真正授权于下级，使下级实实在在地参与决策和管理过程。绝不能把民主管理作为摆设，走过场，而必须充分发挥员工民主管理的作用。
- 有效利用多种参与形式，鼓励全员参与。在我国国有企业中，民主管理的形式主要有职工代表大会、合理化建议制度、目标管理、基层民主管理活动等，要依实际需要加以运用。同时，采取措施鼓励全体员工在各个管理层次和各个管理环节上，全面参与管理活动，以最大限度地开发员工的潜能，调动其积极性和创造性。

⑦ 榜样激励。

"榜样的力量是无穷的"，管理者应注意用先进典型来激发下级的积极性。榜样激励主要包括以下两方面。

● 先进典型的榜样激励。管理者要注意发现和总结先进事迹和先进人物，以他们的感人事迹来激励下级。应用中，要注意事迹的真实性、与下级人员工作的可比性、可学性等，真正令下级服气，感动并激励下级。

● 管理者自身的模范作用。管理者号召和要求下级做到的，自己首先要做到，应身先士卒，率先垂范，以影响、带动下级。实践中，一定要做实实在在的事，而不是做表面文章；要始终一贯，而不要一时心血来潮。

⑧ 竞赛（竞争）激励。

人们普遍存在着争强好胜的心理，这是由人们谋求实现自我价值、重视自我实现需要所决定的。管理者结合工作任务，组织各种形式的竞赛，鼓励各种形式的竞争，可以极大地激发员工的热情、工作兴趣和克服困难的勇气与力量。在组织竞赛、鼓励竞争的过程中，注意以下几方面。

● 要有明确的目标和要求，并加以正确引导。这样能确保竞赛与竞争沿着正确的轨道进行，防止偏离组织目标。

● 竞争必须是公平的。竞争的基础、条件、起点、过程、成果衡量与对待，都必须是公平合理的。

● 竞赛与竞争的结果要有明确的评价和相应的奖励，并尽可能增加竞争结果评价或奖励的效价，以加大激励作用。

（3）工作激励

按照赫茨伯格的双因素论，对人最有效的激励因素来自工作本身，即满意于自己的工作是最大的激励。因此，管理者必须善于调整和调动各种工作因素，搞好工作设计，千方百计地使下级满意于自己的工作，以实现最有效的激励。实践中，一般有以下几种途径。

① 工作适应性。

工作的性质和特点与从事工作的员工的条件与特长相吻合，能充分发挥其优势，引起其工作兴趣，从而使员工高度满意于工作。既定的一批不同性质的工作岗位，与既定的一批不同素质、特点的员工，如果组合好了，就会使大家都满意于工作，积极性高涨；如果组合不好，人的长处与兴趣都受到压抑，大家则都不满意于工作，工作情绪低落。正因为如此，当有的人将无所作为的废才称为"垃圾"时，有的人则针锋相对地提出："垃圾"是放错地方的人才。可见，人与事科学合理的配合是有效激励的重要手段。管理者要善于研究人和工作的性质与特点，用人之所长，用人之兴趣，科学调配与重组，实现人与事的最佳配合，尽可能地使下级满意于工作。

② 工作的意义与工作的挑战性。

员工怎样看待自己所从事的工作，直接关系到其对工作的兴趣与热情，进而决定其工作积极性的高低。人们愿意从事重要的工作，并愿意接受具有挑战性的工作，这反映了人们追求实现自我价值、渴望获得别人尊重的需要。因此，激励员工的重要手段就是向员工说明工作的意义，并增加工作的挑战性，从而使员工更加重视和热衷于自己的工作，达到激励的目的。

③ 工作的完整性。

人们愿意在工作实践中承担完整的工作。从一项工作的开始到结束，都是由自己完成的，工作的成果就是自己努力与贡献的结晶，从而可获得一种强烈的成就感。管理者应根据工作的性质与需要以及人员情况，尽可能将工作划分成较为完整的单元分派给员工，使每个员工都能承担一份较为完整的工作，为他们创造获得完整工作成果的条件与机会。

④ 工作的自主性。

人们出于自尊和自我实现的心理需要，期望独立自主地完成工作，而自觉不自觉地排斥外来干预，不愿意在别人的指使或强制下被迫工作。这就要求管理者能尊重下级的这种心理，通过目标管理等方式，明确目标与任务，提出规范与标准，大胆授权，放手使用，让下级进行独立运作，自我控制。工作成功了，完全归功于下级的自主运作。这样，下级将受到巨大激励，会对自主管理的工作高度感兴趣，并以极大的热情全身心投入，以谋求成功。

⑤ 工作扩大化。

影响工作积极性的最大因素是员工厌烦自己所从事的工作，而造成这种现象的基本原因之一就是工作单调乏味或简单重复。为解决这一问题，管理者应开展工作设计研究，即如何通过工作调整，克服单调乏味和简单重复，千方百计地增加工作的丰富性、趣味性，以吸引员工。工作扩大化旨在消除单调乏味状况，增加员工工作的种类，令其同时承担几项工作或承担周期更长的工作。具体形式有以下几种。

- 兼职作业，即同时承担几种工作或几个工种的任务。
- 工作延伸，即前向、后向地接管其他环节的工作。
- 工作轮换，即在不同工种或工作岗位上进行轮换。这样，既有利于增加员工对工作的兴趣，又有利于促进人的全面发展，是重要的工作激励手段。

⑥ 工作丰富化。

工作丰富化指让员工参与一些具有较高技术或管理含量的工作，即提高其工作的层次，从而使职工获得一种成就感，使其渴望得到尊重的需要得到满足。具体形式包括以下几种。

- 将部分管理工作交给员工，使员工也成为管理者。
- 吸收员工参与决策和计划，提升其工作层次。
- 对员工进行业务培训，全面提高其技能。
- 让员工承担一些较高技术水平的工作，提高其工作的技术含量等。

工作扩大化是指从横向上增加工作的种类，而工作丰富化则是指从纵向上提高工作的层次，两者的作用都在于克服工作的单调乏味，拓展工作的内涵或外延，增加职工的工作兴趣。

⑦ 及时获得工作成果反馈。

人们对于那种工作周期长，长时间看不到或根本看不到工作成果的工作很难有大的兴趣。而对于只要有投入，立即就能看到产出的工作则兴趣较浓。这也是人们成就感的一种反映。管理者在工作过程中，应注意及时测量并评定、公布员工的工作成果，尽可能早地使员工得到工作成果反馈。让员工们及时看到他们的工作成果，可有效地激发其工作积极性，促使其努力扩大战果。例如，在生产竞赛中及时公布各组的生产进度，会对所有员工产生明显的激励作用。

3）需要层次论

需要层次论是由美国心理学家亚伯拉罕·马斯洛于 1943 年提出来的。这一理论揭示了人的需求与动机的规律，受到了管理学界的普遍重视。

（1）需要层次论的基本内容

马斯洛提出人的需要可分为 5 个层次，如图 2-8 所示。

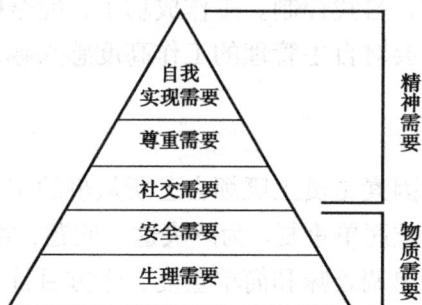

图 2-8　人的需要层次

① 生理需要。生理需要指维持人类自身生命的基本需要，如对衣、食、住、行的基本需要。他认为，在生理需要没有得到满足之前，其他需要都不能起激励人的作用。

② 安全需要。安全需要指人们希望避免人身危险和不受丧失职业、财物等威胁方面的需要。生理需要与安全需要属物质需要。

③ 社交需要。这是指人们希望与别人交往，避免孤独，与同事和睦相处、关系融洽的欲望。

④ 尊重需要。当第三层次需要满足后，人们开始追求受到尊重的需要，包括自尊与受人尊重两个方面。

⑤ 自我实现需要。这是一种最高层次的需要。它是指使人能最大限度地发挥潜能，实现自我理想和抱负的欲望。这种需要突出表现为工作胜任感、成就感和对理想的不断追求。他认为这一层次的需要是无止境的，一种自我实现需要满足以后，会产生更高的自我实现需要。后 3 个层次的需要属精神需要。

后来，在这 5 个层次基础上，他又补充了求知的需要和求美的需要，从而形成了 7

个层次。他认为：

① 不同层次的需要可同时并存，但只有低层次需要得到基本满足之后，高层次需要才发挥对人行为的推动作用。

② 在同一时期内同时存在的几种需要中，总有一种需要占主导、支配地位，称之为优势需要，人的行为主要受优势需要所驱使。

③ 任何一种已经满足了的低层次需要并不因为高层次需要的发展而消失，只是不再成为主要激励力量。

（2）需要层次论对管理实践的启示

① 正确认识被管理者需要的多层次性。片面看待下属需要是不正确的，应进行科学分析，并区别对待。

② 努力将本组织的管理手段、管理条件同被管理者的各层次需要联系起来，不失时机、最大限度地满足被管理者的需要。

③ 在科学分析的基础上，找出受时代、环境及个人条件差异影响的优势需要，并有针对性地进行激励，以收到"一把钥匙开一把锁"的预期激励效果。

需要层次论揭示了人类需求的规律，生活和生产中的许多现象都可以用它来阐释。例如一个乞丐，当他吃不饱、穿不暖，生理需要无法满足，以至于生存都无法保证时，对于安全，他根本就不放在心上，因此他可以露宿街头而不担心被人伤害；而一个丰衣足食的人就会考虑安全问题，需要住有防盗功能的住房；一个衣食住行都满足的人不会独居，把自己封闭起来，而是需要亲朋好友，并与他们往来，同时还需要结交新的朋友，进入社会。人们在社交活动中，都想体现自己存在的价值，都希望赢得他人的尊重，因此就有竞争，就有一大批方方面面获得成就并受到尊重的人。一个社会名人往往很富有，也受到社会的尊重，但他自己所拥有的和社会所给予他的，不一定是他所希望的。许多名人的内心世界实际上并不幸福和快乐，而是充满了忧虑和不安。因此，不难理解当自我实现需要不能被满足时，有些名人会走向极端。同时，也不难理解社会上一些道德高尚的人，在他们经济条件并不宽裕的情况下，他们愿意倾囊资助贫困学生和弱势群体。因为通过这种举动，他们内心自我实现的需要得到了满足，这才是最幸福、最崇高的境界。

需要层次论对于生产管理的指导意义非常重要，作为一名管理者要了解下属的需要层次，尽可能有针对性地给予满足，起到激励的作用。例如，对家庭贫困的职工，应该多给予一些物质利益；对一些积极向上的职工，要多给予表扬和重用，使他们得到尊重和自我实现。

3. 沟通

生产的过程是一个技术运用和体力劳动相结合的过程。基层的组织者如车间主任、工段长、班长、组长和广大职工工作在生产第一线，要付出艰辛的体力劳动，而工厂的各级管理者则主要从事脑力劳动。在工厂中，这两类劳动者之间往往存在隔阂；此外，上下级之间、部门之间因工作性质和利益不同，也经常会产生不和谐现象。这些问题若不能引起生产管理者的重视和解决，就会产生消极作用，影响生产效率，甚至引发工人怠工、群体事件等。因此，在生产管理过程中，加强干部与群众之间、干部与干部之间、群众与群众之间的联系非常重要。

（1）沟通的概念及作用

① 沟通的概念。沟通是指为达到一定的目的，将信息、思想和情感在个人或群体间进行传递与交流的过程。沟通具有目的性、信息传递性和双向交流性等特点。

② 沟通的作用。沟通是重要的领导手段，在管理中具有极为重要的意义。其作用主要表现为有效实施指挥与激励、保证整个管理系统的协调运行、协调各种人际关系、增强群体凝聚力等。

（2）沟通的有效形式

在工业企业中，管理者与员工、管理者与管理者、员工与员工之间由于在特定环境范围内工作，因此有一些特定的沟通形式，例如：

① 职代会等厂级大会，让职工了解工厂生产状况、目标、措施，体现主人翁作用，凝聚人心。

② 车间大会，让本车间职工了解生产任务、报酬福利等事项，提高透明度。

③ 班前、班后会，使班组成员之间在工作上进行协调、配合，使矛盾问题得到及时化解。

④ 谈话，利用上班间隙与工作之余交谈沟通。

⑤ 家访，这是各级管理者对下属的关怀慰问，特别是对困难职工家庭。

⑥ 聚餐，这是工厂沟通的常见和有效形式，上下级之间、同事之间利用各种机会把酒言欢，多少误会都会冰释。

（3）沟通的技巧

① 明确沟通目标。

管理沟通，作为一种有意识的自觉行为，必须在沟通之前，有明确的目标。沟通的目标决定沟通的具体内容与沟通渠道、方式方法。整个沟通过程都要按目标要求来设定。

② 了解沟通对象。

了解沟通对象，增强沟通针对性。沟通对象的需要、心理、知识、个性等因素对沟通效果影响也是很大的。如果不了解沟通对象的情况，沟通时就如"盲人骑瞎马，夜半临深潭"，也必然导致沟通失败。管理者在沟通前，应利用多条渠道，尽可能多地了解沟通对象多方面的情况，真正做到"知己知彼"，然后有针对性地进行沟通，方会取得成功。

③ 真诚、热情、助人为乐。

沟通技巧固然重要，但在根本上必须做到以诚相待，这是情感沟通的思想基础。管理者在沟通过程中，必须出于高尚的目的，真诚地交流信息与思想，实实在在地帮助下级排忧解难，真正达到互助、友谊、双赢的效果。

④ 注重言行效果。

- 要善于表达。自己想传递给对方的意愿，要通过对方"爱听"的话表达出来，要言之有理，选择对方感兴趣或擅长的话题。
- 要善于倾听。沟通是相互的，不是作报告，你说他听。倾听是有效沟通的关键性环节，要以真诚的态度来倾听，包括目光、表情、体态等方面，让对方知道你在洗耳恭听。
- 要善于尊重和赞美。在交往与会话的过程中，要注意发现与寻找对方的长处与优点，并真诚地赞美对方的长处。

第 3 章

生产计划策略与编制

3.1　生产计划策略和生产能力

3.1.1　生产计划的策略和体系

生产计划用于规定企业在计划期内，应当生产的产品品种、产量、产值、质量和出产期限等指标。它是依据市场调查和市场预测，与销售计划等各方面综合平衡后确定的。企业生产计划是企业经营计划的重要组成部分。它是生产管理的首要环节和生产系统运行的纲领。搞好生产计划，对于实现企业经营目标，编制企业内部其他各项专业计划，进行各方面平衡工作，统一指挥和组织企业生产活动，制定广大职工生产活动的奋斗目标，提高企业经济效益，保证国民经济协调发展，满足社会需要等都具有重要的现实意义。因此，编好生产计划是企业生产管理的一项重要工作。

1. 生产计划的策略

由于我国经济体制已经从传统的计划经济转变为社会主义市场经济，因此，影响企业生产计划的因素也发生了重大变化。例如，市场需求由供不应求，向供求平衡或供过于求发展；产品更新换代速度加快，企业必须不断地开发新产品；生产方式由少品种、大批量向多品种、小批量转化；企业由国家计划的附庸转变为市场主体等。在这种新形势下，企业生产计划除了遵循计划工作的一般原则以外，还要讲究以下两个策略。

（1）以销定产，满足需求

以销定产，满足需求，就是企业按照市场需要制订计划和组织生产，按期、按质、按量、按品种向市场提供所需的产品或劳务。这种策略实质上是一种对市场需求的消极响应策略，即企业只是单纯地响应和试图满足市场对产品的需求。

在多种情况下，企业往往是"被动"的，只是满足市场提出的需求，而并不试图去改变需求。例如，一个刚刚新建的企业，由于资本不雄厚，它没有足够的资金和人力去改变价格而影响需求；一个迅速发展的企业，其新产品的需求量非常大，企业的工作重点是如何尽量增加产量和获得扩大生产所需的资金，而无须考虑其他问题；许多企业进行着经济上的竞争，每个企业的产量在整个市场中所占比重很小，没有垄断现象，市场处于自由竞争状态，各个企业无法左右市场需求。

在企业只起"被动"作用的情况下，企业往往是通过以下措施来满足市场需求的。

① 通过增加或减少劳动力的数量来适应市场需求的变化。这种策略特别适用于劳动密集型产品。

② 通过调节库存水平来满足需求，需求大时动用库存，需求小时补足库存。

③ 通过订立分包合同来适应市场需求。企业的生产设备保持恒定的生产以满足最低需求量。对于超过最低需求量的部分则通过分包合同来解决。

④ 通过改变产品的搭配生产使企业生产保持稳定。由于市场需求的变化，企业主产的产品品种往往会出现供需不协调情况，某些产品需求量大，另一些产品需求量小。因此，企业要根据需求的变化重新分配各种产品生产所需的资源，以平衡、协调供需之间的矛盾。这是多品种生产的一个主要论据。

随着企业技术和管理水平的提高，企业应更积极主动地引导消费，刺激消费，创造新的需求，从而采取"以产促销，创造需求"的策略。

（2）以产促销，创造需求

以产促销，创造需求，就是在市场需求的前提下，根据自己的生产技术特点，扬长避短，强化自己的核心能力，将既符合专业方向、又物美价廉的产品投向市场，提高市场占有率，以生产促销售，创造新的需求。这种策略实质上是积极影响产品需求量的策略，即企业力图影响或控制需求，创造需求的策略。

在大多数情况下，企业在影响环境和适应环境两方面都起着积极主动的作用。例如，企业在产品需求量较小的时期，可采取降价、改进包装、积极促销等各种刺激需求的措施来增加销售量。对于一些季节性生产的企业，可在生产淡季选择一些非周期性的产品进行生产，以减轻企业生产设备的负荷。此外，缓期交货对于保持生产稳定性是很理想的措施。它的成败取决于顾客是否同意延缓交货。在某些情况下，因为顾客不愿等待，所以销售人员的一项重要任务就是说服客户接受一个范围变动较大的交货期。同时，还可以采取打折扣、推出潜在需求的新产品等刺激办法来影响用户。企业只有不断推出新产品，创造新需求，才能形成自己的竞争优势，在激烈的竞争中立于不败之地。

2. 生产计划的体系

生产计划可以按其在工业企业生产经营活动中所处的地位和影响的时间长度，划分为长期、中期、短期三个层次。这三个层次的生产计划相互联系、协调配合，构成了一个完整的生产计划体系。工业企业生产计划体系，如图3-1所示。

（1）长期生产计划

长期生产计划也叫生产战略计划，其时间长度一般为3年、5年和10年。它是工业企业经营战略的组成部分，即有关产品开发、总产值、总产量、质量、生产能力规模、品种结构优化、资源发展等方面的长远的统筹安排。长期生产计划要根据企业长期经营目标、环境预测和企业各种资源计划、财务计划进行动态平衡来确定。长期生产计划是指导中、短期生产计划的纲领性文件。

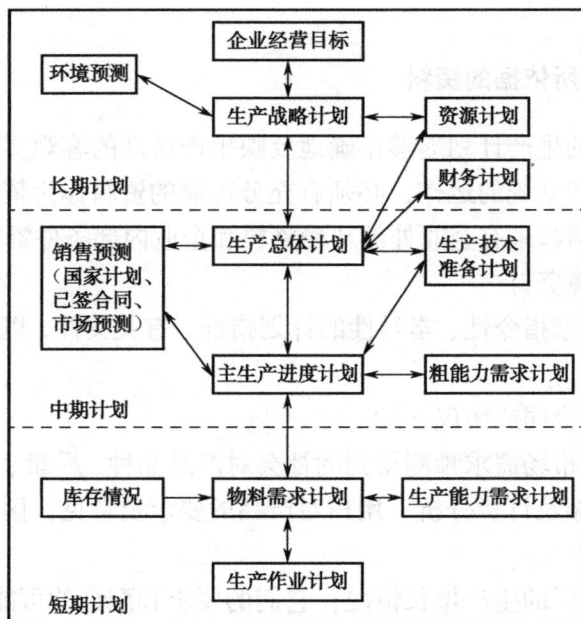

图 3-1　工业企业生产计划体系

（2）中期生产计划

中期生产计划又叫生产计划大纲，主要由生产总体计划和主生产进度计划组成，计划的时间长度一般为 1 年或年度分季。生产总体计划规定企业在计划年度内的生产目标，即企业在计划年度内应该生产的产品品种、质量、产量、产值和交货期等方面应达到的水平。主生产进度计划是按产品品种规格规定的年度分季、分月的产量计划。制定中期生产计划，要依据长期生产计划规定的年度任务、销售预测、生产技术准备计划和企业粗能力需求计划等。

（3）短期生产计划

短期生产计划又叫生产作业计划。这种计划的时间长度在月度以下，具体包括月、旬、周、日、轮班、小时。生产作业计划是生产总体计划的具体执行计划。它包括厂部作业计划和车间作业计划、物料需求计划、生产能力需求计划等。

以上三种生产计划各有侧重点。长期生产计划应根据长远的因素，确定企业长远的生产奋斗目标，开发新的生产能力，推出新产品等，为企业开创新局面作出贡献。中、短期生产计划，要根据年、季、月的具体因素，重视现有的销售机会、现有资源的充分利用和经济效益的提高，它是广大职工中、短期的生产奋斗目标。本章主要介绍生产总体计划。

3.1.2 生产计划的依据和生产能力

1. 编制生产计划所依据的资料

为了使编制出来的生产计划能够正确地反映生产活动的客观实际，具有科学性，能够正确地指导企业生产系统的运作，必须有充分可靠的资料作为依据。编制生产计划所依据的资料很多，概括起来有企业外部环境资料和企业内部条件资料。

（1）企业外部环境资料

① 上级下达的国家指令性、指导性的计划指标、有关文件，以及上级主管机关的指示和决议。

② 已签订的供货合同或协议。

③ 经市场调查和市场需求预测得到的社会对产品品种、质量、数量等方面需要的资料，计划期产品销售额及订货分析，用户对产品的要求及意见，国内外市场的技术经济情报。

④ 协作厂、配套厂的生产增长情况，它们的要求和配合的可能，外协件、配套件、外购件等协作和供应的保证程度。

⑤ 物资供应情况，包括原材料、燃料、动力、能源等的供应情况与获得的可能。

⑥ 国家法律规定及各项方针、政策，如能源政策、税收政策、价格政策、财政信贷政策、环保规定等，体制改革有关政策规定，以及企业面临的经济形势等。

⑦ 产品价格、目录。

（2）企业内部条件资料

① 本企业经营目标和经营方针。

② 上期计划预计完成情况的分析研究，包括品种、数量、质量、产值、利润、成本完成情况，找出差距，查明原因。

③ 机器设备的生产能力、设备数量和状况、设备检修计划。

④ 产品开发计划及进展情况。

⑤ 人力资源状况，包括职工人数及各工种的比例状况，短线工序及劳动力情况，劳动力调配资料，生产工人有效工时利用率、出勤率，生产前方与技术后方力量的比例，职工群众的思想面貌和干劲等。

⑥ 企业长远发展规划。

⑦ 上期合同执行情况及成品库存量。

⑧ 先进合理的技术经济定额，包括工（台）时定额、设备利用定额、原材料消耗定额、费用定额等。

⑨ 技术组织措施计划及其执行情况、生产技术准备进度、技术革新措施、先进经验和合理化建议。

⑩ 产品成本和价格、厂内劳务价格、生产人员和管理人员状况等。

2. 生产能力

（1）生产能力的概念和种类

① 生产能力的概念。

工业企业生产能力是企业全部生产性固定资产的生产能力。生产性固定资产指企业中直接参与生产的固定资产，包括机器、设备、厂房和其他生产性建筑物等。它不包括非生产性固定资产，如办公楼等。影响企业生产能力的有人和物两个因素，人是生产发展的决定性因素。为什么要按生产性固定资产来计算生产能力？原因是现代工业生产以采用机器为主，机器设备是重要的生产手段。随着无人工厂的出现，以机器设备计算生产能力就更顺理成章了。生产性固定资产的生产能力比较稳定，它是企业内部各个生产环节全部生产性固定资产综合平衡的生产能力。例如，煤矿生产能力是掘进、回采、提升、运输、通风、维修等环节生产能力平衡的结果。它是在一定的技术组织条件下所能达到的生产能力。这里的"一定"是假设在把影响生产性固定资产生产能力的其他因素都抽象掉的正常条件下。例如，在劳动人数配备合理，原材料、燃料的供应数量、质量、时间都符合生产需要，劳动组织、生产组织合理等条件下确定生产能力。它是在一定时间内，生产一定种类和一定质量的产品的最大数量或加工处理一定原材料的最大数量。

综上所述，工业企业生产能力是指一定时期内（通常是一年），企业的全部生产性固定资产，在一定的技术组织条件下，经过综合平衡后，所能生产一定种类和一定质量的产品的最大数量，或者能够加工处理的一定原材料的最大数量。

这里应当指出的是，随着企业经济体制的改革、自主权的扩大，原来确定生产能力假定正常的那些条件发生了变化，再单纯地按生产性固定资产计算生产能力是值得商榷的。解决方法是按生产能力总体各基本要素综合平衡来确定企业生产能力。

② 企业生产能力的种类。

目前，我国根据考虑的因素和用途不同，将企业生产能力划分为设计能力、查定能力和计划能力三种。设计能力是指工业企业设计任务书与技术设计文件中所规定的生产能力，也就是设计规定的生产能力。它是按照工厂基本建设设计中规定的产品方案和各种设计数据来确定的。它是企业新建、改建、扩建后，初投入生产时的能力。企业建成投产后，要有一个熟悉和掌握技术的过程。一般须经过一定时期后才能达到或超过设计能力。查定能力是由企业或主管机关重新调查核定的生产能力。查定能力实质是修正了的设计能力。一般在企业生产了一段时期后，企业的产品方案和技术组织条件已发生了很大变化，原有设计能力不能正确反映企业生产能力水平时，才重新查定。查定能力是根据企业现有条件，并考虑到企业在查定时期内所采取的各种先进措施的效果来计算的。计划能力或现有能力是企业计划年度内所达到的生产能力，也就是企业计划年度内实际可能达到的生产能力。它是根据企业现有条件，并且考虑到企业在计划年度内所能实现的各种措施的效果来计算的。以上三种能力考虑的条件和因素不同，因此反映的能力水平不同、用途不同。设计能力和查定能力为确定企业生产规模、编制企业长远规划、安排企业基建和技术改造计划提供依据,而计划能力则作为企业编制年度计划、确定生产指标的依据。

（2）影响生产能力的因素

影响企业生产能力的因素很多,诸如市场需求,规模经济的界限,产品品种、技术复杂程度及生产组织方式,设备的数量、精度、效率、工装、工艺方法,质量要求,劳动者掌握科学技术水平和劳动技能的熟练程度,劳动组织的完善程度,劳动者的数量和积极性的发挥,物质资源（包括原材料、能源、资金等）保证程度,企业经营管理水平等。其中影响核定企业生产能力的基本因素是生产性固定资产的数量、工作时间总数和生产效率。

① 生产性固定资产的数量,指企业计划期内所拥有的全部能够用于生产的机器设备的数量,以及厂房和其他生产所用建筑物的面积。它包括正在运行、正在修理、正在安装、待安装或准备修理的机器设备,以及因生产任务变化等原因,暂时停止使用的机器设备。它不应包括已报废、封存待调或准予停用的设备,计划备用的辅助设备,不配套的设备等。机器设备数量越多,生产能力越大。

② 生产性固定资产的工作时间总数,指机器设备的全部有效时间和生产面积的全部利用时间。有效时间是由企业制度时间与设备修理时数决定的。不同企业,由于生产条件和工作制度不同,固定资产工作时间也不同。在连续生产的工业企业里,机器设备有效工作时间一般等于全年日历日数乘以日制度工作小时数,减去修理机器设备必要的停工时间总数。在间断生产的工业企业里,机器设备有效工作时间如下:

$$\begin{array}{c}\text{全年机器设备}\\\text{有效工作时间}\end{array}=\left(\begin{array}{c}\text{全年日}\\\text{历日数}\end{array}-\text{节假日数}\right)\times\begin{array}{c}\text{日工作}\\\text{班次}\end{array}\times\begin{array}{c}\text{每班工作}\\\text{小时数}\end{array}\times\left(1-\begin{array}{c}\text{机器设备计划}\\\text{修理停工率}\end{array}\right)$$

停工待料时间和因动力供应中断的停工时间,在计算生产能力时不予考虑。有效工作时间越长,生产能力越大。

③ 生产性固定资产的生产效率。从设备来看,它的生产效率指单位机器设备的产量定额或单位产品的台时定额。两者互为倒数。生产效率高,生产能力就大。影响生产效率的因素很多,企业必须采取各种措施提高生产效率,从而提高生产能力。

除了分析机器设备生产能力影响因素外,还应考虑生产面积生产能力的影响因素。

（3）生产能力的核定

核定生产能力,要在查清影响生产能力的上述三个基本因素,确定企业专业方向、生产大纲,做好查定准备工作的基础上进行。查定具体步骤是先核算机组（小组、工段）生产能力,再核算车间生产能力,最后核算企业生产能力。

① 机组生产能力的核算。

生产单一产品与生产多种产品机组核算生产能力的方法是不同的。生产单一产品机组生产能力的计算公式如下:

$$\begin{array}{c}\text{机器设备组}\\\text{的生产能力}\end{array}=\begin{array}{c}\text{机组设备}\\\text{数量（台）}\end{array}\times\begin{array}{c}\text{单位设备的有效工}\\\text{作时间（小时）}\end{array}\times\begin{array}{c}\text{单位设备的产量定}\\\text{额（实物量/台时）}\end{array}$$

或 $\begin{array}{l}\text{机器设备组}\\\text{的生产能力}\end{array}=\begin{array}{l}\text{机组设}\\\text{备数量}\end{array}\times\begin{array}{l}\text{制度工}\\\text{作时间}\end{array}\times\left(1-\begin{array}{l}\text{设备计划}\\\text{修理停工率}\end{array}\right)/\begin{array}{l}\text{单位产品}\\\text{台时定额}\end{array}$

生产多种产品机组生产能力的计算，可以采用标准产品法、假定产品法和代表产品法。

标准产品法是用标准产品来核算生产能力，把不同品种、规格的同类产品换算成标准产品。例如，拖拉机以 15 马力为标准来计算生产能力。其他原理同单一产品机组生产能力的核算。

假定产品法是以假定产品为单位计算设备组生产能力。假定产品是计算生产能力时假定的产品折合量单位。在品种复杂、劳动量相差较大、不易确定代表产品时，可采用假定产品来确定生产能力。假定产品法的步骤如下。

第一步，计算假定产品的台时定额，计算公式如下：

假定产品的台时定额＝∑各产品台时定额×各产品产量占假定产品总产量的百分比

第二步，计算以假定产品为单位的假定产品生产能力，计算公式如下：

假定产品生产能力＝设备台数×单位机器设备年有效工作时间/假定产品台时定额

第三步，计算机组各种计划产品的生产能力，计算公式如下：

机组计划产品生产能力＝假定产品生产能力×该产品产量占假定产品总产量的百分比

例如，某厂生产甲、乙、丙、丁四种计划产品，甲产品计划产量为 100 台，乙产品计划产量为 80 台，丙产品计划产量为 160 台，丁产品计划产量为 60 台。又知该车床组有车床 18 台，每台全年有效工作时间为 3758 小时，求车床组生产各种计划产品的生产能力。

假定产品法生产能力计算表，见表 3-1。

车床组假定产品生产能力＝3758×18÷150＝450（台）

表 3-1 假定产品法生产能力计算表

产品名称	计划产量（台）	各种产品产量占假定产品总产量的比例（%）	该产品车床计划台时定额（台时）	假定产品台时定额（台时）	生产各种产品的计划生产能力（台）
	（1）	（2）＝（1）/400	（3）	（4）＝（3）×（2）	（5）＝450×（2）
甲	100	25	200	50	113
乙	80	20	270	54	90
丙	160	40	100	40	180
丁	60	15	40	6	67
假定产品	400	100		150	

代表产品法是以代表产品为计算单位确定机组生产能力。其步骤是先确定代表产品，再计算出以代表产品为计算单位的生产能力，最后求出以机器设备组的各种计划产品单位表示的生产能力。

② 车间生产能力的核算。

有了各机器设备组生产能力后，就需要进一步平衡车间各机组的生产能力，求出车间的生产能力。对车间各机组生产能力的平衡，首先要抓住主要机器设备组、主要设备的生产能力，使其他机组的生产能力与主要机组的生产能力保持相对平衡。平衡后的生产能力，就是机加车间的生产能力。

③ 企业生产能力的核算。

核算出各车间的生产能力后，就要把各车间的生产能力加以综合平衡，求出企业生产能力。对各车间生产能力的平衡，包括两个方面：一是各基本生产车间之间能力的平衡，二是基本车间与辅助生产车间等其他环节之间能力的平衡。在平衡各基本生产车间的生产能力时，一般应从起决定性作用的主要生产车间的生产能力入手，也就是按主导环节确定。这有利于充分利用主导环节的能力。

对基本生产车间与辅助生产车间的生产能力也要进行平衡。其目的是验算辅助车间能力对基本生产车间能力的保证程度，使辅助车间能力与基本生产车间的能力相适应。

总之，企业应先核定机组（小组、工段）、车间等各个环节的生产能力，然后在综合平衡各个生产环节生产能力的基础上，核定企业的生产能力。企业生产能力核定过程是各生产环节之间生产能力反复平衡的过程，也是充分发动群众、调动一切积极因素、挖掘企业潜力的过程。

（4）企业生产能力负荷的平衡

生产能力负荷平衡是指对工业企业生产能力与年度生产计划中规定的生产指标所需要的能力进行平衡，通过平衡发现能力余缺。

在以机器操作为主的情况下，生产能力负荷的平衡，是把主要设备的计划期生产能力（台时）与生产任务所需生产能力（台时）相比较。在多品种单件与成批生产情况下，将计划任务所需台时数与计划期可能提供的台时数进行对比。设备组的设备负荷率的计算公式如下：

计划设备负荷率=计划任务需要台时数/计划期有效台时数

计划任务需要台时数，包括完成主要计划产品所需生产能力和新产品试制、维修等其他任务所需台时数。

计划任务需要台时数=∑（计划产量×单位制品现行台时定额×计划期定额压缩系数）×（1+由于生产技术上不可避免的废品及补加工而损失的台时数占计划任务百分比）

平衡的结果有三种情况，即负荷系数等于1，说明相互平衡；小于1，表示能力有余；大于 1，表示能力不足。此外，还要计算生产面积负荷率和劳动力负荷率。这是生产能力的静态平衡。在社会主义市场经济条件下，为了使生产能力更好地满足当前与长远需要，还要把当前与长远结合起来，进行动态平衡。生产能力动态平衡表，见表3-2。

表3-2　生产能力动态平衡表

长期 ＼ 短期	能力大于需求	能力约等于需求	能力小于需求
能力大于需求	1	2	3
能力约等于需求	4	5	6
能力小于需求	7	8	9

生产能力动态平衡的结果，不是 3 种情况，而是 9 种情况，企业应针对不同情况采取不同的对策。例如第 1 种情况，从短期和长期看能力都有富余。对此，企业可调整多余人员，处理多余设备，组织固定的外协，开发新产品，增加新项目，设备改装作其他用途等。通过动态平衡，使企业短期和长期的生产能力既能保证生产任务的完成，又能提高设备利用率，不断提高经济效益。

3.1.3　生产总体计划的编制

1．生产总体计划的性质

生产总体计划，又称年度生产计划或生产计划大纲。它有以下几个主要特点。

① 它是综合性计划，是用综合单位确定总量的计划。例如，确定总产量、总销售量。它对个别产品的细节以及设备和人力的具体安排可以略而不论。

② 计划期一般为一年半到两年，是较长期的计划，属于中期计划。

③ 计划决策权掌握在企业最高领导人员手中。

④ 该计划应当处理的是同资源利用规划有关的基本决策。它涉及生产能力、库存量、雇工人数水平、转包合同数量水平、生产率、增加班次、加班时间、成本等一些基本问题的全面安排。

我国国有企业生产总体计划属于中期计划。计划决策权应归属企业最高领导人员。为了满足实现企业经营目标、指导企业生产活动和全面提高经济效益的需要，计划指标应该包括产品品种、产品产量、产品质量、工业总产值、商品产值、工业增加值等。这些指标含义、作用不同，相互联系，构成一个完整的生产计划指标体系。

产品品种指标是指企业在计划期内应当生产的产品品种名称和品种数。它规定了企业在计划期内生产些什么。它主要反映企业在产品品种方面满足社会需要的程度，以及企业生产技术水平、专业化协作水平与管理水平等。企业要以品种求发展，优化品种结构，要有品种储备，不断开发新产品。

产品质量指标是指企业在计划期内生产的每种产品应该达到的质量标准，或在计划期内提高产品质量应该达到的水平。它主要反映企业从使用价值上满足社会需要的程度。它是衡量企业工作质量的综合指标之一。它还反映企业管理水平和技术水平的高低等。企业应以质量求生存，按最佳质量进行生产，实行全面质量管理，贯彻国际质量标准——ISO 9000 系列标准等。

产品产量指标是指企业在计划期内应当生产的合格入库和适销对路工业产品的实物量和工业性劳务的数量。它表示企业的生产成果，反映了企业向社会提供使用价值的数量和企业生产发展的水平及速度等。

商品产值是工业企业计划期内生产的可供出售的合格工业产品及工业性作业的价值。它主要反映企业可能获得的货币收入是多少，表明企业计划期内为社会提供的商品的价值等。

总产值是以货币表示的企业在计划期内应当完成的工作总量。它反映企业计划期内生产发展的总规模和水平，是研究企业生产发展速度和计算劳动生产率等的主要依据。

净产值是企业在计划期内工业生产活动应当新创造的价值。它克服了总产值受转移价值影响的缺点，可以准确地反映企业计划期内工业生产的净成果，综合反映企业增产节约的经济效益。它是计算国民收入的重要组成部分。

工业增加值是指工业企业在计划期内以货币表示的工业生产活动的最终成果。一般而言，它是在生产过程中，利用各种生产要素，将原材料变为制成品而增加的价值，也就是原材料的价值与制成品价值的差额。它反映了企业生产经营活动的最终成果及发展速度，比较真实地反映出企业投入、产出和经济效益情况，以及企业对国内生产总值所作的贡献。

2. 生产总体计划的编制步骤

（1）收集、筛选信息资料

信息资料的内容包括编制生产总体计划依据的企业外部环境和内部条件。收集信息资料的基本要求是系统、准确、及时、经济。

（2）初步拟定生产计划指标，提出备选方案

根据掌握的信息，统筹兼顾，全面安排，利用数学模型进行测算，初步拟定生产计划指标，提出可行的备选方案。因为在同样的条件下存在着许多不同的生产方案，所以为了便于优选，提出几个备选方案。

（3）综合平衡，优选计划方案

综合平衡是计划工作的重要原则，又是计划工作的具体方法。无论是计划经济还是市场经济，编制计划都应进行需要与可能的平衡，只是平衡的原则和具体内容不同。所谓企业年度计划综合平衡是指从企业实际出发，按照生产经营活动中各种比例关系的要求，对企业生产活动进行系统分析，统筹兼顾，合理安排企业生产任务与生产可能之间，各生产环节之间，产量、成本、利润等各项指标之间的衔接关系，使之相互衔接、互相协调、互相促进，选择较理想的生产方案，确保生产计划任务与企业经营目标的实现。综合平衡的原则是从实际出发，坚持选优性、综合性、效益性。

综合平衡的内容因组织性质不同而异。一般的工业企业综合平衡的内容，归纳起来主要有以下三个方面。

① 生产任务与产品销售计划的平衡。

其目的是以销定产，根据市场预测、订货合同、国家计划任务的需要制订销售计划，企业生产的产品在品种、质量、数量、交货期等方面，必须保证销售计划的完成。当出现某产品销售量大于生产量时，应尽可能增加生产，满足市场需要。相反，生产量大于销售量，则应在综合其他因素的情况下，考虑压缩该产品的生产量。

② 生产计划任务与生产可能的平衡。

生产计划指标既要反映社会需要，又要反映生产满足需要的可能性与必要条件。要充分利用生产可能满足社会的需要。为此，必须做好如下平衡。

- 生产任务与生产能力之间的平衡。这主要是指测算企业设备、生产面积的生产能力对生产任务的保证程度，提高设备、生产面积生产能力利用率，搞好生产能力的动态平衡。

- 生产计划任务与劳动力之间的平衡。这主要是指测算完成主要产品生产任务所需工时与有效工时是否平衡，以及劳动力数量、关键技术工种、定额水平和劳动生产率对完成生产任务的保证程度。各类人员需要量比例要合理。目前的关键是要解决多余人员利用问题，并重视提高企业现有人员素质，挖掘劳动潜力，不断提高劳动生产率。

- 生产计划任务与物资供应之间的平衡。这主要是指测算物资对生产的保证程度。保证关键原材料、动力、能源等物资供应的数量、质量、品种、规格、时间与生产任务相适应。进行各大类物资的需要量与资源量的平衡，既要满足生产需要，又要降低物资消耗。物资供应要保证生产的需要，对缺口物资要采取措施，抓紧落实。只有在物资确定不可能满足生产需要的情况下，才能考虑调整生产计划。进行生产计划任务与物资的平衡，必须做好物资资源预测工作，根据生产任务确定物资需要量，考虑企业规模和性质、管理水平等条件，确定各种物资储备定额，编制物资申请、采购计划，并落实措施。

- 生产计划任务与生产技术准备之间的平衡。这主要是指测算设计、工艺、工艺装备、设备修理、产品试制、技术措施对生产计划任务的保证程度。如果生产计划任务大于生产技术准备能力，就需要采取各种措施来压缩生产技术准备周期，但不能以影响生产技术准备工作质量来压缩周期，这样会影响商品的出产。要使生产技术准备进度与生产计划任务进度相衔接，保证新产品投产和老产品改进后重新投产的顺利实现。

- 生产计划任务与外部协作的平衡。这要求测算委托其他企业生产的半成品、工艺性协作和外购件对生产任务的保证程度，并采取措施切实保证生产任务的需要。

- 生产计划任务与资金占用的平衡。这是指测算资金数量能否满足生产任务的需要，还要根据生产任务测算流动资金周转的情况。应该从提高资金的使用效果出发，既要保证生产需要，又要尽量减少资金占用量，以求得生产计划任务和资金占用之间的平衡。

③ 各项计划指标之间的静态与动态平衡。

从静态平衡来看，要正确处理生产计划指标体系内部各项指标之间的关系，如质量与数量，品种与数量，品种与质量，品种、产量与产值，主要产品与非主要产品，新产品与老产品，商品产品与商品备件等关系。还要做好生产计划指标与其他计划指标之间的平衡，其中主要是指产量、成本、利润指标之间的平衡。在进行各项计划指标平衡时，要尽量采用数学方法优化生产指标，如用盈亏分析法进行量本利平衡，利用线性规划进行品种、产量优化等。另外，还要把各项计划指标与先进的技术经济指标对比，找差距，挖潜力，定措施，使计划具有措施保证，综合平衡先进性和现实性。各项生产计划指标之间的动态平衡，主要是使各项计划指标在不同时间上紧密衔接，使长期生产计划与年度生产计划、年度生产计划与季度生产计划、本期计划与前后期计划指标之间衔接起来，实质上是眼前利益与长远利益、阶段目标与战略目标的平衡。这里需要强调的是，应善于根据市场的变化，对计划的约束条件主动进行适应性调整，以实现动态平衡。这方面常采用的办法有：在低需求时期，建立适当存量，以应付未来的高需求；在高需求时期，采取能提高生产能力的变更策略，如提高工效、加班、增加工人、外包等；维持工作设备不变，在旺季施行加班，淡季以停工检修设备的方式处理等。企业经过上述综合平衡后，自下而上地提出总产值、分品种的产量、质量等生产计划指标。

（4）上报备案或批准，确立正式生产计划

根据综合平衡的结果，即可编制生产总体计划。计划表的格式，见表 3-3。该计划经有关科室、车间组织群众讨论后，做必要的修正，经厂长批准，多数企业在报上级主管部门备案后即可执行。对于少量的国家有关部门下达的指令性计划，如军工企业生产的国防建设必需产品计划，企业应在编制生产总体计划，报上级主管部门批准后执行。

表 3-3　生产总体计划表格式

项　　目	单位	2006年预计	2007年计划	2007年分季安排				2007年计划为2006年预计的百分比
				一	二	三	四	
一、产值								
1. 总产值（按不变价格计算）	万元							
2. 商品产值（按现行价格计算）	万元							
3. 工业净产值	万元							
二、主要产品产量								
1. 甲产品	台							
2. 乙产品	台							
……								
10. ×产品	台							
三、质量								
1. 升级产品	等级							
2. 成品初检合格率	%							
3. 加工废品率	%							
四、机械维修备件	件							
五、工业性作业	万元							
六、自制设备	台							
……								

3. 主生产进度统筹安排

（1）安排主生产进度计划的作用和要求

生产总体计划上报备案或批准确定后，就要安排主生产进度计划。安排主生产进度计划，就是把全年的生产任务具体地安排到各个季度、各个月份，使生产计划指标在时间上得以具体落实，也就是确定一年内产量增长的动态和不同品种产品出产的先后次序。

合理安排主生产进度计划具有十分重要的作用。它可以使企业的销售计划和全年的生产任务进一步落实，便于各项准备工作进一步具体安排，为组织均衡生产创造良好的条件，有利于提高企业生产的经济效益。

合理安排主生产进度计划的要求包括：

① 必须保证已签订的订货合同和国家计划所规定的品种、数量、质量、出产期限和交货期限的要求。在安排产品的生产顺序时，要分轻重缓急。先安排中央任务，后安排地方任务；先安排国家重点工程、出口产品、军工产品、重点客户订货、罚款多的任务，再安排其他一般任务。

② 力求组织均衡生产。要合理搭配劳动量不等的产品，保证每季、每月生产能力都能均衡负荷，使资金占用和资金回收相协调，使产值和利润逐步有所增长。

③ 生产进度安排要同生产技术准备工作在时间上密切衔接起来，尽量避免仓促上马，以保证生产能够连续不断地进行。

④ 要使原材料、外购件、外协件的供应时间与生产产品出产进度计划的安排协调一致。

⑤ 要与技术组织措施投入生产的时间和效果结合起来。

⑥ 生产进度的安排应当赶前不赶后，第四季度的安排要留有余地，以便为提前和超额完成生产任务创造有利条件，并为下年度做好准备。

（2）安排主生产进度计划的方法

安排主生产进度计划的方法因企业生产类型的不同而有所不同，具体表现为安排内容的重点、安排的方法、考虑的具体因素等都有所不同。

① 大量大批生产企业主生产进度的安排。

因为这类企业的生产特点是品种单一、产量稳定，所以安排产品出产进度的重点是确定计划期的产量任务。各季、各月产量的确定方式随着需求量的变化而有所不同。当市场需求量比较稳定或生产任务饱和时，可实行均衡安排生产的方针，具体安排方法有4种。

- 平均分配法，是把全年计划产量平均地分配到各季、各月生产。它适用于社会对产品需求量比较稳定、无季节性变化的产品。
- 分期递增法，是把全年计划产量以分期、分阶段增长的方式安排到各季、各月生产。它适用于市场产品需求不断增加的情况。
- 小幅度连续递增法，是把全年计划产量以不断小幅度增加的方式安排到各季、各月生产。它适用于市场对产品需求小幅度递增，工人技术熟练程度、生产技术水平逐步提高的情况，其变化规律表现为一条学习曲线。

● 抛物线递增法，是把全年计划产量按照开始增长较快，随后增长较慢，逐月提高，最后趋于平稳的方式安排到各季、各月生产。它主要适用于生产新产品而需求量又不断增长的情况。

生产稳定的 4 种产量安排方法简图，如图 3-2 所示。

安排方法	平均日产量	季度	一			二			三			四		
		月份	1	2	3	4	5	6	7	8	9	10	11	12
平均分配														
分期递增														
小幅度连续递增														
抛物线递增														

图 3-2　生产稳定的 4 种产量安排方法简图

当需求量不稳定时，安排主生产进度的方法主要有以下 3 种。

● 均衡安排法，是指产品需求随季节变动，生产进度按平均产量安排，工人人数不变，靠库存、外协来调整生产。当月产量大于需要量时，将多余产品作为库存准备起来，以满足旺季时的需要。当月产量小于需要量时，则动用原有库存，如仍不足以满足需要，还可组织外协。其生产量累计线与需求量累计线，如图 3-3 所示。

均衡安排法的优点是便于利用人力和设备，产品质量稳定，方便管理。其缺点是成品库存量大，占用流动资金多，对市场需求变化适应性差，竞争力差。

● 变动（追赶）安排法，是指按每月的需求量安排每月的生产量，用增加或减少工时来调整生产，满足需要。其生产量累计线与需求量累计线基本重合，基本上没有库存、外协和脱销现象，如图 3-4 所示。

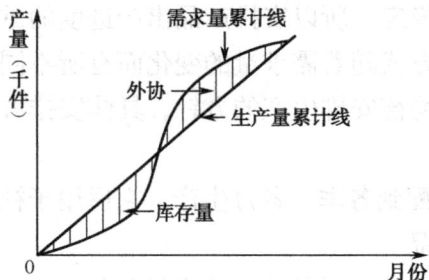

图 3-3　均衡安排法图示　　　　图 3-4　变动安排法图示

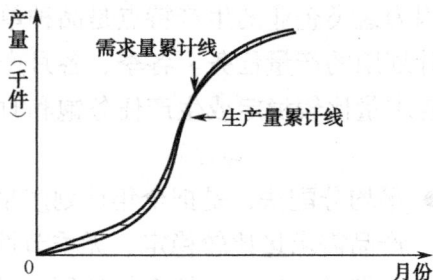

变动安排法的优缺点与均衡安排法正好相反。它的优点是成品库存较少，节省库存保管费用；流动资金不积压，对市场的适应性强，便于花色和规格的及时调整。其缺点是生产不稳定，设备利用不充分，需要经常调整设备和人力，产品质量不稳定，管理复杂等。

● 折中安排法，是上述两种安排方法的结合。其生产量累计线尽可能与需求量累计线一致，既减少库存又避免脱销，并使工人人数比较稳定，可用适当外协和库存来调整产量，满足需要，如图 3-5 所示。

折中安排法吸取了上述两种安排方法的优点，克服了其缺点，变动少于变动安排法，库存量又低于均衡安排法。

企业应选用哪一种方法，要进行经济上的比较。主要比较生产调整费用和库存保管费用。生产调整费用包括工艺装备的调整改装费用、培训费用、加班加点费用和调整引起的废品损失及停工损失费用等。生产调整费用与库存保管费用总和最小的方法为最优方法。此外，还要考虑企业特点。例如，产品不易长期储存的食品工业企业和产品具有季节性的农机企业等，应采用变动安排法。而有的企业产品质量是关键，则可采用均衡安排法。

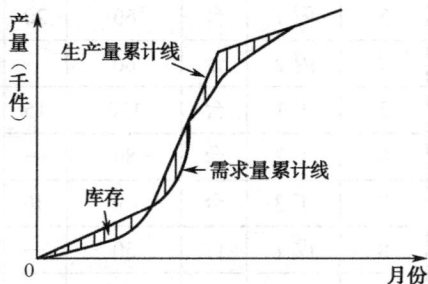

图 3-5　折中安排法图示

② 成批生产企业主生产进度的安排。

这类企业的特点是产品品种较多，成批、定期或不定期地轮番生产某些产品。因此，在安排产品出产进度时，不仅要合理安排各季、各月产量，而且要组织各季、各月不同品种产品的搭配生产。选择和确定最合理的品种搭配方案，是安排产品出产进度的重点。具体安排时除了应遵循上述一般要求外，结合成批生产特点应注意以下几个问题：先安排企业的"主流产品"，并采取"细水长流"的方式安排；对于产量较少的产品和同类型、同系列的产品，尽可能安排在同一时期，采用"集中轮番"方式生产，以便减少同期生产的品种，扩大产品批量，简化生产组织工作和生产技术准备工作；大型与小型、尖端与一般、复杂与简单产品等，要合理搭配生产，以便保证各种机器设备和工种工人的负荷均衡；新老产品要交替生产，并分开搭配；尽可能使各季、各月的产品产量，同该种产品的生产批量相等或成整倍数，以简化生产管理。

上述各方面的要求是相互联系、相互制约的，企业应权衡轻重，有所取舍。为了更好地满足社会需求，又能兼顾企业的经济效益，企业可以提出几个不同的产品搭配方案，召集有关人员开会讨论，集思广益，进行比较，最后选定满意方案。成批生产主生产进度计划表，见表 3-4。

表 3-4　成批生产主生产进度计划表

顺序号	产品名称	单位	全年计划任务	分季分月安排											
				一季			二季			三季			四季		
				1	2	3	4	5	6	7	8	9	10	11	12
1	甲	台	600	35	35	40	40	40	50	50	50	60	60	70	70
2	乙	台	420	30	30	30	30	35	35	35	35	40	40	40	40
3	丙1	台	60	20	20	20	—	—	—	—	—	—	—	—	—
4	丙2	台	60	—	—	5	15	20	20	—	—	—	—	—	—
5	丁1	台	110	15	15	15	15	15	15	15	5	—	—	—	—
6	丁2	台	80	—	—	—	—	—	—	—	10	15	15	20	20
7	丁3	台	160	40	40	40	40	—	—	—	—	—	—	—	—
8	戊1	台	30	—	—	—	—	—	—	—	—	—	10	10	10
9	戊2	台	36	—	—	—	—	—	—	—	12	—	12	—	12
10	戊3	台	75	—	—	—	—	—	—	25	—	25	—	25	—

　　从表 3-4 可见，该厂生产 5 个品种 10 个型号的产品。甲和乙是主流产品，采取"细水长流"的方式安排生产。丙 1 和丙 2，丁 1、丁 2 和丁 3，戊 1、戊 2 和戊 3 都是同类型产品。其中丙 2 和丁 2 是新产品，丙 1 和丁 1 是老产品。经过合理搭配，产品品种相对减少了，从而提高了企业生产的经济效益。

　　③ 单件小批生产企业主生产进度的安排。

　　单件小批生产企业与大量大批和成批生产企业不同。其特点是品种多，规格杂，产量小，产品结构和工艺差别较大，生产技术准备工作量大；客户订货迟，要得急，变动多，在编制年、季度计划时，订货任务尚不能全部具体落实。因此，产品出产进度的安排就比较复杂，安排的重点是产品出产期限的搭配。在具体安排时，一般要注意以下几个问题。

- 先安排已经明确的生产任务。对于尚未明确的生产任务，按概略的计划单位做初步安排，各季、各月任务做粗略分配，待订货任务逐步明确后，再予以调整和具体化。但是必须将年度计划第一季度的任务规定得具体一些。
- 把各种产品分成若干系列，每个产品系列选出一种产品作为代表产品，用其他产品的台时定额除以代表产品台时定额，得到相应换算系数。把系列代表产品编为一个产品组，按照企业的生产技术组织条件和生产能力，先计算出代表产品组适应生产实际情况的产品数量搭配标准，而后排出分组计算的各种不同的品种数量搭配方案。产品分组计算表，见表 3-5。根据分组计算方案，结合计划年的销售计划任务，可以进一步排出多品种出产任务表，再汇总编制企业的年度产品出产进度计划。

表 3-5 产品分组计算表

组\系列	1组（代表）			2组			3组			4组		
	产品	台时系数	产量折合产量	产品	台时系数	产量折合产量	产品	台时系数	产量折合产量	产品	台时系数	产量折合产量
1	A	200	100	D	340	60	G	100	200	J	150	133
		1	100		1.70	102		0.5	100		0.75	100
2	B	60	300	E	150	120	H	100	180	K	90	200
		1	300		2.50	300		1.60	300		1.5	300
3	C	180	50	F	120	75	I	230	40	L	150	60
		1	50		0.66	49		1.28	51		0.83	50

- 多品种产出进度的安排。同一系列的产品采取连续生产的方式，不同系列产品采取平行生产的方式。
- 对小批生产的产品做好归类搭配生产，可以采取集中轮番的安排方式，以减少同期生产的品种，简化管理，提高经济效益。
- 单件生产的新产品和需要关键设备加工的产品，尽可能按季分摊，分期分批交错安排，以免生产技术准备工作和关键设备忙闲不均。
- 对大型产品可以分期解体出产，以利于组织生产，提高生产效率，减少在制品占地面积，提高生产的经济效益。
- 优先安排国家重点项目的订货，延期交货罚款多的订货，生产周期长、工序多的订货，原材料价值和产值高的订货，交货期紧的订货等。

编制主生产进度计划，也就是确定产品出产进度计划。有了这个计划，还要进一步安排车间的生产任务。安排车间生产任务的具体方法同厂部规定车间作业计划的方法基本相似，留在生产作业计划中介绍。

由于主生产进度计划的安排要有生产能力做保证，因此，还要与生产能力相平衡。

4. 服务系统的生产能力计划问题

服务系统与生产系统不同之处，主要是其生产与消费同时进行。因此，在服务系统中无法利用库存来调节生产能力。服务系统只能通过短期调节措施来安排生产能力计划，以适应变动的需求。服务企业调节生产能力常用的办法很多。首先，雇用零工或季节工。例如，快餐店就是利用大量的零工来使生产能力适应需求变化的。其次，通过变动班次来调节生产能力。例如，医院、餐馆、银行和许多其他的服务企业都利用变化的工作班制来安排员工工作，以使生产能力适应一天内或一周内波动的需求。再次，把某些业务转移到空闲时期来做。例如，旅馆的出纳员白天办理旅客的登记和结账业务，晚上准备账单或其他文件。对员工进行多面手培训，使他们可以从事不同的工作，也能提高生产能力的适应性。例如，超市的员工在顾客高峰时间都到收款台帮忙，空闲时间到货架或库房从事货品上架和进库工作。最后，共享生产能力。例如，一个地区的几家医院共同分享一个血库或其他昂贵的专用医疗设备。

综上所述，服务企业同工业企业一样，需要做好生产能力管理及其计划安排工作。虽然其调节的方法与制造企业有所不同，但是其目的是相同的，即以低成本来维持服务水平，以实现企业的战略目标。

5. 滚动计划

在社会主义市场经济条件下，市场需求波动较大，企业生产总体计划任务中不确定部分所占的比重越来越大，年初预测的某些需求到年中就可能变化，出现新的需求。这就要求企业增强计划的适应性，自觉、主动地调节计划，采取有效的计划方法。近几年来，我国许多企业已采用了滚动计划，取得了一定的效果，应加以推广。

滚动计划是指根据一定时期计划执行情况，考虑到企业外部环境和内部条件出现的变化，定期、近细远粗地修改原计划，并相应地将计划期顺延一个时期，确定顺延期的计划内容，把近期计划与长期计划结合起来的一种计划。滚动计划的特点有：长短结合，始终以长期计划为指导，有利于长期目标的实现；近细远粗、切合实际地滚动推进，便于适时调整；连续滚动，能够保持生产系统运行的连续性，便于建立正常的生产秩序和组织均衡生产；定期、近细远粗地修改计划，使计划具有应变性等。

滚动生产计划有三种形式：季滚动、月滚动和旬滚动，如图 3-6 所示。例如，季滚动生产计划的计划期为一年，分四个季度。第一季度计划制定得具体详细，便于实施。第二、三季度计划较细，第四季度计划较粗，后三个季度计划为预安排计划。滚动期就是修订计划的间隔期。滚动期为季，即每隔一个季度，计划修订一次。根据计划与实际执行结果的差异，进行差异分析，找出产生差异的原因，即市场变化和年度动向预测。根据这些原因提出新一年的计划，其中第二季度计划制定得最为具体，第三、四季度计划细，并把计划期向后推进一个季度，顺延到次年第一季度，以此类推。同理制定月滚动生产计划、旬滚动生产计划。

3.1.4 生产技术准备计划

1. 生产技术准备工作的任务和内容

（1）生产技术准备工作的任务

生产技术准备工作是指企业为开发新产品，改进老产品，在正式投产之前所做的一系列生产技术上的准备工作。它对于发展新品种、调整产品结构、提高产品质量、实现均衡生产、提高经济效益、增强企业竞争力起着重要的保证作用。

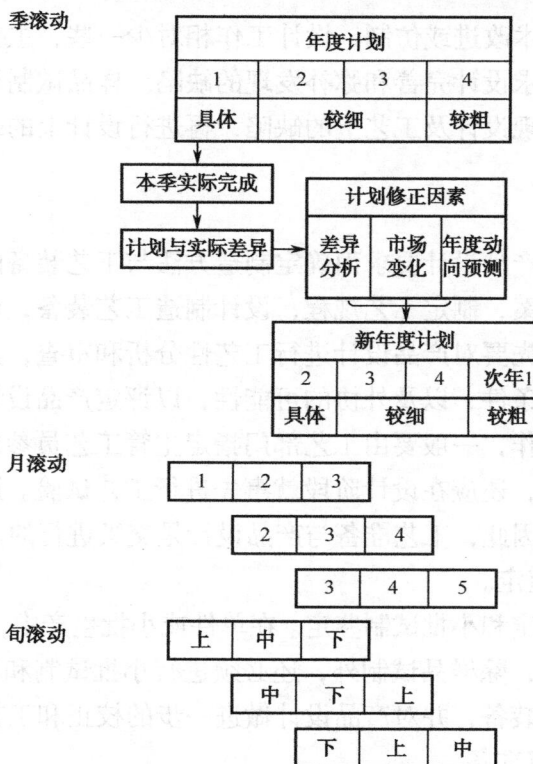

图 3-6 滚动生产计划示意图

工业企业生产技术准备工作的任务如下:

① 根据社会的需要和经营计划,以最快的速度、最少的成本支出,保证新开发的产品、改进的老产品顺利投产。

② 不断采用新结构、新技术、新工艺、新材料,提高企业的生产技术水平,保证产品质量。

③ 有计划地组织生产技术准备工作,保证按期完成,为建立正常生产秩序和均衡生产创造条件。

(2)生产技术准备工作的内容

生产技术准备工作的内容,因企业的生产规模、专业化水平、生产类型、产品来源和复杂程度,以及其他具体技术情况不同而异。它一般包括以下几方面。

① 设计准备。

设计准备是为新产品的开发与设计提供完整、统一、标准的产品图纸的技术文件,是技术准备的重要环节。其设计工作程序是:编制设计任务书(或建议书),进行初步设计、技术设计和工作图设计等。

对于老产品改进和复制产品的设计准备,其设计工作程序和新产品的设计工作程序基本一样,只是根据具体情况适当简化。引用国内定型产品,企业不需要进行这一步工作。

设计准备工作内容因对象不同而有很大差别。对象是开发新产品,开发研究的工作占很大比重；对象是技术改进或仿制，设计工作相对少一些，主要是设计出样机，并经过试制和各种试验，力求设计完善和弥补发现的缺陷。样品试制后，如果是成批生产，还须通过小批试制以发现设计及工艺上的缺陷，再进行设计上的改善，以保证技术和经济上的先进性与合理性。

② 工艺准备。

工艺准备是为实现产品设计要求而确定制造方法与工艺装备的一种技术准备工作。它主要包括制定工艺方案，制定工艺规程，设计制造工艺装备，以及小批试制阶段中的工艺修订等内容。它首先要对产品设计进行工艺性分析和审查，其目的是概括工艺技术上的要求和本企业设备条件，以及外协的可能性，以评定产品设计是否合理可行。对于这些工艺分析和审查工作，一般要由工艺部门指定主管工艺员参加产品设计的全过程；对重大产品的关键工艺，还应在设计阶段就事先进行工艺试验。所有设计图纸都需要工艺人员会签才能生效，因此，工艺准备与产品设计是交叉进行的。

③ 新产品试制和鉴定。

这包括样品试制鉴定和小批试制鉴定。在单件或小批生产中，只需要进行样品试制。而在成批或大量生产中，除样品试制外，还必须进行小批试制和鉴定，以全面考验和调整所设计的工艺和工艺装备，并对产品设计做进一步的校正和工艺性审查。

④ 生产组织和物资准备。

对于成批或大量生产的新产品或改进的老产品，在小批试制后、正式投产前，按工艺原则组成的工段，一般不需要进行调整；按对象原则组成的工段，应根据需要在工段内或工段间对部分设备进行调整；对流水线和自动线，要按照新产品工艺路线重新组织。物资准备主要指原材料、外购件的准备。

这里重点介绍工艺准备和生产技术准备计划。

2. 工艺准备的内容

由于工艺准备在整个生产技术准备中占的比重很大，其中单件小批生产占到 20%~25%，成批生产占 40%~50%，大量大批生产占 60%~70%，因此加强对工艺准备的管理是十分重要的。现将工艺准备的内容介绍如下。

（1）产品图纸的工艺分析和审查

产品图纸的工艺分析和审查，实质上就是从工艺角度检查产品结构的合理性、经济性和可加工性。工艺分析和审查的主要内容包括：进行结构的继承性分析，应尽量提高已有零部件在新产品中的比例；零部件标准化、通用化程度；材料选择是否经济合理，加工性能是否良好；工艺准备系数是否合理，能否充分利用现有的工艺装备和标准工具；分析加工是否方便，能否达到技术要求的经济合理性等。

工艺分析和审查要贯穿于设计全过程，对一切图纸都必须进行工艺分析和审查，并要经工艺人员和标准化组签字批准后加以使用。

（2）拟订工艺方案

工艺方案是工艺设计和工艺准备的指导文件。工艺方案指出了产品制造的技术关键及其解决方法，并规定了工艺工作应遵循的基本原则，以及应达到的各项先进合理的技术经济指标。工艺方案的主要内容有以下几项。

① 规定工艺制定的原则。例如，工艺采用的是专用设备还是通用设备，工序是集中的还是分散的等。

② 规定工艺装备的设计原则及工艺装备系数。编制工艺方案的重要环节就是正确确定工艺装备系数。工艺装备系数是专用工艺装备种数与专用零件种数之比。其计算公式如下：

工艺装备系数=专用工装种数/专用零件种数

在机械行业中，各种生产类型的工装系数见表 3-6。

表 3-6　各种生产类型的工装系数

单件生产	小批生产	成批生产	大量生产
0.2 ~ 0.5	0.6 ~ 1.0	1.1 ~ 1.9	2 ~ 6

③ 确定产品工艺路线、产品零件加工的车间划分原则和零件分布情况。

④ 规定新产品试制过渡到成批或大量生产应达到的质量要求，以及劳动量与材料利用率等各项经济指标。

⑤ 进行工艺方案的经济效果分析。它包括技术分析和经济分析两个方面。技术分析是对工艺方案的可靠性和技术先进性进行分析；经济分析是对几种不同工艺方案的经济效益进行计算、比较和分析，为选择最优方案提供经济上的依据。

对工艺方案的经济效果分析可采用盈亏平衡分析法。这种方法是根据成本与产量之间的变化关系，依据不同方案在不同产量下的成本高低来决定采用何种方案。图 3-7 表明了不同方案的成本与产量的变化关系。图 3-7 中 y_1 和 y_2 两条变化的总成本线的交点就是临界产量。当产量大于临界产量时，应采用固定成本较高，一般也是技术较先进的方案，因为这种方案的总成本较低；反之，当产量小于临界产量时，则应采用固定成本较低的方案。

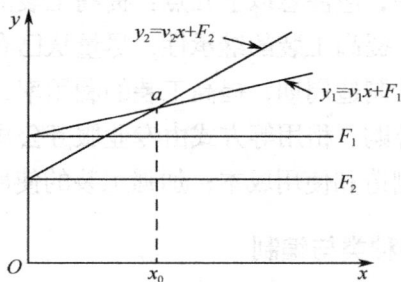

图 3-7　比较工艺方案的盈亏分析图

（3）编制工艺规程

工艺文件是指导工人进行生产以达到规定要求的基本文件。它包括工艺规程、检验规程、工艺装备图、工时定额、原材料消耗定额、外购件与外协件一览表等。在工艺文件中，最主要和最基本的是工艺规程。工艺规程是指导工人进行技术操作的基本文件，也是企业进行生产作业计划安排、生产作业控制、技术检验、劳动定额确定和材料供应等各项工作的主要依据。一般企业的工艺规程有以下三种基本形式。

① 工艺过程卡片，又称工艺路线卡片。工艺过程卡片是按产品的每个零部件编制的。它规定了这一零部件在整个加工过程中的路线，经过的车间、小组，各道工序的名称，使用的设备和工艺装备、加工方法等。它是编制其他工艺规程，进行车间分工及生产调度的重要依据。它适用于单件小批生产与新产品试制。

② 工艺卡片是按零件的每一个工艺阶段编制的，如铸造、锻造、机械加工、装配工艺卡片等。它规定了加工对象在制造过程中，在一个工艺阶段内所要经过的各道工序，以及各道工序所有的设备、工艺装备、切削用量、工时定额和所用材料的材质规格等。工艺卡片主要用于指导车间的生产活动。它适用于成批大量生产及重要零件的单件小批生产。

③ 工序卡片（或称操作卡）是按零部件的每道工序编制的。它规定了每道工序的操作方法和要求。它对工人的操作进行具体指导，以保证加工的产品达到预定要求。它适用于大量生产、重要零件的成批生产和一些单件生产中特别重要的工序。

（4）工艺装备的设计与制造

工艺装备（简称工装），是企业制造产品所用的各种刀具、量具、模具、夹具和工位器具等的总称。

工艺装备按其使用范围，可分为标准、通用和专用三种类型。标准工装和通用工装可应用于范围广泛的产品零部件的加工制造，比较通用。它们一般由专业厂家制造。生产企业可根据需要购买与配置。专用工装则是根据具体产品的专门需要，由生产企业自行设计制造的。它专用性强，效率比通用工装高。

工装的设计制造工作量很大，费用很高。在机器制造业中，工装的费用平均占产品成本的 10%～15%。因此，在设计和制造专用工装时，应处理好保证质量、提高生产效率和降低产品成本三者之间的关系，通常通过工艺装备系数来控制工装的合理数量。

在工艺装备的设计制造中，应注意以下几点：提高工装的通用化、标准化程度，从而尽可能减少专用工装的种类；提高工装的继承性，尽量从已有的工装中选用，发展组合工装，从而缩短专用工装的设计制造周期，提高工装的利用率，降低工装的费用；提高工装的商品化程度，尽可能采用外购、租用等方式由专业服务公司解决，从而减少本企业工艺准备工作量，并降低工装的制造和使用成本；加强工装的使用验证、修改和保管工作。

3. 生产技术准备计划的种类与编制

（1）生产技术准备计划的种类

生产技术准备计划是工业企业在计划期内，发展新产品和改进老产品应进行的各项生产技术准备工作的计划。生产技术准备工作的内容多而复杂，包括设计、工艺、试制、鉴定等各阶段工作，涉及许多科室、车间和外协单位，必须统筹安排，保证在规定期内协调地完成各项工作。统筹安排的有效途径就是制定生产技术准备计划。

按性质不同，生产技术准备计划可划分为年度生产技术准备综合计划、分产品生产技术准备计划和科室（车间）生产技术准备计划。

年度生产技术准备综合计划，是按年分季、分月编制的，规定企业在计划期内发展新产品、改进老产品的准备工作的总工作量、有关部门分工协作关系和工作进度。该计划的目的主要是全面安排新产品试制与老产品改进的技术准备工作，规定有关科室、车间的工作任务，平衡各技术准备部门的能力负荷，防止忙闲不均和彼此脱节。编制该计划的依据有：国家下达的试制任务、用户的订货合同、企业新产品发展规划、技术改造措施计划、设计与工艺试验研究计划、年度生产计划，以及生产技术准备周期和劳动量等资料。年度生产技术准备综合计划表，见表 3-7。

表 3-7　年度生产技术准备综合计划表

产品名称	准备工作项目	执行单位	进度											
			1月	2月	3月	4月	5月	6月	7月	8月	9月	10月	11月	12月
甲产品	产品设计	设计科	——											
	样品试制工艺准备	工艺科		—	—									
	样品试制	试制车间				—								
	小批试制工艺准备	工艺科					—	—	—	—	—			
	工装制造	工具车间												
甲产品	小批试制	加工装配车间							—	—	—	—		
	小批鉴定	鉴定委员会													
	成批生产准备	生产车间												
乙产品														

分产品生产技术准备计划是在企业生产技术准备综合计划基础上编制的。其内容比综合计划具体。该计划具体规定每种产品的全部技术准备工作项目、工作量、执行单位和工作进度等。这一计划是按年分产品、分月、分旬编制的，从产品设计开始，待确定零部件、图纸数以后编制，这样才能较具体地确定各项准备工作。分产品生产技术准备计划表，见表 3-8。

076

表 3-8 分产品生产技术准备计划表

xx年度

顺序号		准备工作项目	执行单位	工作量	工作进度（月、旬） 1 上中下	2 上中下	3 上中下	4 上中下	5 上中下	6 上中下	7 上中下	8 上中下	9 上中下	10 上中下	11 上中下	12 上中下
1	产品设计	技术任务书														
2		技术设计	设计科	图纸175张												
3		铸件图	设计科	325张												
4		其他零件图														
5		装配图														
6	工艺准备	制造模型	模型组	175种												
7		编制工艺规程	工艺科	卡片100种												
8		工装设计	工艺科	110种												
9		工装制造	工具车间													
10		制定定额	工艺科													
11	样品试制 生产准备	拟订任务书	生产科													
12		物资准备	供应科	3台												
13		铸造	铸造车间	3台												
14		下料锻造	锻造车间	3台												
15		机械加工	加工车间	3台												
16		装配	装配车间	2台												
17		鉴定	鉴定委员会													

续表

顺序号	分类	准备工作项目	执行单位	工作量	工作进度（月、旬）
18	工艺准备	修改图纸	设计科		
19	工艺准备	修改和制造模型	模型组		
20	工艺准备	编制工艺规程	工艺科	卡片 500 种	
21	工艺准备	工装设计	工艺科	450 种 / 250 种	
22	工艺准备	工装制造	工具车间	450 种 / 250 种	
23	工艺准备	制定定额	工艺科	500 种	
24	小批试制	拟订任务书	生产科		
25	小批试制	物资准备	供应科		
26	小批试制	铸造	铸造车间	7 台	
27	小批试制	下料锻造	锻造车间	7 台	
28	小批试制	机械加工	加工车间	7 台	
29	小批试制	装配	装配车间	5 台	
30	小批试制	鉴定	鉴定委员会		
31	生产准备	成批生产准备			

（工作进度栏按月 1～12 划分，每月分上、中、下三旬，以横道线表示各项工作的进度安排。）

　　科室生产技术准备计划是在上述两种计划的基础上，由各有关科室的准备计划员编制的。它规定了各科室担负的全部生产技术准备工作项目、执行人及工作进度等。编制这一计划的目的是把各项准备工作落实到人，使参与准备工作的人员心中有数，积极、主动、更好地完成任务。该计划分为年度计划和月度计划两种。前者用以落实任务与平衡科室内部的工作负荷，可以按产品、工作阶段来安排进度；后者用于具体执行，规定了任务的工作量、执行人及完成期限。

　　（2）生产技术准备计划的编制

　　年度综合计划和分产品生产技术准备计划，通常由厂部生产技术准备室负责编制。先由生产技术准备室（组）拟订计划草案，发给各有关科室、车间，发动有关人员讨论，提出修改或补充意见，再由生产技术准备室（组）汇总、整理，提交厂部召开的生产技术准备计划会议讨论落实。根据会议决定，修订原计划草案，编制正式计划，经各有关科室会签，最后由总工程师审查后，由厂长批准，于计划年前一季度下达，严格执行。

　　在编制生产技术准备计划时，要注意以下几点：按反工艺顺序安排计划，从交货期开始，反推上去，确定各项工作的起始与完成时间，并与年度生产计划和短期生产作业计划相协调；要抓住设计准备这一环节，除某些必须在设计方案前进行准备的科研工作外，设计方案不落实的，就不能往下安排；对各项工作要统筹安排，综合平衡，合理安排和配备技术力量，使各阶段的各项准备工作互相衔接；要切实安排工装的制造，要使工装设计按复杂等级保证必要的制造周期；在保证重点产品的前提下，合理搭配试制产品，以保证生产能力的充分利用，避免产生忙闲不均现象，并做好原材料的供应工作。

　　编好生产技术准备计划，仅仅是开始，还要执行和检查。为了执行计划还要采取有效的措施。例如，为了整顿企业各类产品，制定一个大体合理的标准周期和定额，采用平行交叉作业，抓关键项目，压缩试制周期，利用电子计算机辅助工艺设计、产品设计，用网络计划技术编制生产技术准备计划等。

3.2　生产计划的编制与控制

3.2.1　编制年度生产计划

1. 年度生产计划的编制依据

年度生产计划的编制依据主要有：市场需求（包括客户订单和市场预测需求）、企业年度经营目标、企业年度实际生产能力等。

2. 年度生产计划的编制原则

编制年度生产计划应遵循的基本原则主要有：

① 实现年度经营目标；

② 尽量充分利用企业实际生产能力；

③ 以销定产。

3. 年度生产计划的编制程序

年度生产计划的编制程序如图 3-8 所示。

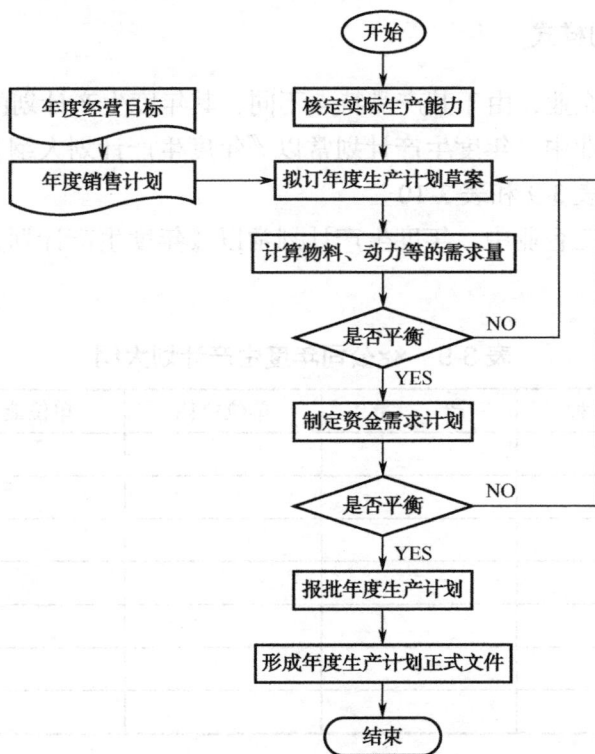

图 3-8　年度生产计划的编制程序

4. 编制年度生产计划的归口责任部门

年度生产计划一般由企业的综合管理部门负责组织编制。各企业由于职能分工不同，编制年度生产计划的部门可能不同。有的是厂部办公室，有的是厂部综合管理部（处、科）等。各相关单位责任分工如下：

① 由企业销售部门组织落实客户订单，形成订单汇总统计报告。

② 由企业市场部门或销售部门组织开展市场需求调查与预测，形成市场需求预测报告。

③ 由企业生产部门提供企业年度实际生产能力报告（包括现有设备能力、外包能力、新增能力等）。

④ 由企业综合管理部门根据企业年度经营目标，组织市场调研、销售、生产、设备、

供应、财务等部门负责人召开年度生产计划研讨会，主要任务是对年度生产计划指标与各项生产性资源进行综合平衡，并初步确定年度生产计划目标。

⑤ 由企业综合管理部门将讨论形成的年度生产计划草案报总经理直至董事会审批确认。

⑥ 由企业综合管理部门根据董事会（或总经理）批准的年度生产计划指标拟订年度生产计划书，作为指导该企业年度生产工作的纲领性文件。

5. 年度生产计划样式

不同生产类型的企业，由于其产品特点不同，其年度生产计划的样式略有不同。

在加工装配型企业中，年度生产计划常以《年度生产计划大纲》、《年度生产进度计划》等形式表现，见表 3-9 和表 3-10。

在流程性材料加工企业中，年度生产计划常以《年度生产计划大纲》的形式表现，见表 3-9。

表 3-9　××公司年度生产计划大纲

序　号	品　　种	产　　量	单位料耗	单位能耗	产值（万元）
	合　　计				

表 3-10　××公司年度生产进度计划

月份	1	2	3	4	5	6	7	8	9	10	11	12
产量												
产值												

6. 年度生产计划的编制方法

（1）年度综合计划的编制方法

编制年度综合计划或年度生产计划大纲时，其品种和产量数据主要来源于年度销售计划，其单位料耗和单位能耗指标主要参考上年度数据或前三年的平均数制定，产值指标用产量与估计的平均价格相乘而得。

（2）年度分月生产进度计划的制定方法

年度分月生产进度计划的编制通常采用平均法、递增法、曲线法和试凑技术等方法。其中平均法适用于市场需求较大和生产稳定的企业；递增法主要适用于试运行企业，随着设备磨合稳定、生产技术逐步提高、生产组织逐步成熟等，企业的月度生产计划也逐步提高；曲线法主要适用于产品销售有较明显的淡旺季之分的生产企业，生产计划会随着旺季的来临而逐步提高，又随着淡季的来临而逐步降低；试凑技术即凭经验通过反复试验寻找最满意的方案。从生产运作方面考虑，通常会根据需要灵活选择加班、增加工人数、外包等策略来处理不同月份需求不均匀的问题。这适用于需求波动较大的生产企业。下面简要介绍试凑技术的应用。

① 运用试凑技术编制年度生产进度计划的步骤。

第一步，确定各期需求。

第二步，确定各期的生产能力，包括正常工作时间、加班时间和转包合同。

第三步，确定公司和部门对于安全库存、职工流动程度等方面的有关政策。

第四步，确定正常时间、加班时间、转包合同、持有存货、延迟交货和临时解聘或雇用等方面的单位成本。

第五步，设计可供选择的计划方案，并计算出各自的成本。

第六步，按照成本最低原则选择一个最满意的方案。

② 运用试误技术编制年度分月进度计划的常用工具表（表 3-11）。

表 3-11 年度分月进度计划编制工具表

月份		1	2	3	4	5	6	7	...	合计
预测需求										
正常时间 加班时间 转包合同	产量									
期初 期末 平均	存货									
延迟交货										
产出 正常 加班 转包 聘用/解聘 存货	成本									
总计										

说明：① 期末存货=前期期末存货+本期产量−本期产品需求量；

② 某期平均存货=（期初存货+期末存货）÷2；

③ 期间成本=产出成本（正常+加班+转包）+聘用/解聘成本+存货成本+延迟交货成本。

其中：

正常成本=每单位产品正常生产成本×正常产出量

加班成本=每单位产品成本×加班生产量

转包合同成本=每单位产品转包成本×转包数量

聘用成本=单位聘用成本×聘用数量

解聘成本=单位解聘成本×解聘数量

存货成本=单位运送成本×平均存货数量

延迟交货成本=单位延迟交货成本×延迟交货数量

例 1：某公司拟订一份历时 7 个月的年度生产计划。有关信息见表 3-12。

表 3-12　某公司有关生产信息一览表

月份	3	4	5	6	7	8	9	合计
需求预测	50	44	55	60	50	40	51	350
成本：正常加工：80 元/单位，加班：120 元/单位，转包：140 元/单位，持有：10 元/单位，延迟：20 元/单位									
生产能力：正常时：40 单位/月，加班时：8 单位/月，转包时：12 单位/月								
期初存货：0								
现有工人数：5 名								

假设按正常生产，需要时辅以存货、加班和外包，不允许延迟交货。试制定一份年度进度计划，并计算其总成本。

解：运用年度生产进度计划编制工具表，相关结果如下。

月份	3	4	5	6	7	8	9	合计
需求	50	44	55	60	50	40	51	350
产出	50	48	51	60	50	40	51	350
正常	40	40	40	40	40	40	40	280
加班	8	8	8	8	8		8	48
转包	2		3	12	2		3	22
存货								
期初	0	0	4	0	0	0	0	
期末	0	4	0	0	0	0	0	
平均	0	2	2	0	0	0	0	4
成本								
正常	3200	3200	3200	3200	3200	3200	3200	22400
加班	960	960	960	960	960		960	5760
转包	280		420	1680	280		420	3080
存货	0	20	20	0	0	0	0	40
总成本	4440	4180	4600	5840	4440	3200	4580	31280

3.2.2　编制月度生产计划

1．月度生产计划的含义

月度生产计划是指计划期为一月的生产计划。它主要描述车间在计划月度内在产品品种、质量、产量、消耗以及生产进度等方面应达到的目标。不同生产类型的企业，月度生产计划的作用可能不同。在订货型企业中，月度生产计划通常是指导性生产计划，月度生产计划是制定作业计划的主要依据之一；在备货型企业中，月度生产计划通常是实施性计划，即作业计划。

2．月度生产计划的编制依据

月度生产计划的编制依据主要有：年度生产计划、当月市场需求（含订单需求和预测需求）、当月库存目标、企业月度实际生产能力（包括设备实际生产能力、外包能力、加班可增加能力）等。

3．月度生产计划的编制原则

编制月度生产计划时应遵循的基本原则有：
① 完成年度生产计划分任务；
② 以销定产，满足当月市场需求；
③ 平衡库存。

4．月度生产计划的编制程序

编制月度生产计划时一般应遵循如图 3-9 所示的程序。

5．编制月度生产计划的归口责任部门

月度生产计划通常由生产系统计划管理部门负责编制。各企业根据其规模和职能分工不同，计划管理部门可能是生产部计划处、生产部综合管理处、生产调度室、车间办公室等。各相关单位责任分工如下：
① 由销售部门提供计划期客户订单和市场需求预测统计报告。
② 由各车间提供其实际生产能力和在制品库存等信息。
③ 由仓库提供计划产品的上月结存和生产材料、工具库存等信息。
④ 由计划管理部门汇总以上信息，在综合平衡的基础上，制定月度生产计划草案，并报生产部经理、总经理审批。
⑤ 计划管理部门将已审批通过的月度生产计划形成正式文件下发相关生产单位。

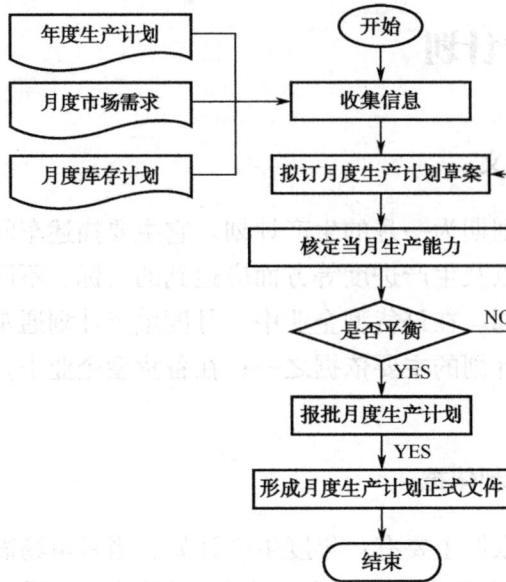

图 3-9　月度生产计划的编制程序

6. 月度生产计划样式

不同生产类型的企业由于其产品特点不同，其月度生产计划样式略有不同，见表 3-13 和表 3-14。

表 3-13　××公司××月生产计划表

编号：　　　　　　　　　　　　　　　　　　　编制时间：

序　号	品　种	产　量	质　量	单位料耗	单位能耗	生产单位

编制人：　　　　　　　　　审核人：　　　　　　　　　　审批人：

表 3-14　××公司××月生产计划表

编号：　　　　　　　　　　　　　　　　　　　　编制时间：

序号	产品名称	图号	月需要数	库存数	在制数	装配差数	承制单位	备注

编制人：　　　　　　　　　审核人：　　　　　　　　　　　　审批人：

7. 月度生产计划的编制方法

（1）独立车间月度生产计划的编制

独立车间是指该车间独立完成某一产品的全部加工过程，即该车间在产品的生产过程中，与其他车间没有半成品供需关系。企业的每个车间分别独立完成一定产品的全部（或基本上全部）生产过程，各个车间之间平行地完成相同或不相同的生产任务。

独立车间的作业计划编制相对比较简单。通常只需要根据工厂在计划期的生产任务，结合车间的专业分工、生产能力和具体生产条件等进行直接分配。

例 2：某企业某月计划完成某产品产量 12 000 吨。现已知该企业拥有 A、B、C 三个平行生产车间，各车间的实际生产能力分别为 4000 吨、6000 吨和 3000 吨，若其他生产条件如原材料、能源等供应充足，各车间的作业计划应如何安排？

解：由题意知，A、B、C 三车间为平行车间，它们分别独立完成各自的生产任务，共同完成企业的月度生产任务，而且其他条件充分。这时，主要考虑的是各车间的生产能力与作业计划的平衡和如何处理能力结余问题。一般来说，能力结余尽可能安排在某一个车间，以便应对临时增补计划。为此，A、B、C 三车间的月度作业计划可安排如下：

方案 1——A 车间：4000 吨；B 车间：6000 吨；C 车间：2000 吨。

方案 2——A 车间：4000 吨；B 车间：5000 吨；C 车间：3000 吨。

（2）非独立车间月度生产（作业）计划的编制

非独立车间是指与其他车间存在半成品供应关系的车间。这时，编制作业计划就要考虑各相关车间在品种、数量、出产日期等方面的相互衔接与平衡，以尽可能减少在制品占用。通常以成品出产数量和时间为基准，按反工艺顺序，逐个安排各车间的作业计划。

非独立车间作业计划的编制方法会因为生产类型和车间组织形式的不同而不同。下面分别加以介绍。

① 生产周期法（又称提前期法）。

这是以单件工时定额为基础，根据生产周期或生产提前期确定产品在各车间的投入和出产时间的一种计划方法。其适用于单件小批和成批生产条件下的车间作业计划的编制。

● 在单件小批生产条件下，生产品种多，批量小，为避免生产过量导致产品积压浪费，一般根据订货合同规定的品种、数量组织生产，即各产品产量与合同数量基本一致。这时，编制作业计划，主要是根据订单的交货期要求，按反工艺顺序依次确定产品在各车间的投入和出产时间，并据此确定各车间的生产作业计划。其操作步骤如下。

第一步，根据各产品订货合同规定的交货期，按反工艺顺序，确定各产品生产进度表。

第二步，根据各产品的生产进度表，推算产品在各车间的投入和出产时间，并编制订货生产说明书。

第三步，统计整理各车间在计划期内所有加工产品的投入、出产时间，形成各车间在计划期的作业计划草案。

第四步，分车间进行作业计划任务与生产能力的平衡，并在此基础上，制定车间作业计划。

例 3：某企业根据订单编制出订货说明书，见表 3-15。若该企业的生产能力充裕，请据此编制该企业机加工车间的作业计划。

表 3-15　某企业订货说明书

合同编号	交货期限	产品编号	工艺路线	投入期	出产期
08—04—08	4 月 30 日	X04007	铸造车间	4 月 10 日	4 月 15 日
			机械车间	4 月 17 日	4 月 22 日
			装配车间	4 月 24 日	4 月 29 日
08—04—09	5 月 24 日	X04007	铸造车间	4 月 14 日	4 月 20 日
			机械车间	4 月 23 日	5 月 10 日
			装配车间	5 月 13 日	5 月 22 日
08—04—10	5 月 28 日	X04008	铸造车间	4 月 16 日	4 月 23 日
			机械车间	4 月 25 日	5 月 6 日
			装配车间	5 月 10 日	5 月 26 日

解：依表 3-15 所示的资料，该企业机加工车间的作业计划见表 3-16。

表 3-16　该企业机加工车间的作业计划

产品编号	数量（台）	投入—出产时间
X04007	4	17/4—22/5
X04007	6	23/4—10/5
X04008	8	25/4—6/5

- 在成批生产条件下，不同品种产品依次轮番生产，各种产品的批量不等，生产周期长短不同，在同一时间内大都处于平行加工状态。但在品种和批量一定的情况下，每批产品的生产周期和生产提前期是比较稳定的。编制成批生产的作业计划时，为做好各生产环节在品种、数量和时间上的相互衔接和协调，主要是根据各车间担负的生产任务做好产品投入、出产的时间安排。其应用步骤如下。

第一步，根据批产品的构成、单件工时定额、设备能力及批量确定各构件的批生产周期。

第二步，根据合同交货期，按反工艺顺序和平行加工确定各构件的投入和出产时间；如果是稳定的成批生产，也可以计划期初的某一天为起点安排各构件及总成的投入、出产时间。

第三步，根据各构件的投入、出产时间确定该批产品的投入、出产时间。

第四步，将计划期内应生产的各批产品的投入、出产时间整理成表，形成批产品生产计划。

例4：某厂计划 6 月生产 A、B 两种产品各两批。现已知 A 产品由 E、F、G 三种零部件构成，B 产品由 H、I、J、K 四种零部件构成。所有零部件均可采用平行加工，其批加工时间依次分别为 5 天、3 天、4 天、2 天、6 天、4 天、2 天。A、B 两产品的装配时间分别为 2 天和 3 天，A、B 两产品的交货时间分别是 6 月 15 日和 6 月 20 日。试对该厂 6 月份的生产计划做一安排。

解：先安排 A 产品。由题中信息可知，在不设置保险期的情况下，A 产品的装配时间应为第 13 日，A 产品构件的最迟开工时间应为第 8 日。由此，该批 A 产品的生产计划可安排为：6 月 8 日投产，6 月 14 日完成，6 月 15 日交货。

再安排 B 产品，安排方法同 A 产品。B 产品应最迟于 6 月 11 日投产，6 月 19 日完成，6 月 20 日交货。

该厂 6 月份生产计划，见表 3-17。

表 3-17 ××厂 6 月份生产计划

产　品	投入时间	出产时间
A	8/6	14/6
B	11/6	19/6

② 在制品定额法。

在制品定额法适用于大量大批生产条件下的车间作业计划编制。

在大量大批生产条件下，产品品种少而稳定，每种产品产量均较大，企业通常按流水线组织生产，生产过程连续而且稳定，各工作地专业化程度高，各生产单位组织分工和联系也比较稳定。在这种条件下编制作业计划的基本思路是：以保证计划期末成品出产为基础，以生产均衡协调为目标，根据各生产环节现有在制品储备情况、车间之间的半成品库存情况，以及生产过程的质量情况等核定计划期末各生产车间的投入和出产计划。

在制品定额法也叫连锁计算法，是指运用在制品定额，结合在制品实际结存量的变化，按产品的反工艺顺序，从成品出产的最后车间开始逐步向前推算出各车间的投入和出产任务的一种计算方法。

其计算公式如下：

$$N_{出}=N_{后投}+N_{售}+(Z_{库末}-Z_{库初})$$

$$N_{投}=N_{本出}+N_{废}+(Z_{内末}-Z_{内初})$$

式中，$N_{出}$表示某车间的出产量；

$N_{后投}$表示紧后车间的投入量；

$N_{售}$表示本车间外销量；

$Z_{库末}$表示期末库存半成品定额；

$Z_{库初}$表示期初库存半成品结存量；

$N_{投}$表示本车间的投入量；

$N_{本出}$表示本车间的出产量；

$N_{废}$表示本车间计划的废品量；

$Z_{内末}$表示期末车间内部在制品定额；

$Z_{内初}$表示期初车间在制品结存量。

值得注意的是，车间成品出产量都是指符合要求的产品产量，即不包括不合格品产量。因此，当条件只告诉允许的废品率而没有告诉废品量时，有必要先根据废品率和出产量求出废品量，然后再进行相关推算。废品量的计算公式如下：

$$N_{废}=\frac{废品率\times出产量}{1-废品率}$$

在实际工作中，企业在运用在制品定额法编制作业计划时，为简便实用，常采用表3-18所示的车间生产计划任务计算表来计算。

表 3-18　车间生产计划任务计算表

部　门	项　目	编　号	数　量
最后车间	出产量	1	
	废品量	2	
	在制品定额	3	
	期初在制品结存量	4	
	投入量	5=1+2+3-4	
中间仓库	半成品外销量	6	
	库存定额	7	
	期初库存结存量	8	
紧前车间	出产量	9=5+6+7-8	
	废品量	10	

续表

部 门	项 目	编 号	数 量
紧前车间	在制品定额	11	
	期初在制品结存量	12	
	投入量	13=9+10+11-12	
中间仓库	半成品外销量	14	
	库存定额	15	
	期初库存结存量	16	
开始车间	出产量	17=13+14+15-16	
	废品量	18	
	在制品定额	19	
	期初在制品结存量	20	
	投入量	21=17+18+19-20	

例 5：某厂大量大批生产某产品，计划在 4 月份生产成品 600 台。假设各车间的废品率均为 10%，且无外销半成品，现已知各车间有关数据，见表 3-19。求该厂 4 月份各车间的投入、出产计划。

表 3-19　某厂生产信息一览表

车 间	库存半成品定额	车间在制品定额	3 月底结余量	
			在制品	半成品
装配	—	40	32	—
机加工	20	50	27	30
毛坯	100	30	50	180

解：依题意有 $N_{装出}=600$（台）

$$N_{废装}=\frac{废品率×出产量}{1-废品率}$$
$$=\frac{10\%×600}{1-10\%}$$
$$=67（台）$$

$N_{投装}=N_{出}+N_{废}+(N_{内末}-N_{内初})$
$\quad=600+67+(40-32)$
$\quad=675（台）$

$N_{机出}=N_{投装}+(N_{库末}-N_{库初})$
$\quad=675+(20-30)$
$\quad=665（台）$

$$N_{废机} = \frac{废品率×出产量}{1-废品率}$$

$$= \frac{10\%×665}{1-10\%}$$

$$= 74（台）$$

$$N_{机投} = N_{机出} + N_{废} + (N_{内末} - N_{内初})$$

$$= 665 + 74 + (50-27)$$

$$= 762（台）$$

$$N_{毛出} = N_{投装} + (N_{库末} - N_{库初})$$

$$= 762 + (100-180)$$

$$= 682（台）$$

$$N_{毛废} = \frac{废品率×出产量}{1-废品率}$$

$$= \frac{10\%×682}{1-10\%}$$

$$= 76（台）$$

$$N_{毛投} = N_{毛出} + N_{毛废} + (N_{内末} - N_{内初})$$

$$= 682 + 76 + (30-50)$$

$$= 738（台）$$

答：装配车间的投入、出产计划分别为 675 台、600 台，机加工车间的投入、出产计划分别为 762 台、665 台，毛坯车间的投入、出产计划分别为 738 台、682 台。

对于成批生产和大量大批生产，在计算出车间投入、出产任务后，往往还需要将月度计划任务分解到日，并在此基础上进一步编制出车间投入出产进度表，见表 3-20。

表 3-20　投入出产进度表

产品（编号）	日期\项目	1当日	1月累	2当日	2月累	3当日	3月累	4当日	4月累	5当日	5月累	6当日	6月累	7当日	7月累	8当日	8月累
	计划																
	实际																

3.2.3　编制作业计划

1. 作业计划的含义

作业计划是指将企业年度生产计划、月度生产计划以及当期订货合同等所规定的生产任务，按一定的时间阶段（如生产周期、周、日、班等）或一定的产出量，分配到车间、工段、班组和工作地而形成的短期生产计划。它主要描述车间（班组或机台）在某日或某一较短计划期内在生产品种、产量等方面的计划目标，目的是使产品在各工段、班组及工作地的生产日期和数量上保持协调衔接。作业计划是实施性生产计划，是车间、班组、工人及其他相关人员开展生产活动的依据。

2. 作业计划的内容

① 作业时间是指计划期的起止时间。

② 地点是指完成该项作业的地点，如车间、工段、班组或机台等。

③ 品种是指计划期内应该生产的产品种类、规格。

④ 产量是指计划期内所生产的符合质量标准要求的产品数量。

⑤ 消耗定额是指计划期内生产过程中在单件工时、材料、能源、成本等方面的定额规定。

在实际中，作业计划的内容会因为企业的产品特点不同而略有不同。

3. 编制作业计划应遵循的原则

① 保证车间作业计划中各项指标的落实。

② 确保各工种、各设备（或关键设备）的实际生产能力与生产计划基本平衡。

③ 根据生产任务的轻重缓急，安排产品生产顺序及其投入和出产进度。

④ 保证前后工段、前后工序互相协调，紧密衔接。

4. 编制作业计划的依据

① 年度、月度生产计划和当期市场需求。

② 前期作业计划的完成情况，包括在品种、质量、产量等方面的完成情况，以及废品率、合格率及其形成原因等。

③ 前期在制品周转结存情况，包括各车间、中间仓库在制品结存情况。

④ 现有生产能力及其利用情况。

⑤ 所需原材料、外购件、工具的库存及供应情况。

⑥ 工艺文件及其他有关技术资料的准备情况，包括产品设计图纸及其更改通知、加工工艺文件、工艺路线设计文件、检验文件等。

⑦ 产品的期量标准及其执行情况，包括原标准及其执行情况、结合实际对原标准的修订和选用情况等。

5. 作业计划的编制步骤

一般来讲，作业计划的编制分两部分。一是车间作业计划的编制，即厂部分配各车间生产任务；二是车间内部作业计划的编制，即将车间生产任务分配给各工段、班组、工作地和个人等。这两部分的方法原理是相同的，差别只是计划编制的详细程度和计划编制的责任单位（厂部或车间）有所不同。具体编制步骤如下：

① 根据当期合同订单及企业年度生产计划、季度生产计划拟订当期作业计划草案。

② 核实期量标准。必要时，重新制定和修改期量标准。

③ 核实车间实际生产能力，并在此基础上，进行作业计划与生产能力的平衡。

④ 编制车间作业计划。

⑤ 将车间作业计划按日程分解到工段、班组、机台和个人。

6. 作业计划的样式

在不同生产类型的企业中，作业计划的样式有所不同，具体见表 3-21、表 3-22 和表 3-23。

表 3-21　某公司作业计划

品　　种	规　　格	数　　量	生产（或完成）时间	客户代号	备　　注

计划人：　　　　　　　　　下达时间：　　　　　　　　　接收人：

表 3-22　单工序工票

机床号：　　　　　票号：　　　　　签发人：　　　　　签发时间：

订单编号：		产品名称：			客户代号：		
零件编号：		零件图号：			零件规格型号：		
单件工时定额：		加工数量：			工序号：		

日期	班次	操作者	起止日期	完成数	合格数	回用数	退修数	工废数	料废数	检验日期	检查员

表 3-23　零件加工工艺路线单

路线单号：　　　　　生产车间：　　　　　签发时间：

计划编号：	加工工段：	产品名称：
零件编号：	零件图号：	零件规格：
零件型号：	加工数量：	签发人：

续表

工　序		计划任务			检查结果						
工序号	单件工时定额	计划任务数量	机床号或工作者	加工日期日/月	合格数	回用数	退修数	工废数	料废数	检验日期	检查员

7. 作业计划的编制方法

编制车间内部作业计划的方法，要根据产品特点、企业规模、生产类型、生产组织形式和专业化程度等因素来决定。下面分别介绍不同生产类型的车间内部生产作业计划的编制方法。

（1）大量大批生产条件下工段（班组）作业计划的编制方法

大量大批生产条件下，产品品种少、生产稳定，通常按节拍进行流水线生产，各工段、班组生产过程连续、均衡、稳定。因此，编制作业计划时，可直接将车间月度作业计划任务按平均法分配给工段、班组。

在工段、班组的作业计划确定后，即可用标准计划法安排工作地作业计划。

标准计划法是指把工段、班组所生产的品种、数量和期限，以及投入、出产顺序等都在工作地固定下来，制成标准计划指示图表。

标准计划指示图表是在流水线节拍和工序单件工时定额已知的基础上，计算出每道工序的工作地数目和负荷，并在考虑多机床看管和兼做多道工序作业的情况下，确定每道工序应配备的工人数。

① 在间断流水生产条件下，为了使流水线有节奏地工作，一般先规定一个看管期，使每道工序在看管期内生产相同数量的制品，以此平衡每道工序的生产效率。具体编制步骤如下：

第一步，确定看管期，一般为 1 班时、1/2 班时或 1/4 班时。

第二步，分配轮班任务。通常用日产量除以班数得出平均班产量。

第三步，明确各工序的单件工时定额。

第四步，根据各工序单件工时定额和轮班任务，计算各工序的工作地需要量和各工作地的负荷率。

第五步，按照精减高效的原则落实各工作地的工作人员。

第六步，根据以上资料编制流水线标准工作指示图表。

例 6：已知某中轴加工流水线实行两班工作制，日出产量为 160 件，现设定看管期为 2 小时, 共经过 9 道工序的加工, 各工序的单件工时定额依次分别为 12 分钟、4 分钟、5 分钟、5 分钟、8 分钟、5.5 分钟、3 分钟、3 分钟和 6 分钟。试编制出该中轴生产线各工序及工作地标准作业计划。

解： 该中轴生产线标准工作指示图表, 见表 3-24。

表 3-24 某中轴生产线标准工作指示图表

流水线名称： 中轴加工		轮班数： 2		日产量： 160		节拍： 6（分钟）	运输批量（件）： 1		节奏： 6（分钟）	看管期： 2 小时	
工序号	轮班任务	单件工时定额（分钟）	工作地号	负荷率	工人编号	每一看管期内的工作指示图表						每一看管期内的生产能力（件）
						20	40	60	80	100	120	
1	80		01	100	1						→	10
		12	02	100	1						→	10
2	80	4.0	03	67	2			→				20
3	80	5.0	04	83	3					→		20
4	80	5.0	05	83	4					→		20
5	80	8.0	06	33	2							5
			07	100	5						→	15
6	80	5.5	08	92	6							20
7	80	3.0	09	50	7			→				20
8	80	3.0	10	50	7				↓			20
9	80	6.0	11	100	8							20

② 在连续流水生产条件下, 由于各工序生产率十分协调, 工作非常稳定, 因此, 只需要根据流水线特点规定其工作和中断的时间和程序, 并编制出流水线标准工作指示图表, 作为其生产作业计划（表 3-25）。

表 3-25 连续流水线标准工作指示图表

流水线特点	工作时间（小时）								合计间断次数	实际工作时间（分钟）
	1	2	3	4	中间休息	5	6	7	8	
简单产品			//					//		2	460
复杂产品		//				//		//		3	450
机械加工		//		//			//		//	4	440
焊接、热处理		//		//			//	//	//	5	430

说明：每班工作时间为 8 小时, 每次间断休息时间为 10 分钟。

（2）成批生产车间内部作业计划的编制方法

成批生产条件下, 车间内部作业计划的编制方法取决于车间内部的生产组织形式和成批生产的稳定性。

如果工段（班组）是按对象原则组成的，则各工段（班组）生产的产品就是车间产品分工表中所规定的产品，因此，工段（班组）月计划任务只要从车间月度计划中摘出，不必另行计算。如果工段（班组）是按工艺原则组成的，则可以把工段（班组）理解为按工艺原则设置的工厂车间，那么可以按在制品定额法或提前期法，通过在制品定额和提前期定额标准安排各工段（班组）生产任务，并具体编制相应的生产进度计划。

① 在稳定的成批生产条件下，每一个工作地和每一个工人按既定顺序轮番生产多种产品，或轮番执行多种工序操作，生产时间和数量均相对稳定。这时，车间可采用定期计划法编制出成批生产工段（班组）的标准作业计划，然后根据标准作业计划编制每月的计划进度表。这种标准计划可反复多次使用。

② 在不稳定的成批生产条件下，由于生产品种、批量、时间无法固定，因此不可能编制工段（班组）的标准作业计划，必须按当月的任务通过设备负荷平衡，做出生产进度的具体安排。

③ 定期计划法是指每隔一定时间（如月、旬、周等）分配一次生产任务，并编制一次各工作地作业计划的方法。其结果通常以工序作业计划进度表的形式出现，见表 3-26。

表 3-26　××工序周作业计划进度表　　　　时间：

产品代号	周任务	项目		工　作　日						
				1	2	3	4	5	6	7
A	150	投入	计划	70			80			
			实际	70			80			
	150	出产	计划		70			80		
			实际		70			80		
B	200	投入	计划		100			100		
			实际		100			100		
	200	出产	计划				100			100
			实际				100			100

（3）单件小批生产条件下车间内部作业计划的编制方法

在单件小批生产条件下，由于生产任务变更频繁，难以做较长时间的安排，而只能由管理者根据生产任务、要求及设备情况等编制轮班计划，即采用日常分配法（又叫临时派工法）进行作业计划的安排。

日常分配法的操作步骤如下：

第一步，根据车间作业计划任务，对计划单位进行分解，即将产品分解为便于加工管理的部件、零件等。

第二步，进行生产任务与生产能力的平衡。

第三步，按先进先出等原则编制车间内各工段、班组日历进度表。

第四步，确定工段、班组的作业任务，并以任务分配箱和任务分配板的形式按日、班安排工作地的生产任务。

任务分配箱与任务分配板只是名称和形式不同,其使用程序和方法完全一样。其中任务分配箱是按工作地分设三个空格,分别存放已准备、在加工、待准备三类工作单(如加工路线单或工票)。任务分配板,就是用板上的三个空袋代替任务分配箱的三个空格,其余操作完全一样。具体操作步骤如下。

首先将已安排加工但有关资源还没准备就绪的计划单放在"待准备"格子中,将已准备好的计划单放入"已准备"格子中,将已准备好并正在加工的计划单放入"在加工"格子中。当某一工作地完成作业时,就将原存放在"在加工"格子中的计划单取出,放到下一工序的"待准备"格子中,并从本工序"已准备"格子中取出已排定的计划单,放入"在加工"格子中,再按该计划单的内容和要求组织加工。如果格子中是空的,说明没有工作安排或作业计划。采用这种方法可清楚地反映每一工作地的任务安排和进展情况,让管理者在需要时能掌握生产进度情况。计划调度员、小组长可随时从格子中了解工作任务分配情况、准备情况及作业进展情况。

当然,分配到各个工作地准备加工的任务,应根据生产作业计划规定的先后顺序及工作地的实际情况来安排。若负荷过多可适当向后移,若负荷不足则优先考虑安排任务,以使工作地负荷均匀。

对于单件小批产品,通常只对其中主要零件、主要工序安排进度计划,用以指导生产过程各工序之间的衔接;其余零件,可根据产品生产周期及其在各工艺阶段规定的提前期或厂部计划规定的具体日期,规定其投入、出产时间。在日常生产中,只要主要零件和主要设备能按计划进行生产,其余零件又能按需要的先后次序和投入提前期及时投入,采用接头对缝的办法,加强日常调度,即可保证作业计划的实现。

3.2.4 生产作业控制

1. 作业控制的程序

作业控制的程序为:制定标准——下达标准——跟踪监测——偏差分析——实施纠正——信息处理。

(1)制定标准

作业标准是指反映或衡量作业系统预期状态的水平或尺度。它是开展作业控制的依据。这些标准主要包括作业计划指标、各种期量标准、质量标准、工艺标准以及物资消耗标准等。

(2)下达标准

作业标准制定后,须及时按品种下达到各生产单位,以便生产单位按标准要求组织生产。

（3）跟踪监测

由于环境等各种因素的影响，作业计划在执行过程中，可能会出现各种问题。为保证交货期和产量、质量要求，在作业计划进行过程中，就要不断地检查作业计划的执行情况，以便及时发现计划与实际之间的偏差。

（4）偏差分析

当作业计划与生产实际发生偏差时，工作人员应及时认真查找产生偏差的原因，分析偏差的性质和大小，以便采取相应的措施进行处理。

（5）实施纠正

纠正是指根据偏差分析结果，进行处理决策，制定纠正措施并付诸实施，使实际生产重新进入轨道，保证目标实现的活动。具体方式包括调整计划指标、调整作业行动（如作业排序、作业时间和方式等），以及同时调整作业计划与作业行动等。

在采取纠正行动时，要注意把握纠正的时效性和幅度。一方面，为减少偏差导致的成本及其他损失，纠正行动一定要迅速及时；另一方面，由于生产过程的波动是绝对的，稳定是相对的，有效的控制是指实际情况围绕标准在允许的幅度内上下波动，因此采取纠正行动时要适度，过度的纠正可能会因纠正成本过大而得不偿失。

（6）信息处理

对生产过程的相关信息如产品数量、质量、投入和出产时间、设备利用率、任务完成率、废品率、单件作业时间等应及时做好整理、综合评价和归档，作为下期生产组织的参考。

2. 作业控制的内容

（1）复查并核定作业计划

作业计划是生产的依据。为确保作业活动有序均衡，必须认真复查并核定作业计划项目，既要保证各作业计划项目完整、明确、科学，又要保证各车间、班组的作业任务在时间、数量、品种等方面的协调性。对于针对特定顾客加工的个性化产品，在进行其作业计划复核时还需要认真复核计划内容与顾客要求的一致性。

（2）确保作业准备充分有效

为防止不具备生产条件而盲目投产导致管理上的混乱和浪费，在计划确认后，应做好相应的作业准备工作，确保作业计划能按时顺利实施。具体包括技术文件、信息资料的准备，生产所需的设备、工具、工装的准备，人员的准备，物料和动力等方面的准备，以及生产现场环境的检查和准备等。

（3）及时准确下达生产指令

在生产条件准备充足后，就应及时准确下达生产指令，确保作业活动按时进行。

（4）加强生产过程控制

生产过程控制是指从原材料投入到成品入库的全过程控制。它是生产控制的中心环节，具体包括以下几方面。

① 投入进度控制。这是指对产品投入的时间、数量、品种等是否符合计划要求所进行的控制，以及对产品在各生产环节是否按提前期投入所进行的控制。做好投入进度控制，是保证生产正常进行的基础。

② 出产进度控制。它是指对产品的出产期、出产提前期、出产数量和成套性、均衡性等进行的控制。它是按时按量完成作业的保证。

③ 工序进度控制。它是指对产品在生产过程中各工序的进度所进行的控制。

在大量大批流水生产条件下，由于生产过程连续均衡，产品品种、数量、工艺、工序都比较稳定，所以一般不必进行工序进度控制，只要控制在制品数量即可。而在成批生产、单件小批生产条件下，由于品种多、工序不稳定，各产品加工所用设备经常发生冲突，因此，为保证产品按计划要求完成，除进行投入与出产进度控制外，还须进行工序进度控制。常用的方法有以下几种。

- 按加工路线单进行控制。由车间、班组按加工路线单安排的加工顺序和工序进度进行派工，如遇某道工序加工迟缓，应立即查明原因，采取有效措施解决，保证产品按时按工序顺序完成。

- 按工票进行控制。由车间、班组按产品加工顺序分别给每个工序开具加工工票，由操作者按工票组织加工，加工完成后再将工票收回，以此控制工序进度。

- 跨车间工序进度控制。对需要跨车间协作完成的产品，须加强跨车间协作工序的进度控制。控制的方法是填制任务协作单，明确协作单位、产品名称、加工要求、完工时间、责任人等。然后将协作单及加工件一起交协作单位，待加工完成后，连同协作单一并取回，由负责人在协作单上签收，双方各留一份作为原始凭证。

④ 在制品控制。这是指对生产各环节所结存的在制品品种、数量所进行的控制。主要采用实物控制和账目控制，要求账物相符、账账相符。

在大量流水生产条件下，由于在制品数量比较稳定，并有标准定额，因此，通常采用轮班任务报告并结合统计台账来控制在制品的数量和移动。

在多品种单件小批或成批生产条件下，由于品种多和批量不稳定，在制品数量的稳定性差，因此通常采用加工路线单或工票结合统计台账来进行控制。值得注意的是，要防止不同品种或同一品种不同批号的在制品发生混乱。

当然，生产过程控制内容还包括生产过程的质量控制、安全控制和成本控制等，这些内容将在后续相关章节中做具体介绍。

3. 作业控制的常用工具

进行作业控制的常用工具主要有作业计划、派工单、调度单、生产日报表、生产进度表、例外报告、统计分析报表等。其中，作业计划在前面已做了较多介绍，这里主要介绍派工单、生产日报表、生产进度更改通知单、异常停工报告单等工具。

（1）派工单

派工单是直接用于工序或工作地任务安排的文件。它既是生产任务指令，又是生产控制工具。其样式见表 3-27 和表 3-28。

表 3-27　派工单样式 1

编号：　　　　　　　　　　　　　　时间：

客户名称或代号：	产品名称：
产品规格：	产品数量：
开工时间：	完成时间：
生产部门：	备注：

制单人：　　　　　　　　　　　　　审批人：

表 3-28　派工单样式 2

作业单位：　　　　　　　　　　　时间：　　年　月　日

姓名	作业项目	作业地点	计划任务	实际完成	检验质量	检验人	备注

作业负责人：　　　　　　　　　　工长：

（2）生产日报表

生产日报表是反映实际生产情况的统计资料。管理者通过生产日报表掌握实际生产情况，进而有针对性地采取措施，对生产进行合理调度，以保证生产计划按期实现。

生产日报表按统计范围又可分为班组生产日报表和车间生产日报表，按统计内容可分为生产产量日报表、生产质量日报表等。其样式见表 3-29 ~ 表 3-33。

表 3-29　班组生产日报表样式 1

序　　号	班　　组	品　　种	计划产量	实际完成产量	完成比率

制表人：　　　　　　　填报时间：　　　　　　　审核：

表 3-30　班组生产日报表样式 2

班　次	品　种	上班结存	本班产量	本班结存	移交时间	移交人	点收人	备注
A 班								
B 班								
C 班								

制表人：　　　　　　　填报时间：　　　　　　　　　　审核：

表 3-31　生产日报表样式 3

品　种	不合格品合计	A 种	B 种	C 种
		数量/比重	数量/比重	数量/比重

制表人：　　　　　　　填报时间：　　　　　　　　　　审核：

表 3-32　生产日报表样式 4

序　号	产品名称	标准工时	实际工时	计划产量	实际产量	工　废	料　废	备　注

表 3-33　车间、班组生产日报表样式 5

序号	产量			废品		生产工时	停工工时	结存	备注
	计划	实际	完成率	数量	比率				

序号	产量			废品		生产工时	停工工时	结存	备注
	计划	实际	完成率	数量	比率				

（3）生产进度更改通知单

生产进度更改通知单是用于生产进度调整说明和指导调整后作业活动的文件。其样式见表 3-34。

表 3-34　生产进度更改通知单样式

序号	品种	规格	数量		投入时间		完成日期		备注
			原定	新定	原定	新定	原定	新定	

制表人：　　　　　　　　　审核：　　　　　　　　　审批：

（4）异常停工报告单

异常停工报告单是记录并反映计划外停工情况的文件。其样式见表 3-35。

表 3-35　异常停工报告单样式

编号：

停工部门：	停工产品：
停工时间：	停工人数：
疑似原因：机器故障　　质量异常　　待料　　安全事故　　停电　　人力　　其他	
应对措施：	

填报人：　　　　　　　　　填报时间：　　　　　　　　　部门负责人：

（5）生产月报表

生产月报表是反映月度生产情况的统计资料。其样式见表 3-36 和表 3-37。

表 3-36　生产月报表样式

班　　次	计划产量	实际产量	完成率	废品率

填报人：　　　　　　　填报时间：　　　　　　　审核：

表 3-37　在制品数量月报表样式

品　　种	规　　格	车间内数量	库存周转数量

填报人：　　　　　　　填报时间：　　　　　　　审核：

第4章

核算生产期量标准与平衡生产能力

4.1 核算生产期量标准

4.1.1 核算生产周期

1. 生产周期的含义

生产周期是指从原材料投入生产开始到产品出产为止所经历的全部时间。通常包括必要的加工时间和运输时间。它是确定产品在各个生产环节的投入和出产时间及编制生产作业计划的重要依据。

2. 影响产品生产周期的主要因素

产品的生产周期主要受其所需零部件在各工序移动方式的影响。零部件在各工序的移动方式主要有顺序移动、平行移动和平行顺序移动三种。

（1）顺序移动方式

这是指一批零件在上道工序全部加工完成后，再一起转移到下道工序继续加工的移动方式。在此方式下，零件在各工序之间实行的是整批运输。

（2）平行移动方式

这是指一批零件在加工过程中，每一个零件在完成某道工序的加工后，立即转入下道工序继续加工的一种移动方式。在这种移动方式下，零件在工序之间实行的是单件运输。

（3）平行顺序移动方式

这是指一批零件在某道工序尚未全部完工，就将已加工好的一部分零件转入下道工序继续加工，并使下道工序能连续地全部加工完该批零件。它是平行移动方式与顺序移动方式的结合。在这种方式下，零件在各工序之间有时是按件移动的，有时是按小批移动的。

对于同一批零件，在顺序移动方式下的加工周期最长，在平行移动方式下的加工周期最短。

3. 产品生产周期的时间构成

（1）加工装配型产品

加工装配型产品生产周期的时间构成直接受构成产品的各零部件的生产周期和产品的组装、后处理时间等因素的影响。由于构成产品的各零部件可平行加工，因此，产品的生产周期就等于加工时间最长的零件或部件的生产周期加上产品组装时间、后处理时间。用公式表示如下：

$$T_{产品}=T_长+T_装+T_{后处}$$

式中，$T_{产品}$为产品的生产周期；

$T_长$为加工时间最长的零件或部件的生产周期；

$T_装$为产品装配所需的时间；

$T_{后处}$为产品的后处理时间，包括油漆、测试与调试等。

（2）流程性产品

流程性产品多采用流水线生产，可能是单工序一次成形，也可能是多工序成形。其生产周期的核算可分别采用下列公式。

① 单工序流水生产条件下：

$$T=Q/V$$

式中，Q 表示生产批量（产量）；

V 表示生产线速度。

② 单工序批量生产条件下：

$$T=Q/t_单$$

式中，$t_单$表示单位产量的生产时间。

③ 多工序流水生产条件下：

$$T=\sum T_{工序}+\sum T_{周转}$$

式中，$T_{工序}$表示产品在某工序的加工时间；

$T_{周转}$表示工序之间的周转时间。

例 1：某批零件共有 3 个，需要经过 4 道工序加工，每道工序的加工时间分别为 5 分钟、10 分钟、5 分钟和 10 分钟。若零件在各工序之间的运输时间忽略不计，那么该批零件在顺序移动、平行移动和平行顺序移动方式下的生产周期分别是多少？

分析：该批零件在顺序移动、平行移动和平行顺序移动方式下的效果图分别如图 4-1、图 4-2、图 4-3 所示。

由图 4-1 可知：$T_顺=n\sum_{i=1}^{m}t_i$

$$=3\times(5+10+5+10)$$
$$=3\times30$$
$$=90（分钟）$$

工序号	单件工时（分钟）	生产周期（分钟）								
		10	20	30	40	50	60	70	80	90
1	5	① ②	③							
2	10		①	②	③					
3	5					① ②	③			
4	10							①	②	③

图 4-1 零件顺序移动效果图

工序号	单件工时（分钟）	生产周期（分钟）				
		10	20	30	40	50
1	5	① ②	③			
2	10	①		②	③	
3	5		①	②	③	
4	10		①	②	③	

图 4-2 零件平行移动效果图

工序号	单件工时（分钟）	生产周期（分钟）				
		10	20	30	40	50	60
1	5	① ②	③				
2	10	①	②	③			
3	5			① ②	③		
4	10				①	②	③

图 4-3 零件平行顺序移动效果图

由图 4-2 可知：$T_{平}=\sum_{i=1}^{m}t_i+(n-1)t_{长}$

$\qquad\qquad =30+(3-1)\times 10$

$\qquad\qquad =50$（分钟）

由图 4-3 可知：$T_{平顺}=t_1+2t_2+t_3+3t_4$

$\qquad\qquad =t_1+t_2+t_3+t_4+2t_4+t_2$

$\qquad\qquad =(5+10+5+10)+2\times 10+10$

$\qquad\qquad =60$（分钟）

另：$T_{平顺}=n\sum_{i=1}^{m}t_i-(n-1)\sum_{i=1}^{m}t_{短}$

$\qquad\qquad =3\times(5+10+5+10)-(3-1)\times(5+5+5)$

$\qquad\qquad =90-30$

$\qquad\qquad =60$（分钟）

式中，$T_\text{顺}$为一批零件在顺序移动方式下的生产周期；

$T_\text{平}$为一批零件在平行移动方式下的生产周期；

$t_\text{长}$为单件加工时间最长的那道工序的单件加工时间；

$T_\text{平顺}$为一批零件在平行顺序移动方式下的生产周期；

t_i为第 i 道工序单件加工时间。

例 2： 某 BOPP 薄膜生产企业刚接到客户一份规格为 20μm×900mm 的 100 吨订单。BOPP 薄膜生产时间主要由拉伸、定型和分切时间构成。已知该企业的拉伸速度为 250 米/分钟，拉伸的有效宽度为 6.5 米，分切平均速度为 1000 米/分钟，产品定型时间为 3 天。假设拉伸合格率为 95%，分切合格率为 100%，BOPP 薄膜的密度为 0.9 吨/平方米，单卷膜重为 1.5 吨，问在正常生产条件下，若不再考虑其他因素的影响，该批产品的生产周期约为多少天?

分析： 由题意可知，该产品的生产周期主要由拉伸、定型和分切三个工序时间构成。因此，要想计算出该批产品的生产周期，就必须先计算出该批产品分别在拉伸、定型和分切工序所需的时间。同时，由题意可知，在产品规格已知的情况下，拉伸工序的产品宽度、生产速度就是影响该批产品拉伸时间的主要因素，分切速度是影响该批产品分切时间的主要因素，产品的定型时间一定。因此，可将该批产品的生产周期计算如下。

① 计算出实际生产批量：

$$Q=\frac{100}{95\%}\approx105.3（吨）$$

② 计算出该批产品拉伸所需的时间（天）：

$$T_\text{拉}=\frac{105.3}{250\times6.5\times20\times10^{-6}\times0.9}=3.6\times10^3（分钟）=2.5（天）$$

③ 计算出该批产品分切所需的时间（天）：

$$T_\text{单切}=\frac{1.5}{1000\times7\times0.9\times20\times10^{-6}\times0.9}\approx14（分钟）$$

$$T_\text{批}=\frac{105.3}{1.5}\times14\approx1000（分钟）\approx17（小时）=1（天）$$

④ 该批产品的生产周期为

$$T=T_\text{拉}+T_\text{定}+T_\text{切}=2.5+3+1=6.5（天）$$

4.1.2 核算生产提前期

1. 生产提前期的含义

生产提前期是指产品在各工序或车间投入或出产的时间比成品出产的时间或交货期应提前的时间。

生产提前期分投入提前期和出产提前期。成品出产时间或交货期是计算提前期的基础。

2. 生产提前期（$T_{提前}$）的核算

生产提前期的核算以成品出产时间或交货期为基础，采取反工艺顺序推算，即从最后车间按反工艺顺序依次推算出以前各车间的投入提前期和出产提前期。

在成批生产或单件小批生产条件下，生产提前期除了受到生产周期、保险期的影响外，还会受到前后车间的生产批量或生产间隔期的影响。

（1）当前后车间生产间隔期相同或批量相同时

生产提前期的计算公式如下：

$$T_{投}=T_{出}+T_{本}$$

$$T_{出}=T_{后投}+T_{保}$$

式中，$T_{投}$ 为制品在某车间的投入提前期；

$\quad T_{出}$ 为制品在某车间的出产提前期；

$\quad T_{后投}$ 为制品在紧后车间的投入提前期；

$\quad T_{保}$ 为制品在相邻车间之间的保险期，主要考虑车间之间运输时间消耗而备用；

$\quad T_{本}$ 为制品在本车间的生产周期。

（2）当前后车间生产间隔期不相等但成倍数关系时

生产提前期的计算公式如下：

$$T_{出}=T_{后投}+T_{保}+R_{本}-R_{后}$$

$$T_{投}=T_{出}+T_{本}$$

式中，$R_{本}$ 为本车间的生产间隔期；

$\quad R_{后}$ 为后车间的生产间隔期；

$\quad$ 其他符号意义同前。

对于最后车间而言，当不设置保险期时，最后车间的出产提前期则为零，最后车间的投入提前期则为产品在最后车间的生产周期。

例 3：某公司接到一批交货期为 2008 年 5 月 9 日的产品订单。考虑到产品装运困难，现设置 1 天的装运保险期。另已知该批产品在最后车间的加工时间为 5 天。问：为保证按期交货，该批产品在最后车间的出产提前期和投入提前期应分别为多少？具体分别在什么时间？

解：$T_{出}=T_{后投}+T_{保}$

$\quad\quad =0+1$

$\quad\quad =1$（天）

$T_{投}=T_{出}+T_{本}$

$\quad\quad =1+5$

$\quad\quad =6$（天）

答：该批产品的出产提前期和投入提前期分别为 1 天和 6 天，即该批产品应该分别在 2008 年 5 月 8 日出产和 2008 年 5 月 3 日投产。

例 4：某批产品须顺序经过 A、B 两车间加工。其中在 A 车间的生产时间为 5 天，在 B 车间的投入提前期为 10 天，在 A、B 两车间的生产间隔期依次分别为 4 天和 2 天，若 A、B 两车间之间设置 1 天的保险期，问该产品在 A 车间的投入提前期和出产提前期分别是多少？

解：由题意知：

$T_{出} = T_{后投} + T_{保} + R_{本} - R_{后}$

    $= 10 + 1 + 4 - 2$

    $= 13$（天）

$T_{投} = T_{出} + T_{本}$

    $= 13 + 5$

    $= 18$（天）

答：该产品在 A 车间的投入提前期和出产提前期分别为 13 天和 18 天。

4.1.3 核算生产批量

1. 批量的含义

批量是指相同制品（如产品、部件、零件、毛坯等）一次投入或出产的数量，通常用符号 Q 表示。

2. 批量的核算方法

批量的核算方法主要有最小批量法、经济批量法和以期定量法。在使用这些方法核算批量时，应注意计算结果要结合产品成套性、实际月产量等进行修正。

（1）最小批量法

最小批量法以保证设备的合理高效利用为基本原则，即把设备调整时间内的产量定为最小批量，实际产量不能低于这个最小产量，否则就会因为设备调整次数过多而影响到设备的有效利用。该方法适用于设备调整时间较长、调整费用较高的生产环境。

计算公式为

$$Q_{min} = t_{调} / t_{序}$$

式中，Q_{min} 为最小批量；

    $t_{调}$ 为设备调整时间；

    $t_{序}$ 为工序单件工时定额。

实际中，零件加工一般要经过许多不同的工序，使用不同的设备，各设备的调整时间又不一定相同。在这种情况下，零件的最小批量由各设备最小生产批量中的最大批量决定，即将各设备最小生产批量中的最大批量作为零件生产的最小批量。

例 5： 某设备的正常调整时间为 2 小时，零件经该设备加工的单件工时定额为 10 分钟，求该设备加工零件的最小批量。

解： $Q_{min}=t_调/t_序$

$\qquad\qquad =2\times60/10$

$\qquad\qquad =12$（件）

答： 该设备加工零件的最小批量为 12 件。

例 6： 某零件需要经过 4 道工序加工，每道工序的设备调整时间依次分别为 15 分钟、30 分钟、2 小时、3 小时，零件在各道工序加工时的单件工时定额依次分别为 5 分钟、10 分钟、10 分钟、8 分钟，求该零件加工的最小批量。

解： 零件在各工序加工的最小批量分别为

$$15/5=3（件）$$
$$30/10=3（件）$$
$$2\times60/10=12（件）$$
$$3\times60/8=22（件）$$

比较得知：22 件为最大批量，故该零件加工的最小批量应为 22 件。

答： 该零件加工的最小批量为 22 件。

（2）经济批量法

生产批量的大小对成本影响较大。一般来讲，批量越大，设备调整的次数就越少，分摊到每个产品的调整费用也就越少。但同时，由于批量大，产品的库存保管费用会增加。反之，批量越小，设备的调整次数就越多，分摊到每个产品的设备调整费用也就越多。但同时，由于批量小，产品的库存保管费用也会减少。

经济批量法是指以单位产品生产总费用最小为基本原则来确定批量的方法，又称最小费用法。它采用数学方法求出设备调整费用和库存保管费用之和最小时的批量作为产品的经济生产批量。该方法适用于计划产量大、产品价值高、库存时间较长的生产环境。

计算公式为

$$Q^*=\sqrt{\frac{2NA}{C}}$$

式中，Q^* 为经济批量；

$\quad A$ 为每次设备调整费用；

$\quad N$ 为年计划加工产品产量；

$\quad C$ 为每件产品的年平均保管费用（估计值）。

例 7： 某企业计划年加工 A 产品 10 000 台，每台产品的年平均库存费用为 2 元，设备调整费用为每次 100 元。求该企业加工 A 产品的经济批量。

解： $Q^*=\sqrt{\dfrac{2NA}{C}}$

$$=\sqrt{\frac{2\times10000\times100}{2}}$$

$$=1000（台）$$

答：该企业加工 A 产品的经济批量为 1000 台。

（3）以期定量法

以期定量法是指先确定生产间隔期，然后根据平均日需求量求生产批量的方法。该方法一般按照零件的复杂程度、工艺特点、价值大小、装配顺序、工时长短等因素制定不同的生产间隔期。为了管理上的方便，企业通常会制定标准生产间隔期，其数值一般为月工作日的约数，如 1 天、2 天、4 天、5 天（一周）、10 天、20 天（一月）等。该方法比较适用于产量多变的中小批生产类型的企业，或企业内外条件变化大的情况。当批量增减时，只需要调整日产量，不需要调整生产间隔期，便于管理。

计算公式为

$$Q=R\times N_日$$

式中，Q 为批量；

R 为生产间隔期；

$N_日$ 为计划期平均日产量。

例 8：某企业月计划生产时间为 24 天，计划安排生产间隔期为 3 天，若计划期平均日产量为 200 件，求该企业的生产批量。若该企业计划月产量为 6000 件，则该企业的生产批量应为多少?

解：① $Q=R\times N_日$

　　　　$=3\times200$

　　　　$=600（件）$

② $N_日=\dfrac{6000}{24}$

　　$=250（件）$

$Q=R\times N_日$

　$=3\times250$

　$=750（件）$

答：当计划期日产量为 200 件时，该企业的生产批量应为 600 件；而当该企业的月产量为 6000 件时，其生产批量应为 750 件。

4.1.4 核算生产节拍

1. 节拍的含义

节拍可以分为生产平均节拍和工序节拍。其中，生产平均节拍是指流水线上相邻两件同样制品投入或出产的间隔时间，它反映了流水线生产的速度；工序节拍是指流水线上某道工序相邻两件同样制品投入或出产的间隔时间，其大小与该工序的单件工时定额和同时执行该工序的工作地数目相关。

2. 节奏

当生产线生产节拍很短，在制品的体积又较小，不便于单件运输，需要成批运输时，将相邻两批同样制品出产的间隔时间称为节奏。它是由节拍派生出来的一个期量指标。

3. 生产节拍的核算方法

（1）不变流水线生产节拍的核算

不变流水线是指在计划期内只生产一种产品、生产节拍稳定不变的流水线。其生产节拍的核算公式如下：

$$r_平 = \frac{F_e}{N}$$

式中，$r_平$表示生产节拍；

F_e表示计划期有效工作时间；

N表示计划期产品产量。

（2）可变流水线生产节拍的核算

可变流水线是指在计划期内分段轮流生产几种不同产品的流水线，其生产节拍的核算步骤如下：

① 根据每种产品的计划产量和单件工时定额计算出每种产品的总工时定额和全部产品的总工时定额。

② 计算出每种产品的总工时定额占全部产品的总工时定额的比例。

③ 分别核算出计划期内分配给各产品的生产天数。

④ 分别计算出每种产品的日产量。

⑤ 分别计算出每种产品的生产节拍。

（3）工序节拍的计算

工序节拍的计算公式如下：

$$r_i = \frac{t_i}{s_i}$$

式中，r_i表示第 i 道工序的工序节拍；

t_i表示第 i 道工序的单件工时定额；

s_i表示同时执行第 i 道工序的工作地数目。

例 9：某流水线生产实行每天 3 班制，每班有效工作时间为 8 小时。现已知该流水线日计划产量为 5000 件，问该流水线的生产节拍应设计为多少？

解：$r_平 = \dfrac{F_e}{N}$

$$= \frac{3 \times 8 \times 60 \times 60}{5000}$$

$$= 1.72 \text{（秒/件）}$$

答： 该流水线的生产节拍应设计为 1.72 秒/件。

例 10： 某流水线本月计划生产 A 产品 8000 件、B 产品 6000 件和 C 产品 10 000 件。已知 A、B、C 三产品的单件工时定额依次分别为 5 分钟、8 分钟和 5 分钟。若该流水线月制度工作时间为 25 天，每天实行两班制，每班有效工作时间为 460 分钟，问 A、B、C 产品的生产节拍各是多少？

解： ① 计算出每种产品的总工时定额和全部产品的总工时定额。

A 产品的总工时定额：8000×5=40 000（分钟）

B 产品的总工时定额：6000×8=48 000（分钟）

C 产品的总工时定额：10 000×5=50 000（分钟）

A、B、C 三产品的总工时定额：40 000+48 000+50 000=138 000（分钟）

② 计算出每种产品的总工时定额占全部产品的总工时定额的比例。

A 产品所占比例：$\dfrac{40\,000}{138\,000} \times 100\% = 29\%$

B 产品所占比例：$\dfrac{48\,000}{138\,000} \times 100\% = 34.8\%$

C 产品所占比例：$\dfrac{50\,000}{138\,000} \times 100\% = 36.2\%$

③ 分别核算出计划期内分配给各产品的生产天数。

A 产品分配天数：25×29%=7.25（天）

B 产品分配天数：25×34.8%=8.70（天）

C 产品分配天数：25×36.2%=9.05（天）

④ 分别计算出每种产品的日产量。

A 产品的日产量：8000/7.25=1103（件）

B 产品的日产量：6000/8.7=689（件）

C 产品的日产量：10 000/9.05=1105（件）

⑤ 分别计算出每种产品的生产节拍。

$$R_A = \frac{F_e}{N}$$

$$= \frac{2 \times 460}{1103}$$

$$= 0.83 \text{（分钟/件）}$$

$$R_B = \frac{F_e}{N}$$

$$= \frac{2 \times 460}{689}$$

$$= 1.34 \text{（分钟/件）}$$

$$R_C = \frac{F_e}{N}$$

$$= \frac{2 \times 460}{1105}$$

$$= 0.83 \text{（分钟/件）}$$

答：A、B、C 三产品的生产节拍依次分别为 0.83 分钟/件、1.34 分钟/件和 0.83 分钟/件。

4.2 核算与平衡生产能力

4.2.1 核算生产能力

1. 生产能力的含义

生产能力是指企业的固定资产在一定时间内，在正常的技术组织条件下，经过综合平衡后，能生产一定种类产品的产出量。

生产能力是反映企业所拥有的加工能力的一个技术参数，它也可以反映企业的生产规模。企业主管之所以十分关心生产能力，是因为他随时需要知道企业的生产能力是否与市场需求相适应。当需求旺盛时，他需要考虑如何提高生产能力，以满足需求的增长；当需求不足时，他需要考虑如何扩大需求，避免生产能力过剩，尽可能减少停工损失。

生产能力的含义可从以下几方面加以理解。

（1）生产能力是由直接参与生产的固定资产数量（包括机器设备、生产面积等）或者劳动力数量决定的。

① 已判定不能修复或已决定报废的设备、不配套的设备、企业留作备用的设备和封存待调的设备，都不应列入企业生产能力的计算范围。

② 辅助车间（如机修车间、工具车间）所拥有的设备，一般不能参与企业基本产品生产能力的计算，而只能用以计算辅助车间的生产能力。只有当辅助车间的设备用于基本产品的生产时，才可以用于计算基本产品的生产能力。

③ 生产面积对于铸造车间、铆焊车间、装配车间的生产能力有着十分重要的意义。在这类车间中，生产面积是指造型和装配等工作地、通道、工作地旁边的零部件存放地及运输设备所占的面积。

（2）生产能力的大小与有效生产时间有直接关系

① 一般情况下，生产能力与生产时间呈正比例关系，即生产时间越长，产出量越大，生产能力越大。因此，生产能力可按小时、日、月和年等不同时间段分别计算和描述。

② 有效工作时间=全年制度工作天数×每日工作班次×每班工作小时数−停工小时数。

③ 制度工作天数是指除法定节假日和休息日以外的工作天数。

（3）生产能力直接受企业生产技术组织条件的影响

通常所说的生产能力是指企业在正常的生产技术组织条件下所能生产产品或处理原料的最大数量。

① 在同样的设备设施和生产时间下，企业由于员工的劳动熟练程度不同，技术素质不同，生产组织管理质量不同，生产效率不同，其生产能力也往往不同。

② 员工劳动熟练程度越高，技术素质越强，企业的生产组织管理越科学严谨，企业的生产能力就越大。

（4）生产能力是企业对多方面信息进行综合平衡后的结果

① 综合平衡的内容包括生产能力与生产计划的平衡，生产能力与企业的资金、材料供应、员工素质等环境条件的平衡等。

② 对于按对象专业化组织的流水生产企业来说，其所拥有的各设备的生产能力不完全一致。企业的整体生产能力直接受其能力最小设备（即"瓶颈"设备）的生产能力的限制。也就是说，这时企业的生产能力实际上是由"瓶颈"设备的生产能力决定的。在这种情况下，要想提高企业的生产能力，主要是要提高"瓶颈"设备的生产能力。

2. 生产能力的种类

生产能力通常按其来源划分为设计生产能力、实际生产能力和计划生产能力三种。

（1）设计生产能力

设计生产能力是指企业在建设项目书中所设定的生产能力，或设备在其加工制作的技术文件中所设定的生产能力。设计生产能力是企业制定生产战略规划的主要依据。

① 设计生产能力是设备在制造时，或车间、工厂在建设时就已被赋予的最大生产能力。

② 一般情况下，设计生产能力需要企业经过一定时间的应用实践并熟练后才能达到。例如，企业在投产初期，由于工人没有完全掌握设备工艺技术，再加上设备自身也处于磨合期，设备不能正常运行，设备的设计能力得不到充分发挥，这时的实际生产能力往往小于设计生产能力。

③ 设计生产能力是可以被突破的。生产技术人员完全掌握了设备工艺技术后，就可以通过适当的技术改造（包括设备改造和生产设施改造等）提高设计生产能力。例如，生产技术人员在完全并熟练掌握设备技术和生产规律后，就可以对"瓶颈"设备实施技术改造，提高它的生产能力，从而提高整套设备的生产能力，也即突破原成套设备的设计能力。这也是企业设备管理部门的一项重要工作内容。

（2）实际生产能力

实际生产能力是指企业在现有的生产技术组织条件下所具有的生产能力。企业的实际生产能力可以因条件不同而大于或小于其设计生产能力。实际生产能力是企业制定生产计划的基本依据。

① 企业所拥有的设计生产能力往往会由于企业员工技术素质、资金、能源和原材料供应以及技术改造等方面原因而不能得到充分发挥或突破，使实际生产能力小于设计生产能力。

② 影响实际生产能力的主要因素有员工技术熟练程度、技术改造、工艺调整、产品结构调整、能源及原材料供应、资金实力等。例如，由于能源及原材料供应紧张或企业资金紧张，导致企业不能正常生产，从而使企业的实际生产能力小于设计生产能力；由于企业实施了技术改造，提高了"瓶颈"设备的生产能力，或通过调整工艺流程，提高了生产效率，从而使企业的实际生产能力大于设计生产能力；由于企业采用外包策略，大大提高了企业的供给能力，也使企业的实际生产能力大于设计生产能力。

（3）计划生产能力

计划生产能力是指企业在生产计划中规定要达到的实际生产能力。一般情况下，计划生产能力受实际生产能力和市场需求两方面因素的影响，是实际生产能力与市场需求平衡后的结果。例如，某企业的实际生产能力为 10 000 吨/年，该企业通过市场调查预测市场需求为 8000 吨/年，则该企业在年度生产计划中规定要达到的实际生产能力就可能是 8000～10 000 吨/年范围内的任意值。

计划生产能力可能大于、小于或等于实际生产能力。它反映的是实际生产能力的利用情况。例如，某食品加工企业的实际日生产能力为 10 吨，但自进入销售淡季以来，市场需求锐减，现在仅有间断性少量订单，该企业就将计划生产能力由正常时的 10 吨/日调整为现在的 2 吨/日。又如，某企业的实际月生产能力为 300 平方米，由于市场开拓有效，使月度市场需求增加到 400 平方米。该企业为满足市场需求，将计划生产能力设定为 400 平方米，并采取外包或加班的方式来实现。

3. 企业生产能力的核算

生产能力的核算会因为企业的生产特点不同，以及该指标的使用目的不同而不同。通常情况下，生产能力会选用不同的时间单位和选择不同的生产区域分别核算。根据时间单位不同，可分别核算出企业在小时、天、月和年度等时间范围内的生产能力；根据区域不同，可分别核算出企业单台设备、班组、车间及工厂的生产能力。

下面介绍几种典型生产环境下的生产能力核算方法。

（1）在大量生产条件下生产能力的核算

大量生产条件下的生产能力主要受流水线生产速度、流水线数量、生产时间、产品特点等的影响。

例 11：某企业拥有 10 米宽薄膜生产线一条，该生产线年设计生产能力为 3 万吨。由于该生产线设备尚处于磨合期，企业管理者决定先试生产一种厚度为 20 微米、密度为 0.9 吨/立方米的薄膜，且将其实际运行速度设置为 150 米/分钟。请问该生产线每小时生产能力和日生产能力分别是多少？若该生产线每月生产 30 天，每年生产 340 天，则该生产线的月生产能力和年生产能力又各为多少？（每天按 24 小时计算）

解：该生产线每小时生产能力为

$20 \times 10^{-6} \times 150 \times 10 \times 0.9 \times 60$

$=1.62$（吨）

该生产线每天生产能力为

1.62×24

$=38.88$（吨）

该生产线每月的生产能力为

38.88×30

$=1166.4$（吨）

该生产线每年的生产能力为

38.88×340

$=13\ 219.2$（吨）

答：该薄膜生产线每小时生产能力为 1.62 吨，每天生产能力为 38.88 吨，每月生产能力为 1166.4 吨，全年生产能力为 13 219.2 吨。

例 12：某企业拥有某薄膜生产线 5 条，其中有 2 条线为 1 万吨/年生产线，有 2 条线为 1.5 万吨/年生产线，另外 1 条线为 3 万吨/年生产线，则该企业的年设计生产能力是多少？

解：该企业的年设计生产能力为

$2 \times 1 + 2 \times 1.5 + 1 \times 3$

$=8$（万吨）

答：该企业的年设计生产能力为 8 万吨。

例 13：某罐装啤酒生产线的生产节拍为 2 秒，问该生产线每小时、每月生产能力各为多少？如果某企业拥有 5 条这样的生产线，则该企业的年生产能力为多少？（每天按 16 小时计算，每月按 28 天计算，每年按 320 天计算）

解：该生产线每小时的生产能力为

$60 \times 60 \div 2$

$=1800$（瓶）

该生产线每月的生产能力为

$1800 \times 16 \times 28$

$=806\ 400$（瓶）

若某企业拥有 5 条这样的生产线，则该企业的年生产能力为

$1800 \times 16 \times 320 \times 5$

$=46\ 080\ 000$（瓶）

答：该生产线的生产能力为每小时 1800 瓶、每月 806 400 瓶。若某企业拥有 5 条这样的生产线，则该企业的年生产能力达 46 080 000 瓶。

（2）在成批生产和单件小批生产条件下生产能力的核算

成批生产和单件小批生产条件下的生产能力通常会根据其是主要取决于设备还是生

产面积而分别计算。

当生产能力主要取决于机器设备的生产能力时,则生产能力主要受机器设备的数量、有效工作时间及生产效率等因素的影响。

① 单台设备生产能力的计算。

计算公式为

$$P_单=F_e/t$$

式中,$P_单$ 为单台设备生产能力;

F_e 为单台设备计划期有效工作时间;

t 为单位产品台时定额。

例 14:某机床日有效工作时间为 8 小时,其加工产品的单位台时定额为 0.5 小时。求该机床日加工能力。

解:该机床的日加工能力为

$P_单=F_e/t$

=8/0.5

=16(件)

答:该机床的日加工能力为 16 件。

② 工序生产能力的计算。

当工序由一台设备构成时,此单台设备的生产能力即为工序生产能力;当工序由多台同类设备构成时,工序生产能力为单台设备能力与工序设备台数的乘积。计算公式如下:

$$P=P_单×S$$

式中,P 为工序生产能力;

$P_单$ 为单台设备生产能力;

S 为设备台数。

例 15:某工序共有 5 台相同车床。现已知该工序实行两班制生产,每班工作 7.5 小时,单件产品台时定额为 0.5 小时。求该工序的日生产能力。若该企业全年制度工作日为 250 天,设备计划修理时间占有效工时的 10%,求该工序的年生产能力。

解:该工序的日生产能力为

7.5×2×5÷0.5

=150(件)

该工序的年生产能力为

7.5×2×250×5×(1-10%)÷0.5

=33 750(件)

答:该工序的日生产能力为 150 件,年生产能力为 33 750 件。

③ 设备组生产能力的计算。

当设备组的各设备能力一致时,设备组的生产能力即为单台设备能力与设备组设备台数之积;当设备组各设备的生产能力不一致时,其生产能力等于各设备的生产能力之

117

和。计算公式如下:

$$P=\sum P_i$$

式中,P 为设备组生产能力;

P_i 为设备组某单台设备的生产能力。

例 16: 某设备组共有 30 台车床,其中 10 台车床的单件工时定额为 10 分钟,10 台车床的单件工时定额为 20 分钟,10 台车床的单件工时定额为 30 分钟。若实行两班工作制,每班工作时间为 7 小时,月有效工作日为 25 天,问该设备组月生产能力为多少?

解: 该设备组的月生产能力为

$P=\sum P_i$

　=7×2×25×10×(1/6+1/3+1/2)

　=3500(件)

答: 该设备组月生产能力为 3500 件。

说明: 当机器设备的生产效率是单位时间产量定额时,就直接与前两项相乘;如果机器设备的生产效率是单位产品台时定额,就用它去除前两项之积。

④ 车间生产能力的计算。

当车间由同一设备组构成时,其生产能力的计算方法与设备组生产能力的计算方法一致。如果车间是按混合专业化原则布置的,有多种不同工艺的设备组,则其生产能力直接受"瓶颈"设备组的控制。此时,车间生产能力就用"瓶颈"设备组的生产能力表示。也就是说,这时的车间设备能力实际上是综合平衡后的一个结果。具体计算方法是先分别计算各设备组的生产能力,然后将各设备组的生产能力进行比较,其中"瓶颈"设备组的生产能力即为车间生产能力。

⑤ 工厂生产能力的计算。

工厂可以理解为扩大了的车间。因此,工厂生产能力的计算方法与车间生产能力的计算方法相同。

⑥ 生产多品种时设备组(或车间、工厂)生产能力的计算。

当设备组(或车间、工厂)担负多种产品生产任务,而各产品在劳动量上差别又比较大时,不宜直接用各种产品产量的和作为设备组生产能力,而需要选择一个代表企业生产方向、产量与单位工时定额乘积最大的产品作为代表产品,然后将其他产品的产量换算为代表产品的产量,再做加和计算以求得设备组(或车间、工厂)的生产能力。

例 17: 某车间车床组共有车床 6 台,加工甲、乙、丙 3 种产品。据了解,甲、乙、丙 3 种产品的单位台时定额依次分别为 100 小时、50 小时和 150 小时,其年计划产量依次分别为 100 台、80 台和 60 台。问该车床组年计划生产能力为多少?若每台车床的全年有效工作时间为 5000 小时,问该车床组的生产能力是否有富余?

解: 第一步,选择代表产品。

甲产品的年生产台时:100×100=10 000(小时)

乙产品的年生产台时:50×80=4000(小时)

丙产品的年生产台时：150×60=9000（小时）

因此，选择甲产品作为车床组生产的代表产品。

第二步，将各产品产量均换算为代表产品产量。

甲产品的年计划产量：100 台

乙产品的年计划产量：80×(50÷100)=40（台）

丙产品的年计划产量：60×(150÷100)=90（台）

第三步，计算出代表产品总产量，即为该车床组的年计划生产能力。

100+40+90=230（台）

第四步，计算代表产品的年实际生产能力，并核定其富余情况。

(6×5000)÷100

=300（台）

因为 300 台>230 台，所以车床组的生产能力有富余，共富余 70 台。

答：该车床组的年计划生产能力为 230 台，若每台车床全年有效工作时间为 5000 小时，则该车床组的生产能力有富余，富余 70 台。

例 18：某装配车间的生产面积为 10 000 平方米，日制度工作时间为 10 小时，单位产品占用装配面积为 50 平方米，单位产品生产工时为 20 分钟，求该装配车间的日生产能力。

解：生产能力=(10 000÷50)×(10÷1/3)=6000

答：该装配车间的日生产能力为 6000 单位。

4．衡量生产能力的指标

根据企业的不同生产特点，企业的生产能力通常采用不同的衡量指标。常见的衡量指标主要有产品产出量、生产物料处理量和设备设施投入量三种。

（1）产品产出量

产品产出量是指企业在一定时间内生产的产品数量。该指标主要适用于装配型和合成型加工企业的生产能力衡量。

例如，汽车制造企业的生产能力就以该汽车制造企业在一定时间内所生产的汽车台数或辆数来衡量；雨伞加工企业的生产能力就以该企业在一定时间内所加工完成的雨伞件数来衡量；纺织企业就以该企业在一定时间内所完成的布匹面积或长度来衡量。

若企业生产多种产品，而各产品在劳动量上差别又比较大，则不宜直接用各种产品产量的和作为企业的生产能力，而需要先选择出代表产品，再将其他产品产量换算为代表产品产量，最后将换算后的产品产量相加以求得企业的生产能力。其中，代表产品是指能代表企业专业方向、产量与工时定额乘积最大的产品。其他产品换算为代表产品的换算系数由下式求得：

某产品的换算系数=某产品的时间定额/代表产品的时间定额

（2）生产物料处理量

生产物料处理量是指企业在一定时间内加工处理的生产物料数量。该指标主要适用于生产物料单一而产品多样化的企业生产能力的衡量。

例如，废水处理厂的生产能力就以该厂在一定时间内所处理废水的数量来衡量；炼油厂的生产能力就以该炼油厂在一定时间内所处理原油的数量来衡量。

（3）设备设施投入量

设备设施投入量是指企业在一定时间内直接投入运营的设备设施的数量。该指标主要适用于产品不能用库存调节的服务型企业和按工艺原则组建的班组、车间或工厂的生产能力衡量。

例如，超市的服务能力通常以其营业面积来衡量；航空公司的服务能力通常以其拥有的飞机架次数来衡量；酒店的服务能力通常以其拥有的客房数和能同时接纳的就餐人数来衡量；机加工厂（车间）的生产能力通常以其全部机床的数量或其全部有效工作时间来衡量。

4.2.2　平衡生产能力

1. 生产负荷

生产负荷有绝对数和相对数两种描述方式。当采用相对数描述时，它又称生产能力利用率。这时它是一个综合反映企业在一定期间生产能力利用水平的指标。当采用绝对数描述时，它就是生产任务或工时占用量。

企业经常会运用生产负荷指标来衡量其实际生产能力的利用情况，以便为企业生产计划的合理制定和经营决策提供科学指导与参考。该指标越接近100%，说明企业的生产能力利用越充分。反之，则说明企业的生产能力还存在不同程度的富余，也表示企业的生产资源存在闲置浪费现象。

一般而言，当企业生产负荷不足100%时，企业应加大市场推广力度，促使生产资源得到充分利用，以提高企业的生产效益；当企业的生产负荷大于100%时，说明企业的实际生产能力不能满足市场需求，企业管理者应分析原因，采取措施，努力争取供需平衡。

生产负荷可分为计划负荷和实际负荷。

计划负荷是指企业的计划生产能力占实际生产能力（或设计生产能力）的比例。其计算公式为

$$计划负荷=(计划生产能力÷实际生产能力)×100\%$$

实际负荷是指企业的实际产量占实际生产能力（或设计生产能力）的比例。其计算公式为

$$实际负荷=(实际产量÷实际生产能力)×100\%$$

为掌握企业各工作中心的工时占用情况，以便开展生产调度，还常采用绝对数来描

述生产负荷，即通过计算出各工作中心的实际工时占用量来反映其生产负荷。

2. 平衡生产能力的方法

平衡生产能力是指企业通过采取必要而有效的措施，将实际生产能力与生产计划需求进行协调，以使其保持基本一致的状态的活动。

开展生产能力平衡的基本思路是：依据生产计划需求和实际生产能力，通过采取调整计划需求、调整生产能力或同时调整生产能力与生产计划需求等措施，使计划需求与实际生产能力趋于一致。

平衡生产能力的措施包括短期措施和长期措施。其中，长期措施主要有新增设备设施、实施设备技术改造等，用以提高设计生产能力。下面重点介绍平衡生产能力的短期措施。

（1）利用库存调节

这种方法主要适用于产品具有淡旺季销售特点的企业和短期预防异常因素影响市场供应的情况。

例如，空调机的销售旺季为 6、7、8 三个月份，为满足销售旺季的市场需求，空调机生产企业除了在旺季开足马力生产外，还会在淡季有计划地多生产一些空调机储存起来，以弥补旺季时实际生产能力较计划生产能力不足的部分。

值得注意的是，对于产品有保质期限制的生产企业，虽然其产品销售也有淡旺季之分，但应谨慎使用此方法，特别是在库存数量的确定上要慎重。因为一旦库存产品在旺季得不到完全销售，将会因为保质期限制而产生浪费。

（2）利用劳动时间调节

正常情况下，生产能力与生产时间成正比。许多企业在临时性出现生产能力与计划任务不平衡时，往往采取调整劳动时间的做法来平衡生产能力。

例如，当生产能力过剩时，通过减少劳动时间或班次来降低实际生产能力，以使生产能力与计划任务平衡；而当计划任务临时性大于生产能力时，则采取加班或增加生产班次来提高生产能力，以使生产能力满足计划任务要求。

（3）利用工人数调节

对于一些技术性不高而计划需求的时间性较强的工作，可在淡季时保持一定数量的工人，而在旺季时，采取新增临时工或聘用兼职人员的措施来提高生产能力。

例如，超市、餐馆、娱乐场所等在旺季时都可以通过使用兼职人员或聘用临时工来提高服务能力。有些劳动密集型加工装配企业也可以在旺季或生产能力临时不足时通过新增临时工来提高生产能力。

值得注意的是，由于新进临时工在技术上有一个学习的过程，在管理上也有一个适应企业文化的过程，因此，他们在上岗初期存在工作质量和效率难以保证的问题，这实际上将增大使用成本。

（4）利用转包调节

转包能使企业获得临时性生产能力。当生产能力短期内不足时，企业可采用转包甚至外购的方法解决供需矛盾。

值得注意的是，为确保合同的有效执行，应重视转包商的选择和转包产品的质量及供货时间控制。

（5）通过推迟交货期调节

当生产能力通过最大限度挖潜仍不能满足生产计划需求时，可考虑推迟交货期来平衡生产能力。

值得注意的是，推迟交货期的措施一定要事先征求客户的意见并获得客户的认可后才能实施，否则将会因违约而承担相应的责任。推迟交货期往往与价格折让等措施同时运用。

（6）通过新增订单调节

当生产能力富余而生产计划需求不足时，应加大市场开发力度，或通过促销策略等努力增加订单，以增大生产计划需求，减少生产能力富余浪费，从而提高企业生产效益。

例 19：某企业月实际生产能力为 50 吨。2010 年 3 月由于市场需求不足，计划生产能力为 40 吨。实际生产中，又由于设备故障影响生产，该企业实际产量仅为 25 吨。求该企业 2010 年 3 月的计划负荷和实际负荷，并据此为企业生产经营提出合理化建议。

解：计划负荷=(计划生产能力÷实际生产能力)×100%

$$=(40÷50)×100\%$$

$$=80\%$$

实际负荷=(实际产量÷实际生产能力)×100%

$$=(25÷50)×100\%$$

$$=50\%$$

答：该企业的计划负荷为 80%，而实际负荷仅为 50%。这说明企业因市场和设备故障导致生产能力浪费严重，企业应加大设备管理和市场开发力度，努力提高生产能力利用率，以提高企业生产效益。

例 20：某企业生产 A、B 两种产品，其工时定额见表 4-1。若根据需要预测得出该企业 7 月份的出产计划为 A 产品 500 件、B 产品 300 件，试计算 7 月份 8 号工作中心的工作负荷。

表 4-1 某企业工时定额表

工作中心		6	8	15	19	21
工时定额（小时）	A 产品	2	5	4.3	3.7	4.5
	B 产品	1.5	3.8	2.1	2.4	3.5

解：7 月份 A 产品在 8 号工作中心的工时占用为 500×5=2500（小时）

7 月份 B 产品在 8 号工作中心的工时占用为 300×3.8=1140（小时）

因此，7 月份 8 号工作中心的总工时占用为 2500+1140=3640（小时）

答：7 月份 8 号工作中心的生产负荷为 3640 小时。

第 5 章

生产作业计划与作业控制

5.1 生产作业计划

5.1.1 生产作业计划工作的任务和要求

1. 生产作业计划工作的任务

企业生产作业计划是企业年度生产计划（生产总体计划）的具体执行计划。它是生产总体计划的继续和补充，是对企业日常生产活动进行具体组织的行动纲领。它是根据生产总体计划的要求，把企业的生产任务具体分配到各车间及车间内部各个工段、班组以至每个工作地和个人，规定他们在每月、每旬、每周、每日以至每个轮班和小时内的具体生产任务。编制生产作业计划是企业计划管理的重要环节，做好企业计划工作应当把长期计划与短期计划结合起来，生产作业计划就是企业短期计划的重要组成部分。

生产作业计划工作的任务有以下几方面。

① 保证实现生产计划。这是通过把生产总体计划具体化和适时调整来保证的。生产作业计划把产品、时间、单位和考虑的因素都具体化了。产品由整台产品安排到毛坯、零件、部件。时间落实到年、季、月、旬、周、日、轮班、小时。空间上由厂部落实到车间、班组、工作地、机器设备。同时根据短期的重大变化来发现问题，及时解决，修正计划。这是实现生产总体计划的重要保证。

② 合理组织生产过程。企业生产计划是通过合理地组织产品的生产过程来实现的。任何产品的生产过程都是由物流、信息流、资金（价值）流组成的。生产作业计划的任务之一，就是把生产过程中的"三流"合理地组织协调起来，争取用最少的投入获得最大的产出。

③ 实现均衡生产，建立正常的生产秩序和管理秩序。均衡生产是指企业各个生产环节，在每段相等的时间内，完成相等或递增数量的任务，按计划均匀地进行投产和出产，保证完成计划任务，满足订货单位和市场的需要。实现均衡生产，建立正常的生产秩序和管理秩序，有利于充分利用企业的生产能力，提高产品质量，改善企业管理，全面提高企

业经济效益。要实现均衡生产，就必须依据生产作业计划合理地安排、组织企业各生产环节的生产活动，协调好各环节之间的关系，保证各环节在短期内都能完成任务。

④ 提高经济效益。生产作业计划的任务之一，就是在产品的生产过程中，严格保证产品质量达到规定的标准，努力减少产品生产过程中活劳动和物化劳动的消耗，最大限度地降低产品生产成本，缩短生产周期，争取获得最大的经济效益。

2. 生产作业计划工作的要求

为了完成生产作业计划工作的任务，对生产作业计划工作有如下要求。

（1）及时性

生产作业计划是指导职工日常生产活动的计划，时间性很强。只有及时编制和下达生产作业计划，才能使职工有足够时间做好各项生产准备工作，避免出现计划落后于实际、计划跟着生产跑的忙乱被动现象。一般而言，月度生产作业计划应在上月 25 日左右下达，周计划应在上周结束前一二天下达，昼夜轮班计划应在上一天最后一班下达。只有这样，才能使群众心中有数，分工合作地完成生产作业计划任务。

（2）严肃性

编制、执行生产作业计划都要严肃。编制严肃，才能使计划本身正确、有效，执行起来才能发挥作用；执行严肃，才能按章办事，保证实现计划。

（3）科学性

编制生产作业计划要有科学的依据，依据的信息必须真实、可靠。在编制生产作业计划时，一定要进行精确、全面的平衡计算，正确地安排生产过程的比例关系。通过平衡使计划符合客观规律，才能有力地指导生产。编制生产作业计划的方法要科学，针对不同的生产类型采用不同的编制方法。要制定和贯彻先进合理的期量标准。

（4）预见性

"凡事预则立，不预则废"。企业要以预防为主，防患于未然，及早地发现问题，有预见性地提前安排好计划，做到未雨绸缪；要利用优势，努力发挥有利因素的效用，克服不利因素带来的困难，更好地编制、执行生产作业计划。

（5）群众性

在编制和执行生产作业计划时，要依靠群众。编制计划时要深入生产第一线，深入生产过程，听取第一线职工的意见和建议；执行生产作业计划时，要依靠职工去操作，让大家出主意、想办法去完成计划。

3. 生产作业计划工作的主要内容

① 进行生产负荷和生产能力的核算与平衡，以确保生产任务和安排切实可行。

② 制定和修改期量标准。期量标准是工业企业为了科学地组织生产活动和编制生产作业计划，给制造对象（产品、部件、零件等）在生产数量和期限上所规定的标准数据。期量标准又称作业计划标准或期量定额。它是计划定额的一种，如在制品定额、生产周期等。

制定期量标准实质是科学地规定生产过程各生产环节之间在时间和数量上的联系和比例关系。现代生产管理科学，正是在不断加深对生产过程的期和量的认识、不断掌握它们之间的联系和转化规律、规定正确的期量标准中逐渐形成的。例如，泰罗为了制定合理的标准时间，进行了相关研究，创立了科学管理；福特创立了同期管理和流水生产。可见，正确制定期量标准，为编制生产作业计划，控制生产作业，使生产管理科学化、标准化奠定了基础。

期量标准是企业生产的客观需要，是编制生产作业计划和日常组织生产的重要依据之一，它直接关系到企业经济效果。

③ 制定各生产环节的生产作业计划，进行作业排序，规定各个加工业务的顺序，以指导工人的作业活动。

④ 贯彻生产作业计划，进行日常生产派工。

⑤ 进行作业控制，搞好生产作业现场管理，使生产现场始终保持良好的工作环境。

5.1.2　大量大批生产类型的生产作业计划

1．制定期量标准

在大量大批生产类型企业中，主要的期量标准有在制品定额、节拍、各种流水线的标准工作指示图表。

（1）在制品定额

在制品是指从原材料投入生产到成品入库为止，处于生产过程中尚未完工的所有毛坯、零部件的总称。在大量生产中，生产过程各个阶段经常保持一定数量的在制品，是生产连续进行的必要条件。在制品不足，会引起生产中断；在制品过多，会造成流动资金积压、工作场所拥挤和产品生产周期延长。因此，必须为每一生产阶段规定合理的在制品数量界限，即在制品定额。在制品定额是指在一定时间、地点和具体的生产技术组织条件下，为保证连续、有节奏地均衡生产，以实物计算的在生产过程各个阶段必须保持的在制品数量。根据大量大批生产类型企业的实际，在制品按存放地点分类，可分为车间在制品、流水线在制品和车间之间在制品、流水线之间在制品；按在制品的性质和用途划分，可分为工艺在制品、运输在制品、流动在制品和保险在制品。在制品占用量的构成，如图 5-1 所示。大量流水生产在制品定额，就是按图 5-1 分别确定、综合而成的。

（2）流水线标准工作指示图表

因为流水生产是较稳定的生产，按照生产节拍或看管期重复进行生产活动，所以流水线可以根据节拍和工序单件时间的长短，计算每道工序的工作地数目和每个工作地的负荷，并根据实际采用的工作地数目和负荷，在考虑到多机床看管和工序兼作的情况下，确定每道工序应配备的工人。上述情况决定了可以为流水线编制标准计划，绘制标准工作指示图表（图 5-2）。当生产比较稳定或变化不大时，这种计划或图表就可以作为流水线的工作班作业计划。

在制品占用量按存放地点分
- 车间或流水线在制品占用量
  - 工艺占用量
  - 运输占用量
  - 工序间流动占用量
  - 保险储备量
- 车间或流水线之间库存占用量
  - 库存流动占用量
  - 车间之间运输占用量
  - 库存保险储备量

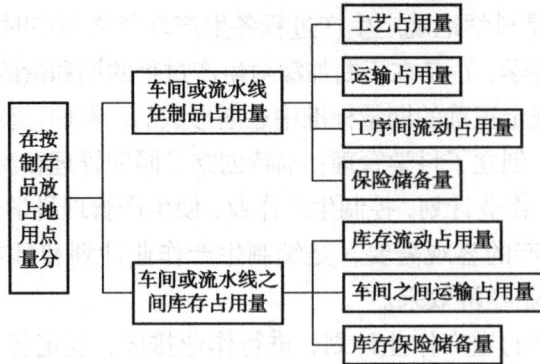

图 5-1　在制品占用量的构成

流水线特点	小时									一班共计		
	1	2	3	4		5	6	7	8	间断次数	间断时间（分钟）	工作时间（分钟）
装配简单制品					中午休息					2	20	460
装配复杂制品										3	30	450
机械加工（使用耐用期长的工具）										4	40	440
机械加工（使用耐用期短的工具）										6	60	420
焊接、热处理等过程										6	60	420

注：□工作时间 ■间断时间

图 5-2　连续流水线标准工作指示图表

　　流水线标准工作指示图表，按连续流水线和间断流水线分别进行编制。连续流水线的标准工作指示图表的编制比较简单。因为它的生产对象品种单一，各道工序的生产效率比较协调，工作稳定，对流水线只要规定工作和中断的时间与程序就可以了，至于工作制度则可以根据流水线的工作特点及所需的休息与中断时间加以确定。间断流水线由于各工序节拍与流水线节拍不同步，各道工序的生产率不协调，要用看管周期流动在制品占用量来平衡工序间生产率。因此，间断流水线的标准工作指示图表，要分工序、工作地规定工作时间和程序，使每个操作者的负荷均衡，还要规定看管周期工序之间的在制品占用量定额。

2. 大量大批生产类型企业厂级生产作业计划编制方法

在大量大批生产类型企业中，编制厂级生产作业计划，安排车间的生产任务时，由于企业的生产特点不同，编制计划的方法也不同。对于产品结构比较简单、生产过程属于对原材料进行连续加工的企业，如冶金、纺织、化工等企业，只要根据生产计划规定的最后出产的产品数量，按照反工艺顺序，依次计算各先行车间的外销量、损耗量、库存差额，就可以确定各个车间的投入量和出产量。

但是，在产品结构比较复杂的加工装配型企业中，情况就比较复杂了。不同专业化的车间，其作业计划编制方法也不同。如果是对象专业化车间，每个车间分别独立完成一定产品的全部（或大部分）生产过程，各个车间平行地完成相同或不相同的产品的生产任务。在这种情况下，编制厂级的生产作业计划，可采用直接分配法。这种方法，只要把计划期企业的生产任务按照车间分工、生产能力的负荷及各种生产条件的准备情况，直接分配给各个车间就可以了。

如果是工艺专业化车间，各车间是依次加工半成品的关系。这时，确定各车间的生产作业计划，就要按反工艺顺序，在各个车间之间进行衔接平衡。

在大量大批生产类型企业中，一般采用在制品定额法、平衡线法和订货点法来确定各个车间的生产作业计划任务。

（1）在制品定额法

在大量大批生产类型企业中，生产任务、工艺技术比较稳定，产品品种单一，产量又比较大，各生产环节之间的分工和协作关系比较稳定，各生产环节所占用的在制品数量也比较稳定。在规定车间任务时，不用考虑品种，应根据在制品定额增减变化来确定，也就是按照在制品数量经常保持在定额水平上的要求，计算各生产环节的投入量和出产量的任务，保证生产过程协调地进行。作业计划的重点是安排产量。

在制品定额法，是指根据企业预先制定的在制品定额（包括半成品定额），本着使在制品数量经常保持在定额水平上的原则，从最后车间（装配车间）开始，按照反工艺顺序，采用连锁计算法，依次计算各个车间的投入量和出产量任务的方法。具体计算公式如下：

$$\frac{某车间}{投入量} = \frac{本车间}{出产量} + \frac{本车间废品}{损耗数量} + \left(\frac{本车间期末}{在制品定额} - \frac{本车间期初}{在制品预计数量}\right)$$

这是由于某一车间的投入量和出产量的差别，是由本车间在制品变化量和废品损耗量决定的。

$$\frac{某车间的}{出产量} = \frac{后一车间}{的投入量} + \frac{本车间的产品}{外售量} + \left(\frac{本车间期末库存}{半成品定额} - \frac{本车间期初库存}{半成品预计数量}\right)$$

这是由于某一车间出产量和后一车间投入量的差别，取决于中间仓库半成品变化量和本车间半成品外售量。

上式中的装配车间出产量与各车间的半成品外销量，是根据生产计划任务确定的；

车间计划废品量是按计划规定的废品率计算的；计划期初库存半成品预计数和期初车间内在制品预计数，一般是用编制计划时的账面结存数量加上到计划期初预计发生的数量确定的。在计划期开始时，再根据实际盘点的统计数字加以修正。用在制品定额法编制厂级作业计划的实例，见表 5-1。

表 5-1　用在制品定额法编制厂级作业计划的实例

产品名称			130 汽车		
产品装配出产量			1000 台		
零件编号			130-1011	130-1012	…
零件名称			齿轮	凸轮轴	…
每台件数			4	1	…
装配车间	1	按装配出产量计算的零部件需要量	4000	1000	…
	2	废品及损耗	—	—	…
	3	在制品定额	500	100	…
	4	期初预计在制品结存量	350	60	…
	5	投入量	4150	1040	…
零件库	6	半成品外销量	400	0	…
	7	库存半成品定额	600	80	…
	8	期初预计结存量	500	100	…
加工车间	9	出产量（5+6+7-8）	4650	1020	…
	10	废品及损耗	100	100	…
	11	在制品定额	450	180	…
	12	期初预计在制品结存量	300	60	…
	13	投入量（9+10+11-12）	4900	1150	…
毛坯库	14	半成品外销量	200	—	…
	15	库存半成品定额	1000	200	…
	16	期初预计结存量	1000	300	…
毛坯车间	17	出产量（13+14+15-16）	5100	1050	…
	18	废品及损耗	20	10	…
	19	在制品定额	250	40	…
	20	废品及损耗	150	40	…
	21	投入量（17+18+19-20）	5220	1060	…

（2）平衡线法

平衡线法是采用平衡线的形式安排产品生产进度计划与作业控制的一种方法。具体地说，是按照合同规定的交货日期和生产数量要求，通过绘制平衡线图表，使生产过程各个环节各个时期内的在制品与出产进度保持平衡，并据以检查和控制生产进度，保证如期地陆续输出产品。平衡线法较适用于同一产品重复生产、一次订货、分期交货、合同期限较短的工业产品订货生产项目。运用平衡线法必须具备两个基本要素，即产品交货期限、数量的要求，以及生产各阶段的顺序和所需时间。

平衡线法的应用主要是采用图解方式来进行的，即通过绘制产品生产周期图、计划交货期图和任务完成情况检查图等来分析各生产环节实际进度和计划进度的差异，以便采取改进措施，使生产过程按预定目标完成。

在绘制产品生产周期图时，应根据某种产品各零件加工、部件组装和产品总装的生产程序，按整个产品生产程序的反工艺顺序，确定每个生产环节的加工周期，如图 5-3 所示。

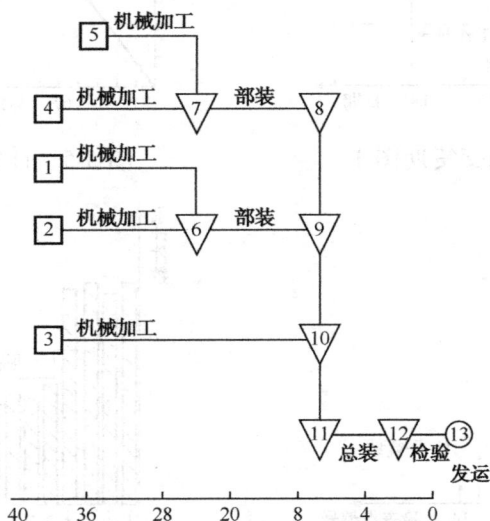

图 5-3　产品生产周期图

在图 5-3 中内部标有数字的正方形、三角形和圆圈均为检查点。通过检查点来反映和控制原材料、在制品和半成品的投入与出产日期。如第 4 点上原材料的投入，必须比产品发运日期提前 36 个工作日。图 5-3 中的工艺工作日数是按实际工作日数计算的。在绘制计划交货期图（也称目标曲线图）时，应根据该产品订货合同规定的生产目标（即各期的计划交货数量和计划累计交货数量）进行绘制，如图 5-4 所示。

图 5-4 中的横坐标表示交货日期，纵坐标表示累计交货数量，斜线反映一定日期的计划累计交货数量。当整批产品是均衡地逐件交货时，结果为一根直线，如图 5-4 所示。若合同规定产品分期交货的各次数量不同，则结果为分段折线，如图 5-5 所示。

在绘制任务完成情况检查图（也称生产检查图）时，应根据产品的计划和实际累计交货数量，以及设置的检查点来绘制，如图 5-6、图 5-7 所示。

图 5-6 中，横坐标表示检查点编号，纵坐标表示计划与实际的累计交货数量。任务完成情况检查图应与计划交货期图配合使用，它们的纵坐标尺度必须一致。

如图 5-4 所示，6 月 1 日为检查期。对交货数量进行检查，应先从最后的检查点（即成品交付点）算起，也就是应从计划交货期图上的 A 点向右画一条平行于横坐标的虚线，

129

在任务完成情况检查图中的第 13 个检查点上方的平行虚线上，画一段较粗的水平直线，用 A' 表示。

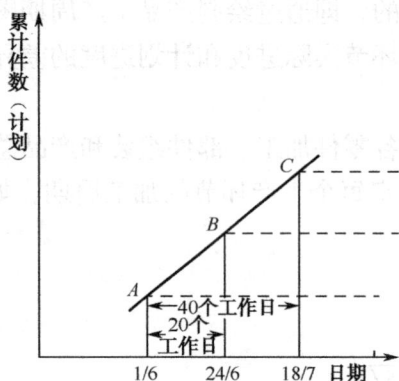

图 5-4　计划交货期图 1

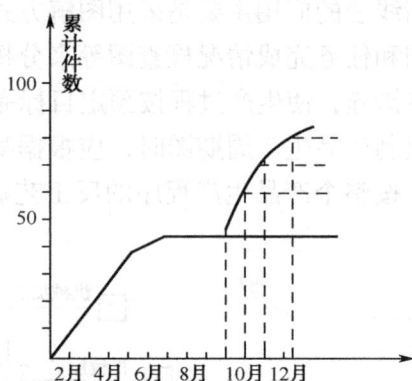

图 5-5　计划交货期图 2

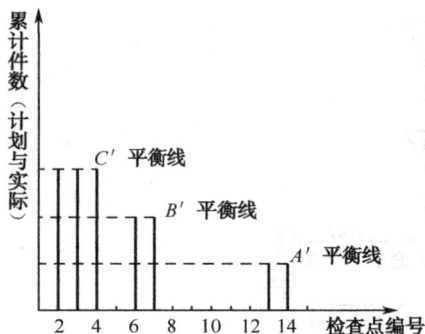

图 5-6　任务完成情况检查图 1

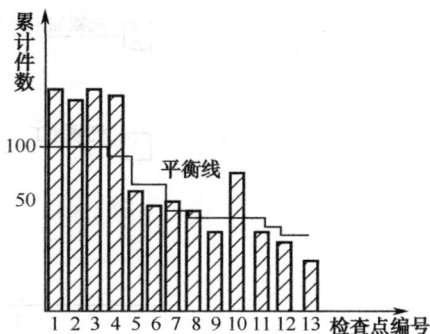

图 5-7　任务完成情况检查图 2

A' 线段表明 6 月 1 日第 13 个检查点上计划规定的累计交货件数。而其他检查点在 6 月 1 日应交出的累计件数，则应根据各个检查点比产品发运日期提前的日数来确定。如对第 7 个检查点的计划完成累计件数进行检查，要从生产周期图上查出第 7 个检查点的出产提前期为 20 个工作日，再在 6 月 1 日这一基础上加上 20 个工作日和这段时间内的例假日，应为 6 月 24 日。然后从计划交货期图上找出 B 点，经 B 点向右画一条平行于横坐标的虚线，在图 5-6 中第 7 个检查点上方画一条较粗的水平直线，用 B' 线段表示。B' 线段则表示在 6 月 1 日进行检查时，第 7 个检查点应完成的计划累计数。只有达到这个数字，才能使订货项目按合同规定在 20 天内连续地如期交货。第 1、2、3 个检查点的提前期都是 40 个工作日，便可在图 5-4 中找出 C 点后，用同样的方法在图 5-6 中画出 C' 水平线，它表示在 6 月 1 日这一天，这 3 个检查点为保证后面各生产环节如期完成，应投入的计划累计件数。在每个检查点上都画出像 A'、B'、C' 的水平线，把各段水平线相连，就可画出一条阶梯形的折线，即为平衡线。同时，在检查日（本例为 6 月 1 日）这一天，还应对每个检查点上的实际完成累计数进行统计，并用较粗的垂直线段表示在任务完成情况检查图上，如图 5-7 所示。由于图 5-6 主要用来说明平衡线的画法，故没有完整地画出这些粗线条。从图 5-7 中可以看出，凡是低于平衡线的检查点，其实际生产件数均落后于预定计划。由此可知，应对第 5、6、9、11、12 和 13 个检查点加强生产过程管理，分析问题，查明原因，及时采取措施，保持按计划进度的生产节奏，实现生产的预定目标。

由此可见，平衡线法不仅是编制生产作业计划的一种方法，还是生产作业控制的一种有效方法。

（3）订货点法

订货点法就是按照某种零件的仓库储备量定额来确定计划任务及投入、出产时间。它适用于规定标准件和通用件车间的生产任务。全厂各个时期对标准件和通用件的需要量很不稳定，并且标准件一般价值不大，加工劳动量也很小。因此，为了提高劳动生产率，厂部按一个合理的批量规定标准件车间的生产任务，一次集中生产一批，等库存储备量下降到订货点时再提出下一批的生产任务。所谓订货点是指应该提出订货时的零件储备量。确定订货点的公式如下：

$$订货点=平均每月需要量×订货周期+保险储备量$$

式中，订货周期是指从提出订货到零件生产出来入库的时间间隔。订货点示意图如图 5-8 所示。

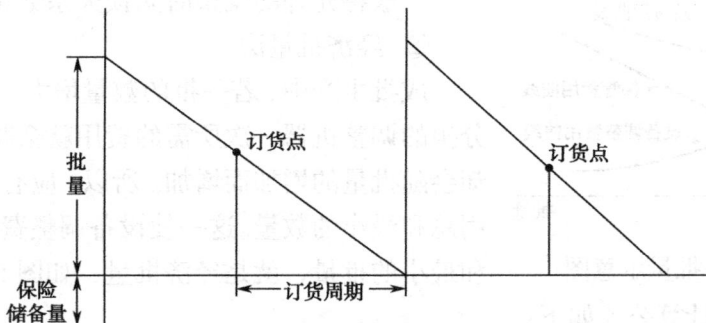

图 5-8　订货点示意图

5.1.3　成批生产类型的生产作业计划

1．制定期量标准

成批生产类型企业的特点是成批轮番进行多种产品的生产。生产作业计划所要解决的主要矛盾是如何搭配品种，安排成批轮番生产，使生产有节奏、均衡地进行。成批生产类型企业的期量标准主要有批量、生产间隔期、生产提前期、生产周期、在制品定额等。这里仅介绍对编制成批生产作业计划影响较大的前三个期量标准。

（1）批量

批量是指每批制品的数量，或者一次投入或出产的一批相同制品的数量。相同制品指在结构、加工方法上完全相同的制品。

在成批生产的企业里，为了及时地满足订货单位对各种产品的需要和提高劳动生产率，每一种产品都是分成几批，一批一批地制造出来的，而且在一批生产完毕以后，要间隔一定的时间再生产下一批。

在年计划产量任务已定的情况下，适当加大批量有利于减少设备调整次数，使平均单位产品的调整费用相应减少，有利于提高工人技术熟练程度，提高劳动生产率和设备利用率，使成本降低，简化计划工作和管理工作。但批量过大就会造成在制品、半成品数量增加，延长生产周期，占用较多的流动资金和生产面积，使仓库面积和保管费用增多，成本增加。所以，企业要确定适宜的批量，使设备调整费用与保管费用的总和最小。

确定批量的方法有以下几种。

① 最小批量法。

这种方法根据允许的调整时间损失系数来确定批量。所谓允许的调整时间损失系数，就是使设备调整时间损失对加工时间的比值不超过允许的数值。最小批量的计算公式如下：

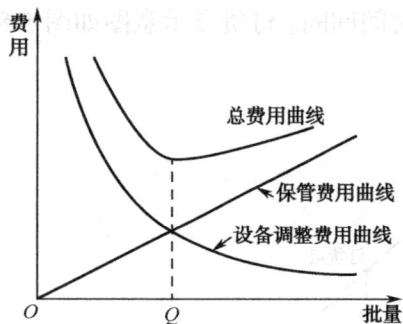

图 5-9　经济批量示意图

$$最小批量=\frac{设备调整时间}{损失系数\times 单位加工时间}$$

一般将允许的调整时间损失系数定为 0.05。

② 经济批量法。

成批生产中，若一批的数量增大，每单位产品所应分担的调整机器一次所需的费用就会减少，但存货费用却会随批量的增加而增加。所以，应有一个可使两种费用总和最小的数量。这一使设备调整费用和保管费用之和最小的批量，就是经济批量，如图 5-9 所示。

经济批量的计算公式如下：

$$年设备调整费用=A\frac{N}{Q}$$

$$年库存保管费用=\frac{Q}{2}Ci$$

$$Y=A\frac{N}{Q}+\frac{Q}{2}Ci$$

式中，N——年计划产量；

　　　A——每次设备调整费用；

　　　Q——经济批量；

　　　C——产品单位成本；

　　　i——年保管费率；

　　　Y——总费用。

对批量 Q 求导，并令 $\mathrm{d}Y/\mathrm{d}Q=0$ 时，Y 值最小，即

$$A\left(-\frac{N}{Q^2}\right)+\frac{1}{2}Ci=0$$

$$Q=\sqrt{\frac{2NA}{Ci}}$$

经济批量公式既具有科学性，又具有局限性。应用经济批量是有条件的，不能到处生搬硬套，要因地制宜，创造条件正确地加以运用。比如，要对每次订货费用、保管费用率、年计划产量进行准确预测，确保需求量（消耗量）平稳等。

③ 以期定量法。

以期定量法是根据标准的生产间隔期来确定批量的一种方法。这种方法是先确定生产间隔期，然后根据公式：批量=生产间隔期×平均日产量，计算出批量。当生产任务变动时，生产间隔期不变，调整批量即可。

④ 经验批量法。

这是一种粗略的计算方法。它是根据企业历年的统计资料，确定一个批量系数，把全年的计划产量乘以这个系数即得批量，即经验批量=全年计划产量×批量系数。一般在大批生产时批量系数为 0.05，小批生产时为 0.02。

为了简化生产管理和适应其他生产条件，在最后确定标准的批量时，除应按上述 4 种方法计算之外，还要根据其他一些因素进行必要的调整。需要考虑的因素主要有：

● 各车间之间批量要相互协调，同种产品在前后两车间的批量应相等或互成倍数；
● 批量与工作地轮班产量相等或成倍比关系，也就是批量应尽量不少于各道主要工序一个班的产量，最少也不应少于半个班的产量；
● 批量应尽量与工装一次装卡数相适应；
● 应考虑到生产面积是否与批量相适应等。

（2）生产间隔期

生产间隔期，又叫生产重复期或投入、出产间隔期。它是前后两批相同产品（或零件）。投入或出产之间相隔的时间。投入相隔的时间为投入间隔期，出产相隔的时间为出产间隔期。

确定生产间隔期可以采用以量定期法。以量定期法是先确定初步批量，然后根据生产任务和批量确定生产间隔期。当生产任务变化时，可调整生产间隔期，而批量固定不变。

在实际工作中确定生产间隔期时，首先要确定各种产品在装配车间的生产间隔期。根据每种产品的全年计划产量、单位产品价值、产品的生产周期、产品的体积和企业的生产面积、生产组织形式、生产稳定程度等因素，把各种产品的装配生产间隔期规定为 1 日、1/3 月、1/2 月、1 月、1 季等几种。其次，确定每种产品的零部件和毛坯的生产间隔期。根据单位零部件和毛坯的价值、体积、工艺技术的复杂程度、生产周期等，把零部件和毛坯分成若干类后，对每类零部件和毛坯分别确定生产间隔期，比如 1 日、1/3 月、1/2 月、1 月、1 季等。一般而言，在确定产品（或零部件、毛坯）的生产间隔期时，凡是价值大、体积大、生产周期长、工艺技术复杂的产品（或零部件、毛坯），生产间隔期可短一些；反之，可长一些。各类零部件、毛坯在各车间的生产间隔期，应与该种产品的装配生产间隔期相等或成简单倍数的关系。

（3）生产提前期

生产提前期是指产品（毛坯、零件组、零件、部件）在各个生产环节出产或投入的日期，比最后成品出产提前的日数，即投入提前期和出产提前期。正确制定生产提前期，对于各生产环节的生产活动在时间上紧密衔接，缩短生产周期，减少在制品占用量，提高企业生产活动的经济效果，有重要作用。制定生产提前期分以下两种情况。

① 在前后工序车间生产批量相等的情况下，生产提前期的制定

计算公式如下：

$$车间投入提前期=本车间出产提前期+本车间生产周期$$

$$车间出产提前期=后车间投入提前期+保险期$$

提前期的计算是按与工艺过程相反的顺序进行的。因为装配车间出产的时间也就是成品出产的时间，所以装配车间的出产提前期为零。然后根据装配车间的生产周期计算装配车间的投入提前期，根据装配车间的投入提前期和半成品库的保险期计算机械加工车间的出产提前期，依此类推，一直计算到毛坯车间的投入提前期。提前期示意图如图 5-10 所示。

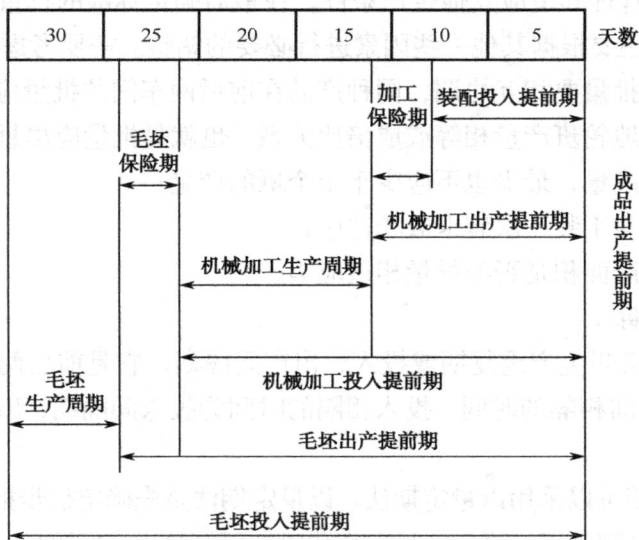

图 5-10 提前期示意图

② 在前后工序车间生产批量不等的情况下，生产提前期的制定。

如果前后两个车间批量或生产间隔期不等，即前一车间为后一车间的倍数时，各车间投入提前期计算公式与第一种情况相同，即某车间投入提前期等于该车间出产提前期与该车间生产周期之和。但是计算出产提前期就不同了，因为前工序车间出产一批就可以供给后工序车间若干批投入之用。这时出产提前期应比第一种情况下计算的出产提前期更长一些。多出的时间就是前后车间批量不等而增加的时间，等于前车间生产间隔期与后车间生产间隔期之差，即大生产间隔期减小生产间隔期。因此，计算出产提前期的公式如下：

车间出产提前期=后车间投入提前期+保险期+本车间生产间隔期-后车间生产间隔期

2. 成批生产类型企业厂级生产作业计划编制方法

成批生产类型企业的特点是成批轮番地生产多种产品，产品品种变化大，在制品不稳定，不能用在制品定额法，但是每种产品投入、出产的批量、生产周期、提前期是稳定的，所以可以用提前期定额来确定各车间生产任务。而且这类企业生产作业计划要同时确定品种、产量、投入、出产期限等。成批生产类型企业厂级生产作业计划编制方法有提前期法、耗尽时间法和 MRP 法。

（1）提前期法

提前期法又叫累计编号法，是根据计划期要生产的各种产品总的生产任务、提前期和装配车间的平均日产量，把预先制定的提前期转化为提前量，以累计号的形式，给各个车间规定各种产品的投入、出产任务的方法。

采用累计编号法编制分车间生产作业计划，对生产的产品必须实行累计编号。所谓累计编号，是指从年初或从开始生产这种产品起，依成品出产的先后顺序，为每一件产品编上一个累计号码。由于成品出产号是按反工艺顺序排列编码的，因此，从同一时间各车间生产某种产品的累计号数的关系看，各车间不会同时生产同一编号的产品，而是越接近装配车间，累计号数越小；越接近开始阶段的车间，所生产的产品的累计号数越大。产品在某一生产环节上的累计号数，同成品出产累计号数相比，相差的号数叫提前量。提前量的大小同产品的提前期成正比例。它们之间的关系可以用以下公式来表示：

$$提前量=提前期×平均日产量$$

这里根据预先制定的提前期来计算各生产环节的提前量，以保证各车间之间在生产数量上的衔接。

用累计编号法确定各车间生产作业计划任务的步骤如下。

首先，计算装配车间成品的出产累计号数。计算公式如下：

$$成品出产累计号数=上期期末成品出产累计号数+计划期计划产量$$

其次，计算产品在各车间计划期末应达到的出产和投入累计号数。计算公式如下：

某车间出产累计号数=成品出产累计号数+该车间出产提前期定额×成品的平均日产量

某车间投入累计号数=成品出产累计号数+该车间投入提前期定额×成品的平均日产量

有了计划期应达到的出产和投入的累计号数，就可以作为计划任务的形式直接下达给各个车间。如果还要知道各车间计划期投入、出产任务的绝对数，可用以下公式计算：

$$\begin{matrix} 计划期某车间 \\ 出产（或投入）量 \end{matrix} = \begin{matrix} 计划期末出产 \\ （或投入）的累计号数 \end{matrix} - \begin{matrix} 计算期初已出产 \\ （或投入）的累计号数 \end{matrix}$$

最后，如果是严格地按照批量进行生产，对计算出的各车间出产量和投入量，还应按各种零件的生产批量进行修正，使车间出产（或投入）的数量和批量相等或成批量的倍数关系。

提前期法的特点是有提前定额，以累计号数规定任务，提前期与提前量是统一的，也就是说累计号数体现了期与量的统一要求。

提前期法的优点是，可以保证各车间出产和投入的品种、数量和期限相互衔接；缩短编制作业计划的时间，便于计划及时编制、及时下达；保证生产的成套性，节约原材料。

（2）耗尽时间法

耗尽时间法可用来确定使用同种设备的一组产品的生产时间。耗尽时间是指已安排的产品生产时间（台时），加上库存中已有的产品（台时）足以满足对这项产品的需求（台时）。这种方法的基本目标是平衡生产能力的利用，以达到所有产品耗尽时间都是相等的。因而在这组产品生产上所作出的努力是均衡的，而不是只集中注意几种产品而忽视了其他产品。

这种方法的步骤见表 5-2 和表 5-3。计划生产 6 种产品，在一周中可用来安排的台时数为 96.5。通过计算，累计的耗尽时间为 2.72 周，将其用于表 5-3 的 2.1 栏中，以确定本周末的必要库存量。在这里，假定每种产品都要求达到 2.72 周的耗尽时间。2.3 栏表明为了达到这一存储要求而必须安排的产量。

表 5-2 耗尽时间计算

产品名称	期初实有库存（件）(1.1)	生产时间（台时/件）(1.2)	预计耗用（件）(1.3)	以台时表示的实有库存(1.4)=(1.1)×(1.2)	预计每周耗用（台时）1.5=1.2×1.3
甲	125	0.2	60	25.00	12.00
乙	250	0.08	85	20.00	6.80
丙	75	0.5	30	37.50	15.00
丁	300	0.09	96	27.00	8.64
戊	239	0.15	78	35.85	11.70
己	98	0.7	42	68.60	29.40
合计				213.95	83.54

表 5-3 达到要求的耗尽时间所必需的作业进度安排

产品名称	期末计划库存(2.1)=(1.3)×2.72	产品总需要量(2.2)=(1.3)+(2.1)	计划产量（件）(2.3)=(2.2)+(1.1)	以台时表示的产量(2.4)=(2.3)×(1.2)
甲	163	223	98	19.6
乙	231	316	66	5.3
丙	82	112	37	18.5
丁	261	357	57	5.0
戊	212	290	51	7.7
己	114	156	58	40.6
合计				96.5

$$累计耗尽时间=\left(以台时表示的实用库存量累计+可利用台时-预计每周耗用量累计台时\right)/预计每周耗用量累计台时$$
$$=(213.95+96.5-83.54)÷83.54=2.72（周）$$

目标是确定每种产品的耗尽时间（如甲已安排的产量 98 加上实用库存数 125，能满足本项产品需求量 223），然后安排生产作业计划，从具有最短的耗尽时间的产品开始，直到 96.5 台时全部排足。这些耗尽时间是以库存数加生产数被预计周耗用量除而确定的，如甲产品耗尽时间为 125÷60=2.08 周。96.5 台时将依次分配给耗尽时间最短的甲、乙、丙产品。如果按相应批量生产这三种产品总共需要 102 台时（已知甲 18 台时、乙 49 台时、丙 35 台时），由于本期只有 96.5 台时可供安排，因此对丙产品所缺的 5.5 台时将在下期进行安排。

（3）MRP 法

MRP 法是运用 MRP 系统和电子计算机编制厂级生产作业计划的一种方法，MRP 法在本书有关章节中有详细论述。

厂级生产作业计划编制完成后，还要编制各车间内部作业计划，其原理同厂级生产作业计划，这里从略。

5.1.4 单件小批生产类型的生产作业计划

1. 制定期量标准

单件小批生产的特点是产品品种繁多，每种产品生产数量少，一般是根据用户要求按订货组织生产的。编制生产作业计划，主要是使每种产品在各车间的投入、出产在时间上相互衔接，并保证按订货要求的交货期准时交货。

单件小批生产类型企业的期量标准，主要有产品生产周期、各项订货的交货日期、提前期等。其中产品生产周期表是单件小批生产最基本的期量标准。它规定了各工艺阶段的生产周期及其相互衔接关系、提前期类别等内容。

某产品生产周期表，见表 5-4。

表 5-4 某产品生产周期表

工艺阶段	阶段周期（天）	阶段生产周期及提前期（天）					
		180	150	120	90	60	30
铸造	30						
毛坯库	5						
油漆	20						
毛坯库	5						
冷作	60						
加工	60						
齿轮加工	60						
六角件加工	60						
零件库	10						
装配	43						
油漆	5						
包装	2						
合计	180	←———————— 产品生产周期 ————————→					

产品生产周期表是在各工艺阶段生产周期基础上，根据毛坯制造、机械加工、装配等工艺阶段的衔接配合关系，按工艺过程反顺序绘制的。

2. 单件小批生产类型企业厂级生产作业计划的编制方法

由于单件小批生产类型企业生产产品的品种、数量、时间都不稳定，属于一次性生产，因此，不能采用在制品定额法和累计编号法编制生产作业计划。单件小批生产安排生产作业计划的重点是产品在各生产环节之间的衔接，保证成品按期交货。编制生产作业计划的方法，一般有生产周期法、订货单法和网络计划技术。

（1）生产周期法

生产周期法是根据各项订货单的交货日期及预先制定的产品生产周期表，规定各车间的生产任务。

用生产周期法编制生产作业计划的步骤如下。

① 制定代表产品的复杂生产周期。把多种产品进行分类，在同类产品中选出代表产品，并制定代表产品的复杂生产周期，作为标准或定额。

② 编制每项订货的具体生产周期表，见表 5-4。该表是根据代表产品的生产周期标准编制的，用以规定各车间的生产任务。

③ 编制订货生产说明书。根据合同规定的交货期限，以及该产品的生产周期表，为每一项订货编制一份订货生产说明书，它规定了该产品（或产品的各成套部件）在各车间投入和出产的时间。订货生产说明书，见表 5-5。

表 5-5 订货生产说明书

订货编号	交货日期	成套部件编号	工艺路线	投入期	出产期
302	3 月 31 日	124	铸造车间	1 月 20 日	2 月 15 日
			机械车间	2 月 25 日	3 月 10 日
			装配车间	3 月 15 日	—
		125	铸造车间	1 月 15 日	2 月 5 日
			机械车间	2 月 10 日	3 月 5 日
			装配车间	3 月 10 日	—
……	……	……	……	……	……

④ 根据订货生产说明书，编制全厂综合月度作业计划，确定车间生产任务。在编制车间作业计划时，把计划月份应该投入和出产的部分按车间归类，并把各项订货的任务汇总起来，与该车间生产能力平衡，这就是计划月份各车间的投入、出产任务。

（2）订货单法

订货单法，又称以销定产法，是按已接订货单和预计订货单来安排生产任务的方法。它适用于产品生产周期短（几个小时或几天）、品种多、客户要货急、数量少的生产企业。在市场供求平衡或供过于求的情况下，市场竞争激烈，客户处于中心地位，拥有主动权。客户往往什么时候需要，什么时候才来电或发出订单，而且数量少、品种多、交货期短。订货单法强调计划是销售的后勤，满足销售的需要，以销定产；无销售的生产是无效的生产，销不出的产品是无效的产品。因此，订货单法一般以年度生产计划作为奋斗目标，以月度计划作为近期目标，着重编制旬（周）生产作业计划。编制计划的主要根据是已经接到的订单、销售人员每天向客户巡访反馈的当旬（周）需求信息、上月销售情况、上年同期销售情况、当前库存和生产能力。厂部根据订单要求、销售动态和库存，分品种编制旬（周）计划任务，分配给各有关车间，各车间依次编制本车间的作业计划。为了降低单位产品的成本和费用，减少流动资金占用，合理组织生产，提高产销率，在编制作业计划时，可以采用 ABC 分类管理法。

（3）网络计划技术

利用网络计划技术编制生产作业计划，将在 5.1.6 节中介绍。

单件小批生产类型企业车间内部生产作业计划的编制，重点是对主要零件、主要工种安排计划，用以指导生产过程各工序之间的衔接。其余零件可根据产品生产周期表中规定的各工艺阶段的提前期类别，或按厂级计划规定的具体日期，以旬或周为单位，规定投入和出产时间。在日常生产中，只要主要零件和主要设备能按计划进行生产，其余零件能按配套需要的先后次序和投入提前期及时投入，并加强日常调度，即可保证计划的实现。

5.1.5　标准化服务作业计划

标准化服务作业计划，是以设施来定位，而不是针对特定的顾客需要。运输行业就是这种情况，它的到站或离站时刻表，就是一种作业计划。对这种计划至少在理论上是必须严格执行的，而且很少具有满足任何个别顾客的要求的机动灵活性。在为机关和学校成员提供的伙食服务，以及政府部门提供的如邮递、街道修建、清除垃圾等服务中也有类似的非机动性。

下面以校车及航空线作业计划为例，说明服务系统作业计划的编制。这里考察两种不同的运输问题，而这两者又是公众极为关心的。

1. 校车作业计划

校车作业计划的总目标是使路线的数目最少，单位里程费用最低，没有超载的车辆，并保持每班运行时间不超过某种可接受的水平。安吉尔（Angel）和其他人对解决这种问题提出了一种分两步进行的方法。第一步是收集有关学生（等级程度、地址及学校）的资料，并将学生分到各搭车点。从地图上查得各停车站之间的距离，并算出运行时间，再应用数学规划算法求得各成对的停车站之间的最短路程，还要取得车辆的数量和容量、以分钟表示的最大路程时间、每个学生的上车（装载）时间以及每个车站允许的额外时间。第二步是实际安排作业计划。基本上是用数学规划程序，使各成对的停车站能以最短的时间和运行距离相组合。作业计划的输出标明了各停车站的学生数、车辆到达时间、装载时间、行驶速度、学生总数、停车站总数和行驶里程。

2．航空线作业计划

运输行业中的航空部分遇到的是一种最复杂的标准化服务情况。航空线作业计划基本上是排出单线航程，并对此指定特定的飞机飞行路线。由于飞机的飞行时间、加油时间、维护时间等都是可变的，飞机的起飞和到达经常无法准时，除非允许时间大大超过这些活动所需的平均时间。

航空线中遇到的作业计划问题还会超出设备本身的范围。例如，空勤人员的进度安排就是一个大问题。由于驾驶员的工资很高，因而对经理来说必须使他们的飞行技术在每个月度都得到充分发挥。同样，也需要使乘务员的实际工作量与合同规定的工作量相符，并且避免空载返航，以减少航线上工作人员在运输途中因临时过夜留宿而支出的费用。

按照作业计划的特定技术，许多航空线上都正在使用计算机化的蒙特卡罗模拟模型作为安排其设备、人力和维修力量的基础。这些模型具有同时处理各有关因素（这些因素有飞机的容量及其可用性、维护要求、顾客需求、每次航程费用、空勤人员现有数）的能力，并可进行实时模拟以迅速做出有关进度的决策。例如，假设有一架飞机在运输途中由于临时需要小修理而着陆。作业计划系统注意到这点，并借助于模拟决定是否应调度另一架飞机去完成这一航程。做出这样的判断需要考虑进入这项决策（和模拟）的原有空勤人员如何处理（是继续航行，还是另行安排），后备飞机动用后对其他航程的影响，完成修复预计需要多少时间等。

对飞机起飞和着陆的作业计划也能够加以模拟，飞行控制人员使用示波管显像装置按实际存在的空中交通及气候条件评价不同的到达路线、跑道、盘旋形式。采用这些系统的先进技术能模拟飞机在空中和地面上的位置变化，并得到连续不断的图像显示。

5.1.6 网络计划技术

1．网络计划技术的由来

网络计划技术，又称计划评审技术，是一种利用网络理论来安排工程计划，求得最优的计划方案，并用它来组织和控制计划的执行，以达到预期目标的科学管理方法。

在管理控制中，除了要注意人、财、物等因素外，对于时间的控制也是极为重要的。因为没有期限的工作，是无从谈及效益和效率的。20世纪初，亨利·甘特提出了图表系统法，即甘特图表法。这种图表的概念很简单，它表明了生产计划中各项活动在时间上的相互关系，被称为管理方法上的革命。这种控制方法最主要的进步，是体现了"控制关键点"的原理。通过对甘特图原理的研究和发展，1957年，美国兰德公司和杜邦化学公司联合提出了关键路线法（CPM），用来计划和控制其下属化工厂的维修工作。例如，杜邦公司的路易维尔维修工程，通过应用CPM，使化工厂的维修停工时间从原计划的125小时减少到78小时，收益显著。差不多在同一时期，美国国防部批准的北极星核潜艇的研制计划（代号 FBM 系统）采用了网络计划技术，从而使研制周期缩短了两年。这引起了人们广泛的注意。到了 1966 年，网络技术又有了新的突破。美国在阿波罗登月空间系统的计算中提出了随机网络模拟技术（GERT），从而解决了阿波罗登月空间系统计算和安排问题。20世纪 60 年代初，我国开始应用网络计划技术，华罗庚教授专门撰写了名为《统筹法评话及补充》的小册子。近年来，网络计划技术在我国工业企业中得到了大面积的推广，效果显著。

网络计划技术适用于一次性的大规模工程项目，如开发宇宙空间、国防建设的重点项目、工业基地的大型项目、科研项目、新产品试制项目、成套设备维修和工厂维修项目，以及组织机构的调整。它既可以应用于全部工程的整体计划，也可以应用于部分工程的局部计划。工程规模越大、越复杂、项目越多，应用它就越有效。

2. 网络计划技术的基本原理

网络计划技术的基本原理是利用网络图表示一项计划任务的进度安排，并反映组成计划任务的各项活动之间的相互关系；把工程分解为工序，搞清上下工序关系；计算网络时间，确定关键工序和关键路线；利用时差不断优化，求得工期、资源与成本的综合优化方案；在计划的执行过程中，通过信息反馈进行监督、控制与调整，以保证预定计划目标的实现。

3. 运用网络计划技术编制计划和进行控制的步骤

（1）确定目标，进行调查研究

首先应确定什么任务应用网络计划技术，以及预期达到的目标。其中包括工期目标、资源的节约和费用降低值。要对完成的总任务及需要完成的各项任务、工作要求和该项工程所有的工序、参加人员、相互联系等，进行全面、充分、细致的了解和掌握，并进行深入分析。

（2）分解计划项目

应将整个计划任务根据工艺技术和组织管理的要求，划分为相对独立的活动（工序），做到分工明确，程序清楚，工作内容及职责范围具体。

（3）作业分析

确定活动之间的相互顺序和衔接关系，实际上就是确定作业活动的展开顺序，汇编成作业明细表，以建立网络的逻辑关系。

（4）绘制网络草图

网络计划技术最显著的特点，就是以网络图代替传统的线条图（甘特图），网络图是工程项目及其内在逻辑关系的综合反映，它的形状如网，所以叫网络图。通过网络图可以把一项工作的各方面关系，或一项工程的各项作业（工序）的前后衔接和联系反映出来，以便在统一目标的指导下，全面考虑、统筹安排。

网络图有两种基本类型，即箭线式网络图和结点式网络图。箭线式网络图以结点表示工作的开始与结束，以箭线表示活动；结点式网络图以结点表示活动，以箭线连接各项活动，并表明其先后顺序和相互关系。

箭线式网络图是由事项、活动和线路三个要素组成的。

① 事项（或称事件、节点、结点）分为始点、终点和中间事项。始点事项是网络图中左侧第一个事项。终点事项是网络图中右侧最后一个事项。中间事项表示网络图中前面（一个或若干个）工作的结束，又是后面（一个或若干个）工作的开始，或者说是两个或两个以上箭线的交点。事项用"○"表示。事项的特点是不消耗资源，也不占用时间，只是表示某项活动开始和结束的符号。事项在圆圈中要统一编号，顺序是由小到大、从左到右，有时为了便于调整计划可以采用非连续编号。

② 活动（又称工作、作业、工序），是指在特定的时间内完成的一项工作、一道工序、一个过程。活动的特点是需要消耗时间和资源。活动用箭线"→"表示，箭线所指的方向表示活动前进的方向。每项活动都有相应名称，一般用代号标在箭线上方。完成这些活动所需要的作业时间一般用字母 t_e 或时间值标在箭线下方。虚活动是指作业时间为零的活动，是不消耗资源的一种活动，它用虚箭线"-→"表示。它说明一项工作的开始，取决于另外一些工作的结束。网络图中的活动，依先后关系有先行作业、后续作业、平行作业之称。

③ 线路是指从始点事项沿箭线方向到终点事项，中间所经历的各条通道。一条线路上各工序的作业时间之和就是该线路所需要的作业时间或周期。其中时间最长的一条线路就是关键线路，位于关键线路上的工作称为关键工作。这些工作完成的快慢，直接影响整个工程的周期。关键线路通常用双线箭杆或粗线表示。

绘制网络图要根据一定的规则，按照其组成要素，用一定的方法来进行。一般有前进法、后退法、任意法三种。

（5）估算作业时间

作业时间是指在一定的技术组织条件下，完成一项工作或一道工序所需要的时间，也就是每项活动的延续时间。确定作业时间，有两种方法。

① 单一时间估计法。这种方法是指对各项活动的作业时间，只确定一个时间值。这个时间值是根据大多数人的经验估计的最大可能的作业时间。它适用于不可知因素较少、有经验可借鉴的情况，如零件装配等。

② 三种时间估计法。这种方法是根据概率论和数理统计的理论，先估计三个时间，然后再求最可能平均时间的方法。这三个时间是最乐观时间（a）、最保守时间（b）和最可能时间（m）。其计算公式如下：

$$作业时间=\frac{a+4m+b}{6}$$

（6）计算网络时间参数

① 结点时间的计算。

● 结点最早开始时间的计算。结点最早开始时间是指按计划施工后，从该结点开始的各工序相对于施工开始时间，最早可能开始工作的时间。计算结点最早开始时间的规则是从网络的起始结点开始，起始结点的最早开始时间为零，顺箭线方向，自左向右，用加法逐个结点计算，取多条线路中最大值，直至终点事项。结点最早开始时间在图上用"□"表示。网络中间结点最早开始时间的计算公式如下：

某结点的最早开始时间=前一事项的最早开始时间+前一结点到该结点的作业时间

- 结点最迟结束时间的计算。结点最迟结束时间是指以该结点结束的各工序最迟必须完工的时间，目的是保证后续工序按时开始，或整个工程按期完工。计算结点最迟结束时间时，从网络的终止结点开始，逆箭线方向，自右向左，用减法逐个结点计算，取多条线路中最小值，直至网络起始结点。结点最迟结束时间在图上用"△"表示。由于网络终止结点没有后续工序，所以，网络终止结点的最迟结束时间也就是它的最早开始时间。网络中间结点最迟结束时间的计算公式如下：

某结点的最迟结束时间=后一结点的最迟结束时间-该结点到后一结点的作业时间

② 工序时间的计算。

工序时间有 4 个，即工序的最早开始时间、最早结束时间、最迟开始时间和最迟结束时间。有了结点的时间参数，工序时间的计算就比较简单了。因为工序最早开始时间等于箭尾结点的最早开始时间，工序最迟结束时间等于箭头结点的最迟结束时间。这样只需要计算工序最早结束时间和工序最迟开始时间。

- 工序最早结束时间的计算。工序最早结束时间等于该工序最早开始时间加上该工序的作业时间。
- 工序最迟开始时间的计算。工序最迟开始时间等于该工序最迟结束时间减去该工序的作业时间。

计算工序时间的目的是了解各项活动在时间配合上是否合理，有无机动时间。

③ 时差的计算。

时差是指某道工序的机动时间或宽裕时间。如果某道工序可以在最早开始时间开工，又可以在最迟结束时间完工，这两个时间之差大于该工序的作业时间，就会产生时差。时差越大，机动时间越多，潜力就越大；时差越小，机动的余地就越小。时差可分为单时差、共用时差、总时差等。在实际工作中多采用工序的总时差，它是在不影响生产周期的前提下，各工序在最早开始与最迟结束这两个时间范围内的机动时间。工序总时差的计算公式如下：

工序总时差=工序最迟结束时间-工序最早开始时间-作业时间
=工序最迟开始时间-工序最早开始时间
=工序最迟结束时间-工序最早结束时间

④ 关键线路。

在网络图中，所有线路中最长的线路即是关键线路，关键线路的长短决定了整个工期的长短。关键线路的确定方法有三种。

- 最长线路法。从网络的起始结点顺箭线方向到终止结点，有许多条线路，把其中需要时间最长的线路作为关键线路。

- 时差法。先计算出各工序的总时差，将工序总时差为零的工序（即关键工序）用色线或粗线标出，即确定出该网络图的关键线路。
- 破圈法。从网络图的起始结点开始，顺着箭线方向找出由几个结点围成的圈，即由两条不同的线路形成的环。如果形成圈的两条线路的作业时间不等，可将其中作业时间较短的一条线路删除（或标上剪除记号），保留下来的是作业时间较长的一条线路。这样依次破圈，直至终止结点，最后留下来的就是关键线路。

掌握和控制关键线路是网络计划技术的精华。在关键线路上各工序的作业时间如果提前或者延迟一天，整个工期就会提前或延迟一天。因此，要缩短工期或生产周期，提高经济效益，就必须从缩短关键线路的延续时间入手。掌握了关键线路，就抓住了控制的重点，抓住了主要矛盾。

（7）网络图的综合平衡和选择最优方案

为了达到预定目标，要对网络图进行改进和优化，使之更加科学、更加实际。可以通过召开会议，用征求意见和征集合理化建议的方法，集中群众和各部门意见，分析研究和修改网络图，使网络图在可以预见的静态条件下达到比较完善的程度。

有了初步的网络计划，找到了关键线路，求出了完成整个工作任务的总时间，还没有结束。最优的网络计划应该是工期短、资源省和成本低的计划方案。为此，还要对网络计划进行优化处理。网络计划优化的内容，根据目标的不同，主要包括时间优化、时间—资源优化、时间—成本优化。

① 时间优化。

时间优化是指在人力、材料、设备和资金基本上有保证的条件下，寻求最短的生产周期。具体可以采用压缩关键线路上工序的作业时间；改变工序衔接关系，尽量组织平行作业；优先保证关键活动上的人力和物力，在非关键活动上挖掘潜力等方法。

② 时间—资源优化

时间—资源优化是指在一定的工期条件下通过平衡资源，求得工期与资源的最佳组合，达到既缩短时间、又节省资源的目的。这就必须从两个方面努力：一是在资源一定的条件下，尽量缩短生产周期；二是在工期一定的条件下，求得资源最省。在平衡资源时，要按每一工种、每一类物资、每一项设备进行具体的平衡，要求优先保证关键线路上的关键工序和时差较小的工序对资源的需要，做到合理地调配资源。必要时适当调整完工期限，或利用工序的时差，错开开工时间来平衡资源。

③ 时间—成本优化。

时间—成本优化是指所选择的方案不仅时间要短，而且成本要低，根据最低总成本寻求最佳周期。它分两种情况进行优化：一是在工期一定的条件下，求得最低成本；二是在成本既定的条件下寻求最短工期。

网络计划的优化，一般工作量较大，每次优化都要重新计算网络时间，重新确定关键线路，因此最好借助于电子计算机。

（8）编制正式网络计划，下达生产任务

将完善后的网络图作为正式网络计划，明确分工，衔接责任和完工日期，同时将每一项作业活动的技术标准和规范以图纸和文字的形式下达给有关部门和操作者，作为行动的准则。

4．网络计划技术的优缺点

（1）网络计划技术的优点

① 它迫使主管人员去作计划，因为如果不编制计划，不了解怎样把各项工作有机地结合起来，就不可能进行时间网络事项分析。

② 它促使主管人员把计划工作交付下去逐级完成，因为每一个层级的主管人员都必须对其所负责的工作作出计划。

③ 它把注意力集中于可能需要采取校正措施的那些关键问题上。

④ 它使前馈控制成为可能，因为如果主管人员不能把缩短将来一些行动措施的时间作为弥补手段，则一次延误就要影响后续各个项目，甚至整个工作。

⑤ 具有子系统的整个网络系统可使主管人员在恰当的时间针对组织机构中适当的职位管理层次提出报告，并为采取行动施加压力。

（2）网络计划技术的缺点

网络计划技术也存在某些局限性。由于作业时间的长短对于网络计划技术的运用关系重大，所以如果计划本身模糊不清，并对时间进度做出不合情理的"瞎估计"，这样的网络计划则可能没有用处。网络计划技术的主要缺点是它只强调时间因素而不强调费用因素，所以它只适用于注重时间因素的那些计划，以及那些时间因素与费用因素有密切、直接关系的规划。

必须指出网络计划技术不是灵丹妙药，虽然它推动了计划工作，但它并不等于计划工作；虽然它建立了一种重视和利用正确的控制原理和原则的环境，但它并不能使控制自动化。

5.2 生产作业控制

5.2.1 生产作业控制的内容和要求

1．生产作业控制的内容

生产作业控制是实现生产作业计划的重要保证。所谓生产作业控制，是指监督和检查生产作业计划执行情况，把结果与既定标准进行比较，发现偏差，分析产生偏差的原因，采取措施纠正偏差，从而保证生产作业计划的全面完成。它主要是在生产作业计划执行过程中，对有关产品（零部件）的数量和生产进度进行的控制。

生产作业控制的程序包括：确定生产作业控制的标准，检测执行结果并与标准进行比较，采取纠正偏差的措施。

生产作业控制的主要内容有：生产进度控制、"五品"控制、精益生产方式、现场管理等。

2. 生产作业控制的要求

为了搞好生产作业控制，确保生产任务的完成，生产作业控制工作必须遵照以下要求。

（1）计划性

计划性是指生产作业控制必须以生产作业计划为依据，生产作业控制的灵活性必须服从计划的原则性，要围绕完成生产作业计划任务来开展控制工作，以保证计划的全面完成为目的，以计划来指导生产。由于我国生产作业控制一般是由调度人员来执行的，因此，调度人员必须以严肃的态度对待作业计划。在执行计划过程中可能会遇到许多打乱计划的矛盾和困难，这时特别需要具有坚决完成计划任务的决心，克服困难，千方百计解决问题，保证计划的完成。

（2）统一性

统一性是指生产作业控制必须高度集中统一，实行统一指挥，要建立一个强有力的生产调度系统，给调度必要的权力，把调度的主要权力集中在厂部。各级调度机构是各级领导指挥生产的有力助手，在生产调度方面可以代表行政领导做一定的生产作业控制工作。各级调度部门根据同级领导人员的指示，按照作业计划和临时生产任务的要求，行使调度权力，发布命令。下一级生产单位和同级的职能部门必须坚决执行，即使有不同意见，也应在贯彻执行的同时请示、汇报、处理。各级领导应充分发挥调度部门的作用，注意从各方面来维护它们的职权。要统一，就要防止各行其是，要坚持三个"严格"，即严格坚持先重点后一般，严格执行调度会议决议，严格保证车间之间、工种之间的平衡。

（3）预见性

预见性是指生产作业控制要贯彻预防为主的原则。一切生产作业控制人员都应具有科学的预见性，对生产中可能或将要发生的问题，要及早采取措施，做到"防患于未然"。"凡事预则立，不预则废"。生产作业控制以预防为主，要及早发现问题，有预见性地提前安排，把生产中的矛盾和不平衡解决在萌芽状态，从而掌握生产的主动权。即使产生了矛盾和不平衡，由于有了科学的预见，也能迅速采取措施，及时加以解决，或缩小影响范围，使生产不受损失或少受损失。要以预防为主，抓好生产准备工作，防止不协调现象的发生。要做到"抓准备保生产"，"抓投入保出产"，"抓前保后"，"抓短保长"。

（4）及时性

及时性是指对生产作业计划执行过程中出现的问题，发现要快，查找原因要快，做出判断要快，采取措施要快，而且要督促有关方面迅速地解决问题，不要拖延、推托不管、回避矛盾或互相扯皮。

（5）准确性

准确性是指凭借可靠的数据处理问题，指挥要准确。要求生产作业控制人员加强调查研究，经常深入第一线，准确地掌握第一手资料，做到胸中有数，深入分析情况，抓住主要矛盾，抓住关键问题，即"情况熟悉，心中有数，抓住关键"。只有情况搞准，主要矛盾抓准，才能指挥准确。

（6）群众性

群众性指要把群众作为执行生产作业计划的主体，在执行作业计划、寻找问题、制定措施、突破关键的过程中，要依靠群众，发扬民主，虚心听取他人意见，同群众商量办事，群策群力，集思广益，协同一致地组织、协调、指挥生产。要做到交任务、交形势、交关键、交措施。

上述生产作业控制的要求，是我国生产作业控制工作实践的总结。遵循这些要求才能搞好生产作业控制工作。

5.2.2　生产进度控制

生产进度控制是生产作业控制的主要内容。它是指对从原材料投入生产到成品入库为止的全部生产过程进度所进行的控制，包括投入进度、产出进度、工序进度控制，从时间和数量两个方面进行控制。通过生产进度控制，可以采取有效措施，保证计划目标如期实现，保证生产的均衡性和稳定性。

1. 投入进度控制

投入进度控制是指控制产品（或零部件）投入的日期、数量、品种是否符合计划要求，同时也包括各生产环节、各种原材料、毛坯、零部件投入提前期和新增设备、人力、技术措施项目投入使用日期的控制。投入进度控制是一种预防性控制。其作用主要是控制投料，避免造成计划外生产和产品积压现象，保持在制品正常流转，保证投入的均衡性和成套性。投入进度的控制方法因企业生产类型不同而异。

大量大批生产投入进度，可以根据生产指令、投料单、投料进度表、投产日报等进行控制，或用投入产出日历进度表（轮班计划表）中的实际投入同计划投入进行比较来控制。累计进度也可用甘特图进行控制。

成批和单件生产的投入进度控制比大量大批生产复杂，它一方面要控制投入的品种、批量和成套性；另一方面要控制投入提前期，每种产品的各零部件都要按各自的投入提前期、生产周期或投入间隔期进行投产。控制的方法主要是利用投产计划、配套计划表、加工路线单、工作命令等发出情况和利用任务分配箱来控制投入任务。任务分配箱是在单件、成批生产条件下控制投入的一种常用方法。任务分配箱如图 5-11 所示。

工作地	××班组	工作地	××班组	工作地	××班组	工作地	××班组
1		1		1		1	
2		2		2		2	
3		3		3		3	
4		4		4		4	
5		5		5		5	
6		6		6		6	
7		7		7		7	
8		8		8		8	
9		9		9		9	
10		10		10		10	

作业程序

已指定		已指定		已指定		已指定	
已准备		已准备		已准备		已准备	
等待加工		等待加工		等待加工		等待加工	
协作加工		协作加工		协作加工		协作加工	
已完工		已完工		已完工		已完工	

图 5-11　任务分配箱

任务分配箱的使用方法如下：计划员根据月度生产作业计划和投料提前期，分批开发加工路线单交材料员领料，料领后把加工路线单放在头道工序的"已指定"格子里，等生产准备工作就绪，把加工路线单或工票放入"等待加工"格子里。进行派工时，就把加工路线单或工票放入"协作加工"格子里。每道工序加工完毕，经检验合格，再将工票放到"已完工"格子里。依此类推，直到全部工序完工，检验合格，办理入库手续。

对于设备投入使用和技措投入使用，则要根据计划投入日期、追踪准备情况进行控制，保证及时投入使用。

2．产出进度控制

产出进度控制是指对产品（零部件）的产出日期、产出提前期、产出量、成套性、产出均衡性的控制。产出进度控制比较简单，它主要取决于投入进度控制和工序进度控制，还要根据产出控制及时反馈的信息，追踪投入进度和工序进度控制。做好产出进度控制，可以有效地保证按时按量完成计划，使生产过程中各个环节之间紧密衔接，各零部件产出成套和均衡生产。

在大量生产条件下，产出进度控制主要是将生产进度日历（轮班）计划与产出日报（班组的生产记录、班组和车间的生产统计日报等）同产出日历进度表（轮班计划表）进行比较，控制每日产出进度、累计产出进度和一定时间内的生产均衡程度。在大量生产条件下，投入与产出的控制往往是分不开的。计划与实际、投入与产出均反映在同一张投入产出日历进度表内。它既是计划表，又是作业核算表和投入产出进度控制表。对产出均衡程度，主要用节拍、日均衡率等控制。日均衡率的计算公式如下：

日均衡率＝某时期内每日完成计划百分比（超计划仍按 100%计算）之和÷某时期日数

例如，某厂 6 月上旬的生产情况，见表 5-6。

表 5-6　某厂 6 月上旬生产情况表

日期 项目	1	2	3	4	5	6	7	8	9	10
计划（件）	35	35	35	40	40	40	40	45	45	45
实际（件）	35	30	40	40	45	45	40	40	45	45
计划完成（%）	100	85.7	100	100	100	100	100	88.8	100	100

该厂 6 月上旬的日均衡率如下：

（1.0＋0.857＋1.0＋1.0＋1.0＋1.0＋1.0＋0.888＋1.0＋1.0）÷10×100%＝97.45%

旬均衡率＝每旬完成计划百分比（超计划按 100%计算）之和÷3×100%

对于成批生产产出进度，主要是用零部件日历产出进度表和成批产出日历装配进度表进行控制。控制的方法是把实际产出进度与计划产出进度进行比较。由于成批生产条件下的配套性要求高，因此还需要利用零部件配套表来控制成套性，见表 5-7。

表 5-7　零部件配套表

零部件 名称和号码	每套的 零件数量	完成日期和套数								
		25	50	75	100	125	150	175	200	225
4-05 号部件				80						
24 号轴衬	3				16/1　25/1 80　125					
30 号汽缸	1							15/2 175		
31 号阀	2		30/1 80							

在表 5-7 中，水平线表示已送往装配的零（部）件配套数量。水平线上的数字为送交日期，水平线下的数字为送交的累计数量。部件配成套的实际累计产出量取决于累计产出量最小的零件。从表 5-7 中可知，截至 1 月 30 日，4-05 号部件因为受 31 号阀的限制，只能配成 80 套。将利用表 5-7 得到的实际成套数与计划成套数进行比较，就可控制成套程度。产出成套程度可用成套率表示，计算公式如下：

成套率＝实际成套数÷计划成套数×100%

对于单件生产产出进度，主要是根据交货期进行控制。零部件产出按生产周期和提前期进行控制，最好用网络图从整体上进行全面的产出进度控制。

3．工序进度控制

工序进度控制是指对产品（零部件）在生产过程中经过的每道加工工序的进度所进行的控制。生产控制只控制投入和产出两头是不够的。因为投产后，遇到干扰因素，就会打乱计划，使各部件、零件加工进度产生冲突，不能按时加工生产。特别是在单件、成批生产条件下，品种多，工序不固定，各品种（零部件）加工所用设备常常冲突，其中加工周期长、工序多的产品（零部件）更是如此。所以，在单件、成批生产中必须加强工序进度控制。

在大量大批流水生产条件下由于对象专业化，生产品种、工艺、工序都比较固定，可不必按工序进行控制，只控制在制品数量即可。成批、单件生产中工序进度控制方法有以下几种。

（1）按加工路线单所经过的工序顺序进行控制

由车间、班组把加工路线单登记后，按加工路线单工序进度及时派工，交付加工，完成一工序后由操作者在加工路线单上注明该工序完成，交回车间，班组计调员再往下一工序派工。如果某工序加工迟缓，要及时检查，采取措施，保证按时、按工序顺序加工。加工路线单可与工序票或台账、任务分配箱等结合使用。

（2）按工序票（施工票）进行控制

这是指按零部件加工顺序的每一工序开一工序票交给操作者进行加工，完成后把工序票交回，即用工序票控制工序加工进度。同时，要建立零件工序台账，借以掌握零件各工序进度，及时进行控制。要对每种零件单设一页台账，列出零件加工各工序及顺序，以及工时定额、所用材料（毛坯）；当收到生产指令时，把指令（加工路线单）顺序登入台账；派工生产时开出工序票，注明台账有关工序后；完成一工序后，在台账上对该工序进行完工登记（注销），直到最后完成。用这一台账随时控制零件工序加工进度。

（3）跨车间工序进度控制

跨车间的零部件加工容易拖期，常常是由于跨车间工序的加工不易控制造成的。其控制方法主要是与协作车间（即所跨车间）明确分工，交付手续清楚，时间卡准。由零部件加工车间负责到底，把加工路线单下达到主要车间，主要车间建立零件台账，进行登记，按加工顺序派工生产，对需要协作车间加工的工序，认真填写协作单（两联），注明零件名称、加工路线单号码、外加工工序、加工数量、加工要求、加工日期、交付日期等，并将协作单号及加工工序、送出时间标注在加工路线单上。然后把协作单（两联）及加工件一起送交协作车间，协作车间在协作单上签收后，一联留作加工依据，一联交回主要车间。主要车间把该加工路线单及签收的协作单放在特制的外协加工盒子内，并在该零件台账有关工序上注明外车间加工。待外协加工完毕连同协作单送回零件时，主要车间在协作单上签收，双方各留一联作为记账的原始凭证。如协作工序是最后工序，可将零件由协作车间检验后直接交库，用交库单来办理两车间之间的交付手续。

5.2.3　生产控制的方式

1. 精益生产方式

（1）精益生产方式的产生

从欧洲生产出第一辆汽车开始到 19 世纪末，汽车制造业以手工单件生产方式为主，这种生产方式的特点是生产组织分散，管理高度集中、滞后，使用通用设备加工单件产品，雇用熟练技术工人进行生产，以师傅带徒弟的形式培养工人。手工单件生产方式的缺点是生产成本高、效率低下。

随着生产的发展和人们消费需求的不断提高，20 世纪初以美国福特汽车公司为代表的大量生产方式出现了。实行大量生产方式的关键是零件的互换性和装配的简单化。大量生产方式的特点是生产组织较集中，劳动分工明确，协作严密，生产过程逐步达到专业化、标准化，采用生产线、流水线进行生产，使用专用设备，生产效率大大提高，成本大大下降等。它逐步成为企业采用的主要生产方式。

大量生产方式在历史上起到了它应有的作用，正如福特汽车公司生产单一产品，为其赢得了巨额利润，取得了巨大成功。但是，时代是发展的，当生产力提高到新的水平后，人们不再满足于对单一产品的需求，而是出现了需求多样化的趋势。生产单一产品已很难满足市场需求。

日本丰田公司是在 19 世纪末制造织机的基础上发展起来的。20 世纪 30 年代后期，丰田公司受政府的影响开始生产军用载货汽车。第二次世界大战以后，日本国内汽车市场不再需要同一品种的大量汽车，加之丰田公司无更多资金购买西方汽车生产的先进技术及其他一些原因，丰田公司面临困境。1950 年，丰田公司领导人丰田喜一郎带队到福特汽车公司的鲁奇厂进行了为期 3 个月的考察，返回后与主管生产的大野耐一进行了认真研究，认为大量生产方式不适合日本，于是提出了丰田生产方式。

后来丰田生产方式传到了美国，美国麻省理工学院的"国际汽车计划"项目组研究人员根据这种生产方式的特点，把它称为精益生产方式。因为它能比大量生产方式少用一半的人员、时间、生产面积、库存面积，生产出质量好、品种多的产品。

（2）精益生产方式的特点

精益生产方式是以社会需要、市场需求为依据，充分发挥人的创新能力，运用多种现代管理手段和方法，有效配置和合理使用企业资源，力求取得最大经济效益的一种新型生产方式。

精益生产方式具有以下特点。

① 采用拉动式生产方式，去除生产中一切不增值的工作。精益生产方式把组织生产的方式，由传统的推动式变成拉动式。以市场需求拉动企业生产，企业生产计划下达给

最后工序，每道工序的生产都是由它的下一道工序的需求拉动的。在物料的生产和供应中严格实行准时生产制，做到按需要的时间和需要的数量，向需要的部门或岗位提供所需要的物料，即不设置中间库存。它把生产中的无效劳动和提前进入库存的过剩劳动都视为浪费。为彻底消除这些浪费，要求毫不留情地撤掉不直接为产品增值的环节和工作岗位，有效配置和合理使用企业资源。

② 强调人的作用，充分发挥人的创新精神。精益生产方式把工作任务和责任最大限度地转移到直接为产品增值的工人身上，而且任务分配到小组，由小组内的工人协作承担，实行小组工作法。为此，要求工人精通多种工作，减少不直接增值的工人，并加大工人对生产的自主权。当生产线发生故障时，工人有权使生产线停下来，查找原因，做出决策。小组协同工作使工人工作的范围扩大了，激发了工人对工作的兴趣和创新精神，发挥了团队精神，更有利于精益生产的推行。

③ 把多种现代管理手段和方法用于生产过程之中，如工业工程、价值工程等，包括电子计算机也被逐步应用到计划、过程控制中来，使其进一步增强了生命力和效力。

④ 采用适度自动化，提高生产系统的柔性。精益生产方式并不追求制造设备的高度自动化和现代化，而强调对现有设备的改造和根据实际需要采用先进技术，按此原则来提高设备的效率和柔性。例如，在采用柔性制造系统时，应让它的柔性与市场需求的柔性相一致，不求过强的柔性，以避免技术和资金的浪费。它是市场经济条件下组织生产的好方式。

⑤ 不断改进，以尽善尽美作为不懈追求的目标，即持续不断地改进生产，消除废品，降低库存和成本，使产品品种多样化。上述把多种现代管理手段和方法用于生产过程之中，发挥人的作用等措施，都是达到尽善尽美理想状态的人员和组织管理的保证。尽善尽美是无止境的，这就要求企业永远致力于改进和不断进步。

综上所述，精益生产方式是一种适应现代竞争环境的生产组织管理方法。它有无限的生命力，受到各国企业的极大重视。据有关资料介绍，在美国已有近半数的公司采用这种生产方式组织生产。

丰田生产方式是日本丰田汽车公司在生产制造领域中实行的生产方式。1978 年大野耐一在他所著的《丰田生产方式》一书中，正式把公司多年研究和创造的生产方式定名为丰田生产方式。而精益生产方式，可以说是把丰田生产方式从生产制造领域扩展到了产品开发、协作配套、销售服务、财务管理等各个领域。丰田生产方式有两大支柱：一是准时化，二是自动化。因此，有人又把丰田生产方式称为准时化生产方式。因为在丰田生产方式的准时化生产中，以"看板"为手段来控制生产，所以也有人把丰田生产方式称为看板生产方式。

2. 准时生产制

（1）准时生产制的概念

准时生产制是指以市场需求为前提，在必要的时间按必要的数量生产必要的产品的一种生产制度，又称准时化生产（Just-in-time，JIT）。它是产品设计、工艺设计、设备选择、物料管理、质量管理、岗位设计等一组活动的集合。生产系统中的产品制造时间与供应商的交货时间经过科学的安排，在作业过程中的每一步，下一批都恰好在上一批刚结束时到达。JIT 的本质就在于科学地安排前后环节的生产和供货，从而缩短提前期，减少浪费。其目的在于实现在原材料、在制品及产成品保持最小库存的情况下进行大批量生产。这种系统能够以相对于传统重复系统更少的浪费、更少的资源、更低的成本、更高的生产率，但更具柔性的方式获得大量的产出。由于 JIT 的有关技术主要是在大量重复制造行业发展起来的，因此，有人认为 JIT 仅仅适用于大量重复制造环境。然而，无论是在西方还是在日本，采用 JIT 管理方式的企业都发现，JIT 更适用于小批量生产类型的企业。小批量生产、小批量传送是 JIT 的特征之一。这是因为当生产设备按成组技术组成生产单元时，小批量生产过程也就非常类似于重复制造环境了。

准时生产制的目标是彻底消除无效劳动和浪费。无效劳动和浪费包括以下几种。

① 制造过剩的零部件的无效劳动和浪费。

② 空闲待工的浪费。

③ 无效的搬运劳动。

④ 库存积压的浪费。

⑤ 加工本身的无效劳动。

⑥ 不合理动作方面的无效劳动。

⑦ 生产不合格品的无效劳动和浪费。

用专业化的术语来说明，准时生产制要达到以下目标：废品量最低（零废品），准结时间最短（零准结时间），库存量最低（零库存），搬运量最低，机器损坏率低，生产提前期短，批量小。

（2）准时生产制的特点

① 采取拉动式生产方式，下一道工序向上一道工序提取零部件。它改变了传统的推动式生产方式。拉动式生产主要体现在：市场需求拉动企业生产，主导企业拉动协作配套企业的生产，后道工序拉动前道工序生产，前方生产拉动后方服务部门准时进行服务。

② 化大批量为小批量。尽可能减少在制品储备和做到按件传递。在必要的时候只生产一件，只传递一件，只储备一件。任何工序不准生产额外数量的产品，做到宁可暂时中断生产而决不积压在制品。

③ 用最后的装配工序来调节、平衡全部生产。既然准时生产制以最后装配工序为组织生产的起点，就意味着装配工序实际上起着调节、平衡全部生产的作用。

（3）实施准时生产制的条件

① 树立"准时"意识。要改变传统观念，坚决摒弃企业生产什么、供应市场什么的思想，结合企业实际，市场需要什么，企业就从时间、数量、质量、品种等方面加以保证。而企业内部各环节之间，也必须坚持后一道工序、工段、车间需要时，前一道工序、工段、车间就从时间、数量、质量、品种等方面加以保证，形成拉动式生产的思想，否

则无法实施准时生产制。

② 要加强现场管理，实施 5S 活动，做好定置管理，为实施准时生产制创造条件。

③ 要了解现状，找出问题，创造条件，解决问题，保证准时生产制的实施。

④ 要认真对生产组织、生产布局、物流等做出调整，使其符合准时生产制的要求。

⑤ 要认真发动职工积极参与，要认真组织培训，对职工进行思想上、技术业务上的教育，让职工具备实施准时生产制的紧迫感和自觉性。

（4）准时生产制的实施步骤

① 企业做出实施准时生产制的决策，制定实施规则。

② 对全体职工进行准时生产制的培训，使全体职工了解什么是准时生产制，实施准时生产制的目的、意义，准时生产制在市场经济条件下的作用，它与每个人切身利益的关系，动员和发动职工积极参与这项活动。

③ 在了解准时生产制的基础上，发动职工认识现状，对准时生产制与现状进行比较，找差距，提出改进措施。

④ 逐级成立实施准时生产制的组织，并制定推行和落实准时生产制工作计划。

⑤ 对现场进行 5S 管理和看板管理，为准时生产制的实施打下基础。

⑥ 调整生产线，实行"一个流"的生产方式或多品种混流生产方式。

⑦ 试验运作。在运作中不断改进、调整，使之逐步到位，并加以规范化、标准化、制度化。

我国第一汽车制造厂的变速箱厂已实施了准时生产制，与过去相比在生产组织、劳动组织、现场文明管理、管理体制和质量管理等方面都有了明显的变化。实施准时生产制的基本手段是弹性配置作业人数，保证质量，适时适量生产。实现适时适量生产的具体方法是生产同步化、生产均衡化，采用看板管理。

154

第 6 章

现代企业管理

6.1 企业生产的现场管理

6.1.1 企业生产现场管理的必要性

1. 加强现场管理是建立企业优势实力的基础

企业优势实力是指企业在争夺市场和争夺顾客方面具有高于竞争对手的实力。优势实力包括在资金、人力和技术、市场营销、产品质量、产品成本等方面的优势实力。而这些质优价廉、适销对路、能按期交货的产品是在生产现场制造出来的，要靠现场管理来保证。从这种意义来讲，现场管理水平的高低，决定了企业优势实力的强弱。我国工业企业对生产现场管理历来是重视的，并积累了不少好的经验。诸如"一五"时期，提出要以生产作业计划为中心加强企业管理，强调要管好在制品。20 世纪 60 年代，大庆油田积累了许多现场管理经验，如建立岗位责任制，实行"三个面向"、"五到现场"、"四号定位"与"五五化摆放"、"三老"、"四严"、"四个一样"等。党的十一届三中全会以来，特别是深化企业内部改革，实行承包经营责任制以来，许多企业从实际出发，在新形势下创造了许多优化现场管理的新方法。例如，第二汽车制造厂从日本引进现场管理经验，建立以现场为中心的综合管理体系，形成"一个流"生产方式，成为挖掘生产潜力、提高经济效益的利器。此外，还有上海金陵无线电厂的"模特法"、黑龙江阿城继电器厂的"定置管理"、大连显像管厂的"全控管理法"、石家庄第一塑料厂的"满负荷工作法"等。

尽管有一批现场管理搞得好的企业和车间，也积累了不少具有先进水平的管理经验，但从全局看，一些企业的现场管理水平还比较落后，同国外先进水平相比还有较大的差距。有些企业近几年注意抓市场，忽略了现场，管理重心外移，而不是内沉，现场管理落后。现场管理落后表现在现场纪律松弛，生产效率低，质量差，投入多而产出少，效益低，生产不能适应市场变化的需要，更满足不了建立优势实力、提高竞争力的需要，因此，必须加强生产现场管理。

2. 加强现场管理是全面提高企业素质的保证

全面提高企业素质，包括提高职工队伍素质、生产技术素质、经营管理素质、基础工作素质、精神文明素质等。所有这些素质的提高，基本上都要从现场管理做起，没有现场管理做保证，全面提高企业素质只能是一句空话。现场管理的好坏实际上是衡量企业管理水平高低的重要标志。

3. 加强现场管理是提高企业经济效益的重要途径

提高经济效益必须从现场抓起，这是因为企业效益来源于全体职工的劳动所创造的价值，而这些劳动价值大都实现于生产现场。原材料、燃料、动力、工时、台时等消耗的减少要在现场实现；废品率的降低，生产设备的合理使用及维护保养，先进工艺和高效率的加工方法运用等，要在生产现场完成；生产过程中的跑、冒、滴、漏也都是在生产现场发生的。所以，生产现场管理是投入产出的关键。因此，只有通过加强现场管理，才能使各生产要素得到合理配置和有效利用，才能以最低的投入获得最大的产出。

6.1.2 生产现场管理优化的概念及特点

1. 生产现场管理优化的概念

在生产管理中，现场有三层含义。从认识现场的最直观角度出发，现场就是作业场所。到生产产品的每个车间、班组、工作地去，见到的就是一个个作业场所。把问题发生的地点，出现阻碍生产正常进行的地方，称为现场。出现了问题，要去解决它，必须找出问题产生的原因，针对原因提出解决的办法和措施，把这也视为现场。人们对现场的认识和理解，是逐步深入的。

生产现场是从事产品制造或提供生产服务的作业场所。它是指企业围绕经营目标而行使管理职能，实现生产要素的合理组合和生产过程有机转换的作业场所。生产现场包括加工、检查、储存、运输、供应、发送等一系列的作业现场和与生产密切相关的辅助场所等。每个企业都有自己的许多生产现场，形式千差万别，各不一样，它们都是按照产品加工特点的要求、生产类型、专业化形式等设置的，有着各自的特点。但是，它们也存在着共性的东西。从宏观上看，它们都要进行生产要素的合理配置，都有投入产出的效益问题；在管理上都有区域性、可控性，都要符合生产规律。

生产现场管理是为了有效地实现企业的经营目标，用科学管理制度、标准和方法，对生产现场的各个生产要素，包括人（操作者和管理人员）、机（设备、工具、工位器具）、料（原、材、辅料）、法（加工、检测方法）、环（环境）、能（能源）、信（信息）等，进行合理、有效的计划、组织、协调、控制和激励，使其处于良好状态，实施优化组合，保持正常运转，不断加以改进，以求实现优质、高效、低耗、均衡、安全地进行生产。

简言之，现场管理是生产第一线的综合性管理，是企业管理水平的直观反映。

优化生产现场管理是指在原有生产现场管理的基础上，运用现代先进的管理思想，采用现代化管理方法和手段，用系统论的观点对生产现场的全部活动，包括人、机、料、法、环、能、信，以及技术、质量、经营等各种生产要素与各项专业管理，进行合理组合与科学调配，使其发挥综合、整体效能，从而实现优质、低耗、高产、增效的目的。

生产现场管理优化的标志，有以下十个方面：

① 均衡生产，调度有序；

② 产品质量，控制有力；

③ 定员定额，先进合理；

④ 物流有序，原辅材料供应及时；

⑤ 纪律严明，考核严格；

⑥ 设备完好，运转正常；

⑦ 安全第一，消除隐患；

⑧ 堆放整齐，文明生产；

⑨ 信息畅通，原始记录齐准快明；

⑩ 士气高涨，协调一致。

2. 生产现场管理优化的特点

① 目的性。这是指切实建立企业优质、低耗、高效的运行机制，实现企业整体效能和综合效益的理想化。

② 动态性。以车间为主体的生产现场管理，是生产力诸要素的结合点，也是企业各项管理工作的落脚点、物化点。要优化生产现场管理，需要进行综合治理。它是个渐进的过程，使处于现场的人、财、物、信息都在不断的运动中，逐步优化直至目标实现。

③ 协调性。生产现场管理优化，要求各科室为车间服务，各专业部门的工作计划与要求都要到现场去贯彻、去物化，不可避免地会出现各条专业线工作时交叉的矛盾点和空白点。因此，要抓好前期的组织协调工作，经过综合平衡后，再到现场实施，当然在实施中还要针对出现的问题进行协调。优化配套，优势协调，才能形成真正的优化。

④ 整体性。必须克服部门和车间的本位主义。围绕企业的共同目标，开展适应现场管理优化的创造性劳动，综合治理。

⑤ 群众性。生产现场管理的核心是人。人与人、人与物的组合是现场生产要素最基本的组合，不能见物不见人。现场的一切生产活动、各项管理工作都要由现场的人去掌握、去操作、去完成。优化现场管理仅靠少数专业管理人员是不够的，必须发挥现场所有职工的积极性和创造性，发动广大工人群众参与管理。生产工人在岗位工作过程中，要按照统一标准和规定的要求，实行自我管理、自我控制，实行岗位工人之间的相互监督。开展职工民主管理，增强责任心。

6.1.3　生产现场管理优化的主要内容

生产现场管理优化是多方面的综合性管理，既包括现场生产的组织管理工作，又包括落实到现场的各项专业管理和管理基础工作。从不同角度去分析，其内容是不同的。这里从优化生产现场的人、机、料、法、环等主要生产要素，以及优化质量、设备等主要专业管理系统这一角度来概括和分析生产现场管理优化的内容。

① 对人的思想和行为的管理是优化生产现场管理的中心和根本环节，必须把不断提高人的素质、发挥人的积极性和创造力作为优化生产现场管理的主要思路。

② 对产品质量与工作质量的管理，是优化生产现场管理的关键。

③ 对设备与物流的管理是优化生产现场管理的重点。

④ 抓生产信息的管理是优化生产现场管理的重要措施。

⑤ 对工艺和工艺流程的不断改进，是优化生产现场管理的重要方法。

⑥ 对生产现场环境进行管理，解决"脏、乱、差"问题，是优化生产现场管理的有效途径。

⑦ 对各种现代化管理方法和手段的推广和应用，是优化生产现场管理的重要手段。优化生产现场管理的目的是促进生产力发展，提高经济效益。随着生产技术的发展和管理水平的提高，现场管理的内容将更加丰富、充实，并会不断出现新的内容。

6.1.4　生产现场管理优化的方法

生产现场管理优化的方法很多，如工作研究（包括方法研究和时间研究）、看板管理、成组技术、全控管理法、"一个流"生产方式、满负荷工作法、多机床看管方式、ABC分类法、经济订购批量法、设备点检定修制、价值工程和现场工序质量控制法、实行标准作业、建立以生产线操作工为主体的劳动组织等。上述大多数方法，其适用范围和应用条件各不相同，在应用时要正确选择。下面主要介绍近年来在各企业中广泛应用的生产现场管理方法：5S活动、定置管理和目视管理。

1. 5S活动

（1）5S活动的概念

5S活动是指对生产现场各生产要素（主要是物的要素）所处状态，不断地进行整理、整顿、清扫、清洁，以达到提高素养的目的。由于整理、整顿、清扫、清洁、素养这五个词在日语中罗马拼音的第一个字母都是"S"，因此把这一系列活动简称为5S活动。5S活动是在西方发展和流行的企业现场管理方法。日本的企业在较长时间内推行了5S活动。我国5S活动和企业的文明生产活动结合起来又有了新的发展。

（2）5S 活动的内容和要求

整理，是指在规定的时间、地点，把作业现场不需要的物品清除出去，并根据实际，将保留下来的有用物品按一定顺序摆放好。经过整理应达到以下要求：不用的东西不放在作业现场，坚决清除干净；不常用的东西放远处（厂的库房）；偶尔使用的东西集中放在车间的指定地点；经常用的东西放在作业区。

整顿，是指对整理后需要的物品进行科学、合理的布置和安全、无损伤的摆放，做到随时可以取用。整顿要规范化、条理化，提高效率，使整顿后的现场整齐、紧凑、协调。整顿应达到如下要求：物品要定位摆放，做到物各有位；物品要定量摆放，做到目视化，过目知数；物品要便于取存；工具归类，分规格摆放，一目了然。

清扫，是把工作场所打扫干净，对作业现场要经常清除垃圾，做到没有杂物、污垢等。清扫应达到如下要求：自己用的东西，自己清扫；清扫设备的同时，检查其是否有异常，清扫也是点检；清扫设备的同时，要进行润滑，清扫也是保养；在清扫中会发现一些问题，如跑、冒、滴、漏等，要透过现象查出原因，加以解决，清扫也是改善。

清洁，是要保持没有垃圾和污垢的环境。清洁应达到如下要求：车间环境整齐、干净、美观，保证职工健康，增进职工劳动热情；不仅设备、工具、物品要清洁，工作环境也要清洁，烟尘、粉尘、噪声、有害气体要清除；不仅环境美，工作人员着装、仪表也要清洁、整齐；工作人员不仅外表美，而且保持精神上"清洁"，团结向上，有朝气，相互尊重，有一种催人奋进的气氛。清洁贵在保持和坚持。

素养，是指教养。努力提高人员的素养，养成良好的风气和习惯，具有高尚的道德品质，自觉执行规章制度、标准，改善人际关系，加强集体意识是 5S 活动的核心。素养应达到如下要求：不要别人督促，不要领导检查，不用专门去思考，形成条件反射，自觉地做好各项工作。

开展 5S 活动的目的是做到人、物、环境的最佳组合，使全体人员养成坚决遵守规定事项的习惯。开展 5S 活动要坚持自我管理、勤俭办厂、持之以恒的原则。

2. 定置管理

定置管理是我国近年来从日本学习和引进的一种先进的现场管理方法。它实际上是 5S 活动的一项基本内容，是 5S 活动的深入和发展。定置管理是对生产现场的人、物、场所三者之间的关系进行科学的分析研究，使之达到最佳结合状态的一种科学管理方法。它以物在场所的科学定置为前提，以完善的信息系统为媒介，以实现人和物的有效结合为目的，通过对生产现场的整理、整顿，把生产中不需要的物品清除掉，把需要的物品放在规定位置上，使其随手可得，促进生产现场管理文明化、科学化，达到高效生产、优质生产、安全生产。

（1）定置管理的基本要求。

定置管理要符合以下几点要求。

① 要进行人、物、场所的合理组合，从而提高作业效率和生产效率。

② 要做到工位器具标准化、规范化，为保证产品质量提供有利条件。

③ 要达到现场道路畅通、环境整洁，有利于保障操作人员的安全和身心健康。

④ 严格按定置图定置，使现场图、物、场、账一致，减少多余物品的存放，做到节约、高效控制。

（2）定置管理的程序

基本程序如下：深入现场，调查研究，收集现场工艺及人、物、场所、信息的关系状况；对人与物的结合状态进行分析，区分出三种状态；对物与场所的关系进行分析，明确关系的状况；明确信息媒介同定置的关系；进行定置设计、定置实施、定置考核。定置管理同 5S 活动一样是一个循环过程，通过不断地开展定置管理，使生产现场管理水平不断提高。

（3）定置管理中重点处理的关系

① 人与物的结合状态，可归纳为三种。A 状态，是指人与物能马上结合并发挥效能的状态，如操作者能立即拿到加工的工件、需要的工具，并投入生产。这是生产中的理想状态。B 状态，是指人需要花时间和气力寻找才能和物结合，不是顺利地拿到，因此不能很快、很好地发挥作用。C 状态，是指一种人与物已失去联系的状态。在这种状态下人已与物品无关。通过定置管理要采取措施，消除 C 状态，分析和改进 B 状态，使之成为 A 状态，使现场的人与物都处在 A 状态中。人与物的结合状态不同，结合成本就不同，处于 A 状态结合成本为 0，而处于其他两种状态都会增加结合成本，需要改进。

② 物与场所的关系。实现人与物的 A 类结合状态，必须注意物与场所的关系，实现物与场所的合理结合。要求对生产现场、人、物进行作业分析和动作研究，使加工物品按生产工艺的要求科学固定在某一位置上，达到物与场所的有效结合，缩短人取物时间，消除重复劳动，促进人与物的最佳结合。场所本身处于三种状态：良好、需要改善和需要彻底改造。定置管理的任务，就是把后两种状态转变成第一种状态。

③ 信息媒介同定置的关系。信息媒介是指人与物、物与场所结合过程中起着指导、控制、确认等作用的信息载体。信息媒介主要包括两类，即引导信息和确认信息。良好的定置管理，要求信息媒介达到以下要求：场所标志明显，场所设有定置图，位置台账齐全，存放物的序号、编号齐全，做到物品流动时间、数量、摆放标准化。

（4）定置设计

定置设计包括定置图、定置标准和定置前的物资准备。

定置图包括室外区域定置图，车间定置图，各作业区定置图，仓库、资料室、工具室、计量室、办公室定置图，特殊要求定置图等。

定置标准的工作内容多，制定标准工作量大，但又是关键环节，必须做好。它包括以下部分：按标准设计的现场定置图；生产场地、通道、工具箱、物品存放区等的信息显示，如标牌、标志线等；易燃和易爆物品、消防设施、有污染的物品，要符合特别定置的规定；车间、班组卫生区的定置，并设置责任区信息牌；临时停滞物品区域的定置规定，包括积压的半成品停滞，待安装的设备、建筑材料等，都要有明确的定置标准区域；垃圾、废品回收点的定置，包括回收箱的分类标志，如各种切屑箱为黄色，料头箱为红色，垃圾箱为白色，大杂物箱为蓝色，在这些箱上还要设置明显的标牌；按定置图的要求，清除与区域无关的物品。在具体定置前要做好一系列的物资准备。

此外，还要搞好定置设施与考核、定置管理责任制工作。

3. 目视管理

（1）目视管理的含义及特点

目视管理是利用形象直观、色彩适宜的各种视觉感知信息来组织现场生产活动，达到提高劳动生产率目的的一种管理方式。它是看得见的管理。目视管理是以视觉信号显示为基本手段，以公开化为基本原则，尽可能地将管理者的要求和意图让大家都看得见，借以推动自主管理、自我控制。所以，目视管理是一种以公开化和视觉显示为特征的管理方式。

目视管理与其他管理工作相比，其特点如下：形象直观、容易识别、简单方便、传递信息快，能提高工作效率；信息公开化，谁都能看见，透明度高，便于现场各方面的人员协调配合，互相监督，如有的企业每个工位上都有一个生产状况指示牌，液晶显示"正工作"、"正待料"、"正检修"等，标志一亮，车间里的人都能看见，出现问题，有关人员能及时加以解决；能科学地改善生产条件和环境，有利于产生良好的生理和心理效应；使生产现场工作井然有序，过去那种大喊大叫传递信息的现象没有了，一切工作在一种平稳、协调的气氛下进行，职工心理稳定，工作阶段性明确。

（2）目视管理的工作内容

生产现场的目视管理以生产现场的人机系统及其环境为对象，贯穿于这一系统的输入、工作、输出等环节。它的主要工作内容包括以下几个方面。

① 把整个生产的情况进行公开化、图表化、标准化。把与生产现场密切相关的规章制度和工作标准公开表示出来，让每个人都看得很清楚，便于执行，如现场的作业标准、操作规程、岗位责任、工艺卡片等。现场人员拿到有关标准、规程，无须询问，就知如何去做、如何处理问题。

② 为配合企业开展 5S 活动、定置管理等提供有效的手段，如标志线、标志牌等，让人一目了然。

③ 目视管理要形象直观地表明生产作业过程的控制手段，便于进行期量、质量、成本控制。

④ 使生产现场各种物品的摆放地点明确，摆放整齐。

⑤ 统一规定现场人员的着装，实行每人胸前挂牌，不仅明确了每个人的工作、管理性质、责任岗位，也使得人员整齐、精神，无形中给人以压力，催人进取。

⑥ 现场所用颜色要标准化，要有利于职工的身心健康。

色彩是一种重要的视觉信息，要科学、巧妙地采用视觉信号。在进行色彩管理时，要充分考虑技术因素限制、心理与生理因素限制及社会因素限制。例如，工人在强光照射的设备上工作，设备应涂成蓝灰色，使其反射系数适度，有利于工作；危险信号用红色表示，给人以醒目的提示，吸引人注意；高温车间墙壁等颜色要浅一些、淡一些，让人感觉清爽舒心；低温车间可涂深一些，增加温暖的气氛。有人统计色彩可以提高工效7%～10%，减少事故50%。

目视管理要求做到统一标准，不要五花八门，无所适从；要做到简单，易看明白，便于记住；要醒目、清晰，位置适当，使大家都能看清楚；要适用，不搞花架子，不流于形式；要严格遵守、严格执行，否则要批评教育直到处罚，以利实行。

目视管理的手段有标志线、标志牌、显示装置、信号灯、指示书、色彩标志等。

6.2　供应链管理

当今社会，顾客消费水平不断提高，企业间竞争日益加剧，政治、经济、社会环境发生巨大变化，进而导致整个市场客户需求愈加突出个性化，市场需求不确定性不断增加，整个市场竞争呈现出明显的国际化和一体化趋势。与此同时，高新技术的迅猛发展导致产品更新换代周期迅速缩短，加剧了市场竞争的激烈程度。在这种情况下，企业必须整合内外部各种资源，重点发展和做好本企业能创造特殊价值、比竞争对手更擅长的关键性业务工作。

从20世纪80年代后期开始，越来越多的企业放弃了"纵向一体化"管理模式，转向"横向一体化"模式。"横向一体化"使企业与企业之间形成了一条从供应商到制造商再到分销商的贯穿所有企业的"链"。由于相邻节点企业表现出一种需求与供应的关系，当把所有相邻企业依次连接起来时，便形成了供应链。

这条链上的节点企业必须达到同步、协调运行，才有可能使链上的所有企业都受益。由此便产生了供应链管理这一新的经营与运作模式。

6.2.1　供应链管理的概念与发展

1．供应链的概念

许多学者在供应链理论发展的不同时期，从不同的角度给出了许多不同的定义。早期的观点认为供应链是制造企业中的一个内部过程，它是指把从企业外部采购的原材料和零部件，通过生产转换和销售等活动，传递到零售商和用户的一个过程。传统的供应链概念局限于企业的内部操作层上，注重企业自身的资源利用。

有些学者把供应链的概念与采购、供应管理相关联，用来表示与供应商之间的关系，这种观点得到了研究合作关系、JIT关系、精细供应、供应商行为评估和用户满意度等问题的学者的重视。但这样一种关系也仅仅局限在企业与供应商之间，而且供应链中的各企业独立运作，忽略了与外部供应链成员企业的联系，往往造成企业间的目标冲突。

后来有关学者注意到了与其他企业的联系和供应链的外部环境,认为它应是一个"通过链中不同企业的制造、组装、分销、零售等过程将原材料转换成产品,再到最终用户的转换过程",这是更大范围、更为系统的概念。例如,美国的史迪文斯(Stevens)认为:"通过增值过程和分销渠道控制从供应商的供应商到用户的用户的流就是供应链,它开始于供应的源点,结束于消费的终点。"这些定义都注意到了供应链的完整性,考虑了供应链中所有成员操作的一致性(链中成员的关系)。

最近,供应链的概念更加注重围绕核心企业的网链关系,如核心企业与供应商、供应商的供应商及一切前向的关系,与用户、用户的用户及一切后向的关系,此时对供应链的认识形成了一个网链的概念。哈理森(Harrison)进而将供应链定义如下:"供应链是执行采购原材料、将它们转换为中间产品和成品、并且将成品销售到用户的功能网链。"这些概念同时强调供应链的战略伙伴关系问题。菲利浦(Phillip)和温德尔(Wendell)认为供应链中战略伙伴关系是很重要的,通过建立战略伙伴关系,可以与重要的供应商和用户更有效地开展工作。

在研究分析的基础上,本书给出如下供应链的定义:供应链是围绕核心企业,通过对信息流、物流、资金流的控制,从采购原材料开始,制成中间产品及最终产品,最后由销售网络把产品送到消费者手中,将供应商、制造商、分销商、零售商和最终用户连成一个整体的功能网链结构模式。它是一个范围更广的企业结构模式,它包含所有加盟的节点企业,从原材料的供应开始,经过链中不同企业的制造加工、组装、分销等过程直到最终用户。它不仅是一条连接供应商到用户的物料链、信息链、资金链,而且是一条增值链,物料在供应链上因加工、包装、运输等过程而增加价值,给相关企业都带来收益。

2. 供应链管理的概念

供应链管理(SCM)是一种集成的管理思想和方法,它执行供应链中从供应商到最终用户的物流的计划和控制等职能。例如,伊文斯(Evens)认为:"供应链管理是通过前馈的信息流和反馈的物料流及信息流,将供应商、制造商、分销商、零售商,直到最终用户连成一个整体的管理模式。"菲利浦(Phillip)则认为供应链管理不是供应商管理的别称,而是一种新的管理策略,它把不同企业集成起来以提高整个供应链的效率,注重企业之间的合作。

Fred A.Kuglin 在其《以顾客为中心的供应链管理》一书中,把供应链管理定义为:"制造商与它的供应商、分销商及用户——也即整个'外延企业'中的所有环节——协同合作,为顾客所希望并愿意为之付出的市场,提供一个共同的产品和服务。这样一个多企业的组织,作为一个外延的企业,最大限度地利用共享资源(人员、流程、技术和性能评测)来取得协作运营,其结果是高质量、低成本、迅速投放市场并获得顾客满意的产品和服务。"

根据美国生产和库存控制协会(APICS)第 9 版字典中的定义:"供应链管理是计划、

163

组织和控制从最初原材料到最终产品及其消费的整个业务流程，这些流程连接了从供应商到顾客的所有企业。供应链包含了由企业内部和外部为顾客制造产品和提供服务的各职能部门所形成的价值链。"APICS 关于 SCM 定义的前半部分说明 SCM 所涉及的理论源于产品的分销和运输管理。SCM 着重于从原材料供应商到最终用户所有关键业务流程的集成。SCM 定义的后半部分说明价值增值是供应链的基本特征，有效的供应链必定是一个增值链。

SCM 定义可归纳为两类。第一类是静态、拓扑结构型定义：SCM 是一个网络（连接了企业、供应商、客户、合作伙伴等）。从这种定义不难推论，既然甲企业在一张网上，乙企业在另一张网上，那么，甲企业与乙企业之间的竞争自然可以扩展为两张网，也就是供应链与供应链间的竞争。在这张网上，和客户可以有 CRM（客户关系管理），对应地自然有和供应商的 SRM（供应商关系管理）。因此，广义的 SCM 是覆盖了从这张网的这端到那端的 SRM/ERP/CRM，而 SRM 则可以较狭义地指其中更强调和靠近供应商的一段。

第二类定义是动态、运行机制型定义，强调 SCM 是一个沿时序展开的过程（对物流、信息流、资金流进行协同计划、组织、协调及控制）。从这种定义可以发现，物流是供应链中若干"流"的一种。同时，这种定义也表明，用 SCM 技术可以换取计划和组织的效率，供应链上的信息共享后，协调和控制的决策将更加科学。

这两类定义传达的都是正面的信息：既然企业与企业间的竞争是供应链与供应链间的竞争，那么 SCM 是重要的；既然可以用 SCM 技术换取效率，信息共享后的决策更科学，那么 SCM 是可行的。

3. 供应链管理的发展阶段

供应链管理的发展经过了职能部门化、集成（内部集成和外部集成）供应链和价值链网络阶段，具体内容见表 6-1。

表 6-1　供应链管理的发展阶段

	职能部门化阶段	集成供应链阶段	价值链网络阶段
供应链计划	在各独立职能部门内进行供应链计划 信息缺乏横跨企业的标准，可视性有限，供应链计划的效率低下	关注业务流程变革 由于企业内信息的标准化，供应链效率得以提高 集成的供应链计划、需求预测、计划与调度	协同计划 把企业计划流程扩展到企业之外，包括签约制造商、主要客户和供应商
供应链执行	基于独立部门的供应链执行，通常是被动反应 决策通常由部门经理及其主要助手制定	集成的跨部门决策，仍主要属于被动反应模式 有限的协作	决策由企业内最适当的管理层制定 更高比例的协同、预见性决策

4．供应链流程观

供应链包含了一系列流程，这些流程发生在一个组织内部或供应链中不同组织之间，它们结合在一起共同实现客户对产品的需求。下面用两种不同的方式来观察发生在供应链中的流程。

（1）周期的观点

供应链中的流程被分成一系列的周期，每一个流程周期都发生在供应链中两个相邻组织的接口。对于一个由供应商、制造商、分销商、零售商和客户组成的典型供应链，整个供应链流程可分为 4 个流程周期（图 6-1）：客户订单周期、补货周期、制造周期和采购周期。流程周期的观点在考虑供应链运营决策时非常有用，因为它清楚地指明了供应链各成员组织的作用和责任。

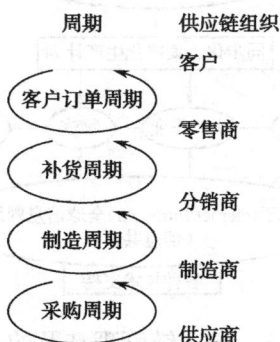

图 6-1　供应链流程周期

（2）推/拉的观点

供应链中的所有流程可分为两类，取决于流程的运作是对客户订单的响应还是对客户订单的期望。拉式流程从响应客户订单开始，在运作时需求是确定并已知的。推式流程从预测客户订单开始，在执行时需求是未知的，必须先做预测。

供应链中的推/拉边界是供应链推式流程和拉式流程的分离点。以 Dell 公司为例，其个人计算机装配的起点是推/拉边界。在 PC 装配之前的所有流程都是推式流程，而装配流程及其之后的所有流程都始于响应客户订单，因而是拉式流程。图 6-2 给出了 Dell 供应链的推/拉流程。推/拉的观点对制定有关供应链设计的战略决策非常有用。例如，供应链管理中延迟产品差异的策略就很好地体现了这一观点。通过对产品设计流程的改进，使推/拉边界尽可能延后，便可在充分利用规模经济的同时实现大量顾客化。

5．供应链管理内容

供应链管理主要涉及 4 个主要领域：供应、生产作业、物流和需求。由图 6-3 可见，供应链管理是以同步化、集成化生产计划为指导，以各种技术为支持，尤其以 Internet/Intranet 为依托，围绕供应、生产作业、物流（主要指制造过程）、需求来实施的。

供应链管理主要包括计划、合作、控制从供应商到用户的物料（零部件和成品等）和信息。

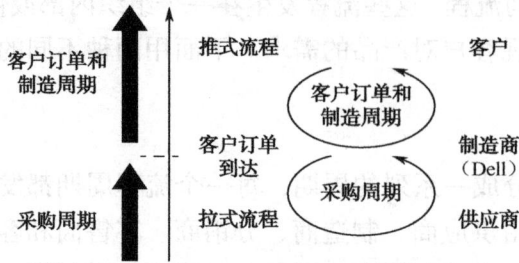

图 6-2　Dell 供应链的推/拉流程

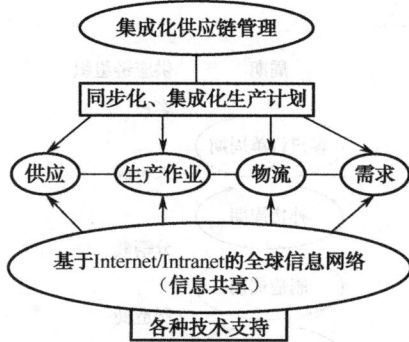

图 6-3　供应链管理涉及的领域

在以上 4 个领域的基础上，可以将供应链管理细分为职能领域和辅助领域。职能领域主要包括产品工程、产品技术保证、采购、生产控制、库存控制、仓储管理和分销管理。而辅助领域主要包括客户服务、制造、设计工程、会计核算、人力资源和市场营销。

由此可见，供应链管理关心的并不仅仅是物料实体在供应链中的流动，除了企业内部与企业之间的运输问题和实物分销以外，供应链管理还包括：

① 战略性供应商和用户合作伙伴关系管理；
② 供应链产品需求预测和计划；
③ 供应链的设计（全球节点企业、资源、设备等的评价、选择和定位）；
④ 企业内部与企业之间物料供应与需求管理；
⑤ 基于供应链管理的产品设计与制造管理、生产集成化计划、跟踪和控制；
⑥ 基于供应链的用户服务和物流（运输、库存、包装等）管理；
⑦ 企业间资金流管理（汇率、成本等问题）；
⑧ 基于 Internet/Intranet 的供应链交互信息管理等。

供应链管理注重总的物流成本（从原材料到最终产成品的费用）与用户服务水平之间的关系，为此要把供应链各个职能部门有机地结合在一起，从而最大限度地发挥供应链整体的力量，达到供应链企业群体获益的目的。

6．供应链管理的效益

1997 年 PRTM（Pittiglio Rabin Todd & Mcgrath）公司进行的一项关于集成化供应链管理的调查（调查涉及 6 个行业的 165 个企业，其中化工企业占 25%，计算机电子设备企业占 25%，通信企业占 16%，服务企业占 15%，工业企业占 13%，半导体企业占 6%）表明，通过实施供应链管理，企业可以取得以下多方面的效益：总供应链管理成本（占收入的百分比）降低 10% 以上；中型企业的准时交货率提高 15%；订单满足提前期缩短25%~35%；中型企业的增值生产率提高 10% 以上；绩优企业资产运营业绩提高 15%~20%；中型企业的库存降低 3%，绩优企业的库存降低 15%；绩优企业在现金流周转周期上具有比一般企业少 40~65 天的优势。

戴维德·霍尔（David Hole）认为，通过良好的供应链管理可以在进入新市场，开发新产品，开发新分销渠道，改善售后服务水平，提高用户满意程度，降低库存、后勤成本、单位制造成本，提高工作效率等方面获得满意效果。

6.2.2　供应链的构建

1．供应链设计原则

在供应链的设计过程中，应遵循一些基本的原则，以保证供应链的设计和重建能满足供应链管理思想得以实施和贯彻的要求。

（1）战略性原则

供应链设计的战略性原则体现在供应链发展的长远规划和预见性上，供应链的系统结构发展应与企业的战略规划保持一致，并在企业战略指导下进行。

（2）简洁性原则

简洁性是供应链设计的一个重要原则，为了使供应链具有灵活、快速响应市场的能力，供应链的每个节点都应是精洁的、具有活力的，能实现业务流程的快速组合。

（3）集优原则（互补性原则）

供应链的各个节点的选择应遵循强强联合的原则，以实现资源外用的目的。每个企业只集中精力于各自核心的业务过程，就像一个独立的制造单元（独立制造岛），这些所谓的单元化企业具有自我组织、自我优化、面向目标、动态运行和充满活力的特点，能够实现供应链业务的快速重组。

（4）协调性原则

供应链业绩好坏取决于供应链合作伙伴关系是否和谐，因此建立战略伙伴关系的合作企业关系模型是实现供应链最佳效能的保证。席酉民教授认为，和谐描述系统是否形成了充分发挥系统成员和子系统的能动性、创造性及系统与环境的总体协调性。只有和谐而协调的系统才能发挥最佳效能。

167

（5）动态性（不确定性）原则

不确定性的存在，导致需求信息的扭曲。因此，要预见各种不确定因素对供应链运作的影响，减少信息传递过程中的信息延迟和失真。降低安全库存总是与提高服务水平相矛盾。增加透明度，减少不必要的中间环节，提高预测的精度和时效性对降低不确定性的影响都是极为重要的。

2．供应链管理发展阶段与结构关系

供应链管理发展有 5 个阶段，见表 6-2。

表 6-2　供应链管理发展阶段的结构表示

阶　段	描　述	结 构 形 态
1	基础建设	采购　物料控制　生产　销售　分销
2	职能集成	物料管理　制造管理　分销
3	内部供应链集成	物料管理 制造管理 分销
4	外部供应链集成	供应商 内部供应链 分销
5	集成化供应链动态联盟	供应链联盟

（1）阶段 1

基础建设：在原有企业供应链的基础上分析、总结企业现状，分析企业内部影响供应链管理的阻力和有利之处，同时分析外部市场环境，对市场的特征和不确定性做出分析和评价，最后相应地完善企业的供应链。

在传统型供应链中，企业职能部门分散、独立地控制供应链中的不同业务。企业组织结构比较松散。这时的供应链管理主要具有以下特征。

① 企业的核心在于产品质量。由于过于注重生产、包装、交货等的质量，可能导致成本过高，因此企业的目标在于以尽可能低的成本生产高质量的产品，以解决成本—效益障碍。

② 关于销售、制造、计划、物料、采购等的控制系统和业务过程相互独立、不相匹配，因部门合作和集成业务失败导致多级库存等问题。

③ 组织部门界限分明，单独操作，往往导致相互之间的冲突。采购部门可能只控制物料来源和原材料库存，制造和生产部门通过各种工艺过程实现原材料到成品的转换，销售和分销部门可能处理外部的供应链和库存，而部门之间的关联业务往往就会因各自为政而发生冲突。处于这一阶段的企业主要采用短期计划，出现困难时需要一个一个地

解决。虽然企业强调办公自动化，但这样一种环境往往导致整个供应链的效率低下，同时也提高了企业对供应和需求变化影响的敏感度。

（2）阶段 2

职能集成：重点处理企业内部的物流，企业围绕核心职能对物流实施集成化管理，对组织实行业务流程重构，实现职能部门的优化集成，通常可以建立交叉职能小组，参与计划和执行项目，以提高职能部门之间的合作，克服这一阶段可能存在的不能很好满足用户订单的问题。职能集成强调满足用户的需求。事实上，用户需求在今天已经成为驱动企业生产的首要动力，而成本则在其次，但这样往往导致第二阶段的生产、运输、库存等成本的增加。此时供应链管理主要有以下特征。

① 将分销和运输等职能集成到物流管理中，制造和采购职能集成到生产职能中。

② 强调降低成本而不注重操作水平的提高。

③ 积极为用户提供各种服务，满足用户需求。

④ 职能部门结构严谨，均有库存做缓冲。

⑤ 具有较完善的内部协定，如采购折扣、库存投资水平、批量等。

⑥ 主要以订单完成情况及其准确性作为评价指标。

在集成化供应链管理的第二阶段一般采用 MRP 系统进行计划和控制。对于分销网，需求得不到准确的预测和控制，分销的基础设施与制造没有有效连接。由于用户的需求得不到确切的理解，从而导致计划不准确和业务的失误，因此在第二阶段要采用有效的预测技术和工具对用户的需求做出较为准确的预测、计划和控制。

但是，以上采用的各项技术之间、各项业务流程之间、技术与业务流程之间都缺乏集成，库存和浪费等问题仍可能困扰企业。

（3）阶段 3

内部供应链集成：实现企业内部供应链与外部供应链中供应商和用户管理部分的集成，形成内部集成化供应链。集成的输出是集成化的计划和控制系统。为了支持企业内部集成化供应链管理，主要采用供应链计划和 ERP 系统来实施集成化计划和控制。这两种信息技术都是基于客户服务体系在企业内部集成中的应用。有效的 SCP 集成了企业所有的主要计划和决策业务，包括需求预测、库存计划、资源配置、设备管理、优化路径、基于能力约束的生产计划和作业计划、物料和能力计划、采购计划等。ERP 系统集成了企业业务流程中主要的执行职能，包括订单管理、财务管理、库存管理、生产制造管理、采购等职能。SCP 和 ERP 通过基于事件的集成技术联结在一起。

本阶段企业管理的核心是内部集成化供应链管理的效率问题，主要考虑在优化资源、能力的基础上，以最低的成本和最快的速度生产最好的产品，快速地满足用户的需求，以提高企业反应能力和效率。这对于生产多品种或提供多种服务的企业来说意义更大。投资于提高企业的运作柔性也变得越来越重要。在这一阶段需要构建新的交叉职能业务流程，逐步取代传统的职能模块，以用户需求和高质量的预测信息驱动整个企业供应链的运作。因为满足用户需求而导致的高服务成本是此阶段管理的主要问题。

169

这一阶段可以采用 DRP 系统、MRPII 系统管理物料，运用 JIT 等技术支持物料计划的执行。JIT 的应用可以使企业缩短市场反应时间、降低库存水平和减少浪费。在这个阶段，企业可以考虑同步化的需求管理，将用户的需求与制造计划和供应商的物料流同步化，减少不增值的业务。同时企业可以通过广泛的信息网络（而不是大量的库存）来获得巨大的利润。此阶段的供应链管理具有以下特征。

① 强调战术问题而非战略问题。

② 制定中期计划，实施集成化的计划和控制体系。

③ 强调效率而非有效性，即保证要做的事情尽可能好、尽可能快地完成。

④ 从采购到分销的完整系统具有可见性。

⑤ 广泛应用信息技术。

⑥ 与用户建立良好的关系，而不是"管理"用户。

（4）阶段 4

外部供应链集成：实现集成化供应链管理的关键在于第四阶段，将企业内部供应链与外部的供应商和用户集成起来，形成一个集成化供应网链。而与主要供应商和用户建立良好的合作伙伴关系，即所谓的供应链合作关系，是集成化供应链管理的关键。

此阶段企业要特别注重战略伙伴关系管理。管理的焦点是以面向供应商和用户取代面向产品，增加与主要供应商和用户的联系，增进相互之间的了解（产品、工艺、组织、企业文化等），相互之间保持一定的一致性，实现信息共享等，企业通过为用户提供与竞争者不同的产品服务或增值的信息而获利。供应商管理库存和共同计划预测与库存补充的应用就是企业转向改善、建立良好的合作伙伴关系的典型例子。通过建立良好的合作伙伴关系，企业就可以很好地与用户、供应商和服务提供商实现集成和合作，共同在预测、产品设计、生产、运输计划和竞争策略等方面设计和控制整个供应链的运作。对于主要用户，企业一般建立以用户为核心的小组，这样的小组具有不同职能领域的功能，从而更好地为主要用户提供有针对性的服务。

处于这个阶段的企业，生产系统必须具备更高的柔性，以提高对用户需求的反应能力和速度。企业根据不同用户的需求，既能按订单生产，按订单组装、包装，又能按备货方式生产，这样根据用户的不同需求对资源进行不同的优化配置的策略称为动态用户约束点策略。延迟技术可以很好地实现以上策略。延迟技术强调企业产品生产加工到一定阶段后，在收到用户订单以后根据用户的不同要求完成产品的最后加工、组装，这样企业供应链的生产就具有很高的柔性。

为了达到与外部供应链的集成，企业必须采用适当的信息技术为企业内部的信息系统提供与外部供应链节点企业之间很好的接口，达到信息共享和信息交互，实现相互操作的一致性。这些都需要采用 Internet 信息技术。

本阶段企业采用销售点驱动的同步化、集成化的计划和控制系统。它集成了用户订购数据和合作开发计划、基于约束的动态供应计划、生产计划等功能，以保证整个供应链中的成员同步化地进行供应链管理。

（5）阶段 5

集成化供应链动态联盟（供应链管理的发展趋势）：在完成以上 4 个阶段的集成以后，已经构成了一个网链化的企业结构，称之为供应链共同体，它的战略核心及发展目标是占据市场的领导地位。为了达到这一目标，随着市场竞争的加剧，供应链共同体必将成为一个动态的网链结构，以适应市场变化、柔性、速度、革新、知识等需要，不能适应供应链需求的企业将从供应链联盟中被淘汰。供应链从而成为一个能快速重构的动态组织结构，即集成化供应链动态联盟。企业通过 Internet 和网络商务软件等技术集成在一起以满足用户的需求，一旦用户的需求消失，它也将随之解体。而当另一需求出现时，这样的一个组织结构又由新的企业动态地重新组成。在这样的环境中求生存，企业如何成为一个能及时、快速满足用户需求的供应商，是企业生存、发展的关键。

集成化供应链动态联盟是基于一定的市场需求、根据共同的目标而组成的，通过实时信息的共享来实现集成。主要应用的信息技术是 Internet/Intranet 的集成，同步化、扩展的供应链计划和控制系统是主要的工具，以基于 Internet 的电子商务取代传统的商务手段。这是供应链管理发展的必然趋势。

3. 基于产品的供应链设计步骤

供应链设计步骤，如图 6-4 所示。

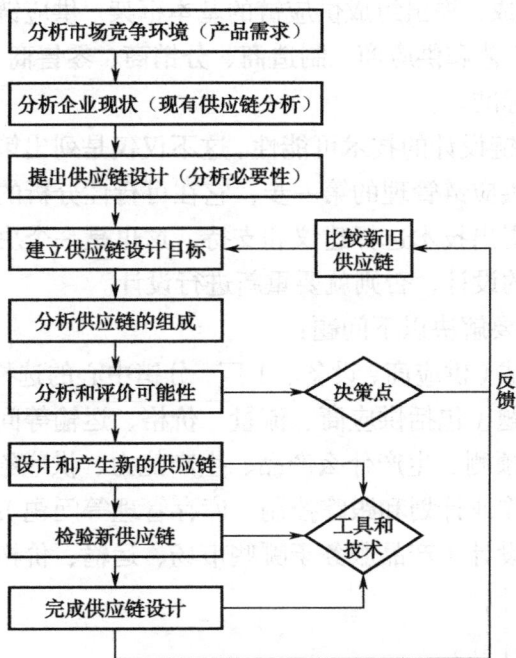

图 6-4　供应链设计步骤

① 分析市场竞争环境。目的在于找到针对哪些产品市场开发供应链才有效，为此，

必须知道现在的产品需求是什么，产品的类型和特征是什么。分析市场特征的过程中要向卖主、用户和竞争者进行调查，得出每一产品按重要性排列的市场特征。同时对于市场的不确定性要做分析和评价。

② 分析企业现状。主要分析企业供需管理的现状（如果企业已经有供应链管理，则分析供应链的现状），这一步骤的目的不在于评价供应链设计策略的重要性和合适性，而是着重于研究供应链开发的方向，分析、找到、总结企业存在的问题及影响供应链设计的阻力等因素。

③ 针对存在的问题提出供应链设计项目，分析其必要性。

④ 根据基于产品的供应链设计策略提出供应链设计的目标。主要目标在于获得高用户服务水平和低库存投资、低单位成本两个目标之间的平衡（这两个目标往往有冲突）。同时还应包括以下目标：

- 进入新市场；
- 开发新产品；
- 开发新分销渠道；
- 改善售后服务水平；
- 提高用户满意程度；
- 降低成本；
- 通过降低库存，提高工作效率等。

⑤ 分析供应链的组成，提出组成供应链的基本框架。供应链中的成员组成分析主要包括制造工厂、设备、工艺和供应商、制造商、分销商、零售商、用户的选择及其定位，以及确定选择与评价的标准。

⑥ 分析和评价供应链设计的技术可能性。这不仅仅是列出策略或改善技术的推荐清单，而且是开发和实现供应链管理的第一步，它在可行性分析的基础上，结合本企业的实际情况为开发供应链提出技术选择建议和支持。这也是一个决策的过程，如果认为方案可行，就可进行下面的设计，否则就要重新进行设计。

⑦ 设计供应链，主要解决以下问题：

- 供应链的成员组成（供应商、设备、工厂、分销中心的选择与定位、计划与控制）；
- 原材料的来源问题（包括供应商、流量、价格、运输等问题）；
- 生产设计（需求预测、生产什么产品、生产能力、供应给哪些分销中心、价格、生产计划、生产作业计划和跟踪控制、库存管理等问题）；
- 分销任务与能力设计（产品服务于哪些市场、运输、价格等问题）；
- 信息管理系统设计；
- 物流管理系统设计等。

⑧ 检验供应链。供应链设计完成以后，应通过一定的方法、技术进行测试检验或试运行，如果存在问题，则要返回第 4 步重新进行设计；如果没有什么问题，就可实施供应链管理了。

6.2.3 供应链管理的实施

1．供应链的成长机制

供应链运作的表象是物流、信息流、资金流，但是供应链的成长过程实质是通过产品（技术、服务）的扩散机制来满足社会需求，同时通过市场的竞争机制来发展壮大企业的实力。因此，供应链管理实际上是一种基于"竞争—合作—协调"机制、以分布企业集成和分布作业协调为保证的新的企业运作模式。

当考察一个供应链成长过程时，不仅应该看到企业有形的力量在壮大，更应该看到企业无形的能量在升华，因此供应链的成长过程既是一种几何（组织）生长过程，也是一种能量的集聚过程和思想文化的变迁过程。

供应链成长过程体现在企业在市场竞争中的成熟与发展之中，通过供应链管理的合作机制、决策机制、激励机制和自律机制等来实现满足顾客需求、使顾客满意以及留住顾客等功能目标，从而实现供应链管理的最终目标：社会目标（满足社会就业需求）、经济目标（创造最佳效益）和环境目标（保持生态与环境平衡）的合一，这可以说是对供应链管理思想的哲学概括。

（1）合作机制

供应链合作机制体现了战略伙伴关系和企业内外资源的集成与优化利用。基于这种企业环境的产品制造过程，从产品的研究开发到投放市场，周期大大缩短，而且顾客导向化程度更高。模块化、简单化产品，标准化组件，使企业在多变的市场中柔性和敏捷性显著增强。企业集成的范围扩展了，从原来的中低层次的内部业务流程重组上升到企业间的协作，这是一种更高级别的企业集成模式。在这种企业关系中，市场竞争策略最明显的变化就是基于时间的竞争转变为价值链及价值让渡系统管理或基于价值的供应链管理的竞争。

（2）决策机制

由于供应链企业决策信息的来源不再局限于一个企业内部，而是在开放的信息网络环境下，不断进行信息交换和共享，达到供应链企业同步化、集成化计划与控制的目的，而且随着 Internet/Intranet 发展成为新的企业决策支持系统，企业的决策模式将会产生很大的变化，因此处于供应链中的任何企业决策模式应该是基于 Internet/Intranet 的开放性信息环境下的群体决策模式。

（3）激励机制

供应链管理与任何其他的管理思想一样都是要使企业在竞争中在"TQCSF"上有上佳表现（T 为时间，指反应快，如提前期短、交货迅速等；Q 为质量，指控制产品、工作及服务质量高；C 为成本，企业要以更少的成本获取更大的收益；S 为服务，企业要不断提高用户服务水平，提高用户满意度；F 为柔性，企业要有较好的应变能力）。缺乏

173

均衡一致的供应链管理业绩评价指标和评价方法，是目前供应链管理研究的弱点和导致供应链管理实践效率不高的一个主要问题。为了掌握供应链管理的技术，必须建立健全业绩评价和激励机制，明确供应链管理思想在哪些方面、多大程度上给予企业改进和提高，以推动企业管理工作不断完善和提高，使供应链管理能够沿着正确的轨道发展，真正成为企业管理者乐于接受和实践的新的管理模式。

（4）自律机制

自律机制要求供应链企业向行业的领头企业或最具竞争力的竞争对手看齐，不断对产品、服务和供应链业绩进行评价，并不断地改进，使企业能保持自己的竞争力和持续发展。自律机制主要包括企业内部的自律、对比竞争对手的自律、对比同行企业的自律和比较领头企业的自律。企业通过推行自律机制，可以降低成本，增加利润和销售量，更好地了解竞争对手，提高客户满意度，增加信誉，企业内部部门之间的业绩差距也可以得到缩小，提高企业的整体竞争力。

2. 供应链管理的原则

① 根据客户所需的服务特性来划分客户群。传统意义上的市场划分基于企业自己的状况如行业、产品、分销渠道等，然后对同一区域的客户提供相同水平的服务；供应链管理则强调根据客户的状况和需求，决定服务方式和水平。

② 根据客户需求和企业可获利情况，设计企业的后勤网络。一家造纸公司发现两个客户群存在截然不同的服务需求：大型印刷企业允许较长的提前期，而小型的地方印刷企业则要求在 24 小时内供货，于是它建立了 3 个大型分销中心和 46 个紧缺物品快速反应中心。

③ 收集市场的需求信息。销售和营运计划必须监测整个供应链，以及时发现需求变化的早期警报，并据此安排和调整计划。

④ 时间延迟。由于市场需求的剧烈波动，距离客户接受最终产品和服务的时间越早，需求预测就越不准确，而企业还不得不维持较大的中间库存。例如，一家洗涤用品企业在实施大批量客户化生产的时候，先在企业内将产品加工结束，然后在零售店完成最终的包装。

⑤ 与供应商建立双赢的合作策略。迫使供应商相互压价，固然能使企业在价格上取得收益，但相互协作则可以降低整个供应链的成本。

⑥ 在整个供应链领域建立信息系统。信息系统首先应该处理日常事务和电子商务；然后支持多层次的决策信息，如需求计划和资源规划；最后应该根据大部分来自企业之外的信息进行前瞻性的策略分析。

⑦ 建立整个供应链的绩效考核准则，而不仅仅是局部的个别企业的孤立标准，供应链的最终验收标准是客户的满意程度。

3. 供应链运作参考模型

供应链运作参考模型由供应链协会开发和支持，它适用于不同工业领域。1996 年春，两个位于美国波士顿的咨询公司 Pittiglio Rabin Todd & McGrath（PRTM）和 AMR Research 为了帮胁企业更好地实施有效的供应链，实现从基于职能管理到基于流程管理的转变，牵头成立了供应链协会（SCC），并于当年年底发布了供应链运作参考（SCOR）模型。

SCOR 模型包括 6 个基本章节：引言、计划、资源、制造、交付和术语表。计划和执行（资源、制造、交付）章节是模型的核心，而术语表则提供了在模型中使用的标准流程和尺度的术语列表。计划、资源、制造和交付章节有着类似的结构。在每一部分的开始都有一张图表，用可视的方式展示业务流程单元、它们之间的关系，以及与每个业务流程密切相关的输入和输出。跟在图表后面的是文字表格，它确定：

① 业务流程单元的标准名称；

② 该业务流程单元的标志；

③ SCC 对该业务流程单元的标准定义；

④ 与此业务流程单元相关的性能属性；

⑤ 与性能属性相关的评测尺度；

⑥ 与此业务流程相关的最佳措施（可选，不必是详尽的列表）和特征（一般的技术性描述），以提高该业务流程的性能。

用 SCOR 模型一组通用的标准业务流程元素建立模块，可以描述很简单或很复杂的供应链。这样，不同行业就可以连接起来，从实际的广度和深度上描述任何供应链。SCOR 模型能为全球性企业以及各地特定企业，描述并提供供应链改进的基础。

SCOR 模型涵盖所有的用户交易活动（从提交订单到结算付款）、所有的物料传输（从供应商的供应商到用户的用户），以及所有的市场交互活动（从了解和收集需求到满足每一份订单）。它并不企图描述每一个业务流程，特别是销售和市场开拓、产品研发或发送后的用户支持等活动。值得注意的是，SCOR 模型描述的是供应链的业务流程，而不是功能。换句话说，SCOR 模型把注意力集中在有关的供应链业务活动上，而不是从事这些活动的人或组织机构。

SCOR 模型的设计和维护是用以支持各种复杂的跨行业的供应链的，供应链协会把注意力集中在流程的三个层面上，而不企图去规定一个特定的组织如何去操作它的业务，制作它的系统信息流。每一个利用 SCOR 模型来改进其供应链的单位，都应当用自己特有的业务流程、系统和措施来扩展这个模型，至少要扩展到第 4 层。

4. 供应链实施与改善的步骤

① 将企业的业务目标同现有能力及业绩进行比较，首先发现现有供应链的显著弱点，经过改善，迅速提高企业的竞争力。

② 同关键客户和供应商一起探讨、评估全球化、新技术和竞争局势，建立供应链的远景目标。

③ 制定从现实过渡到理想供应链目标的行动计划，同时评估企业实现这种过渡的现实条件。

④ 根据优先级安排上述计划，并且承诺相应的资源。

6.2.4 电子商务与供应链管理

随着技术进步，信息替代劳动力和库存成为提高生产力的主要因素，而企业用于提高决策水平的信息更多地来源于电子商务（EC）。供应商通过 EDI 给其用户发出船运通知单，通知用户什么产品将于什么时候出运，用户利用这些信息更改其库存水平。而分销商把销售点和预测信息传送给他们的供应商，供应商再根据这些信息进行计划和生产。当供应链中节点企业能很好地通过电子商务达到信息共享后，企业就可以提高生产力，提高质量，为产品提供更大的附加值。通过 EC 的运用，能有效改善供应商、制造商、分销商和用户之间在供应链中的关系，而且在企业内部，EC 也可以改善部门之间的联系。例如，Internet 使用户可以直接从供应商那里获得产品，同时还可获得有用信息；而且通过 Internet，企业能以更低的成本加入供应链联盟中。

1. 电子商务在供应链管理中的技术手段

（1）EDI 销售点和预测

EDI 是一种在合作伙伴企业之间交换信息的有效技术手段。它是在供应链中连接节点企业的商业应用系统的媒介。供应链环境中不确知的是最终消费者的需求，必须对最终消费者的需求做出准确的预测，供应链中的需求大都来源于这种需求预测。虽然预测的方法有上百种，但通过 EDI 预测，可以最有效地减少供应链系统的冗余性，这种冗余可能导致时间的浪费和成本的增加。通过利用预测信息，用户和供应商可以一起努力缩短订单周期（循环时间）。

（2）财务技术手段

财务 EC 广泛应用于财务机构之间，用户可以通过汇款通知系统结账，而不是通过支票。汇款通知数据包括银行账号、发票号、价格折扣和付款额。用户的财务机构通过 EFT 系统将汇款通知信息传递给供应商的财务机构，供应商的财务机构将付款确认信息传送给供应商并收款结账，供应商则根据付款信息更改应收账款等数据。另一种广泛应用的财务 EC 是 Lockboxes。用户将支票或电子付款单传送到供应商的 Lockboxes，供应商的财务机构会处理这一付款单，将付款存入供应商的账号，同时从用户的财务机构扣除此款，财务机构会通过 EDI-Lockboxes 将付款单信息传送给用户和供应商。ECR（Evaluated Cash Receipt）是一种有效地减少发票的技术手段。用户可以在接收到产品或服务时通过 ECR 自动地以共同商定的单位价格付款给供应商。通过 ECR 可改善现金流管理和减少纸面工作。

（3）非技术型企业的 EC

大企业不希望同时拥有具有相同功能的多个系统，所以希望通过 EC 实现商业交流的标准化，而忽略了商业伙伴的 EC 能力。没有 EC 系统的小企业，将采用 E-mail 或传真电子会议、电子市场营销（电子广告）、电子用户支持系统、用户网上采购的服务实现 EC 功能。

（4）共享数据库技术

战略合作伙伴如果知道需要相互之间的某些快速更新的数据，他们将共享部分数据库。合作伙伴可以通过一定的技术手段在一定的约束条件下相互共享特定的数据库。例如，有邮购业务的企业与其供应商共享运输计划数据库，JIT 装配制造商与其主要供应商共享生产作业计划和库存数据。

2. 基于电子商务的信息组织与集成模式

根据电子商务与供应链管理的结合应用，可以建立基于电子商务的信息组织与集成模式，如图 6-5 所示。

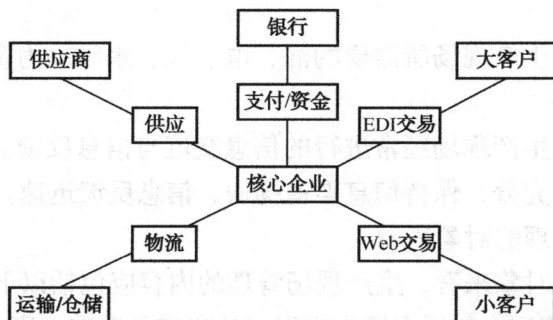

图 6-5　基于电子商务的信息组织与集成模式

6.3　生产现场管理

6.3.1　生产现场管理的内容与要求

1. 生产现场管理的内容

生产现场管理的内容可以从不同的角度去概括和分析。例如，从管理职能的角度分析，生产现场管理具有计划、组织、控制、激励和教育等职能；从构成现场的点、线、面分析，生产现场管理可分为工序管理、生产线管理、车间管理等。下面从生产现场的构成要素和管理对象两个角度来阐述生产现场管理的内容。

177

（1）从生产现场的构成要素来看

① "人"。这包括生产现场管理的组织领导者、技术人员、管理人员、操作人员和辅助生产人员。"人"是生产现场管理中最关键的因素。

② "机"。这是指生产现场的工具、设备，包括工、夹、量、模、刃具及机械设备、电气设备、运输设备和检测装置等，这是组成现场生产力的重要因素。

③ "料"。这是指生产现场要用的各种原材料、辅助材料、配套件、在制品、半成品等。它们是组成现场生产力的重要因素，也是生产现场管理中数量大、变化多、难度最高的因素。

④ "物"。这是指生产现场要用的其他辅助性物品、基层管理人员现场办公设施和生活设施，如工具柜、更衣柜、饮水柜、消防器材、换气设施、制冷或暖气设施等。这是生产现场管理中比较繁杂，但又不可忽视的内容之一。

⑤ "法"。这是指组织现场生产所必需的各种制度、法规、标准和技术工艺文件、作业指导书等。

⑥ "环"。这是指生产现场的环境，包括厂房、场地、通道、作业区域、存放区域的划分、通风照明、温度、湿度、防震、防磁、防辐射、防噪声等环境条件，以及安全文明生产等。

⑦ "能"。这是指生产现场所需要的油、电、气、水等动力资源。节能降耗也是生产现场管理的目的之一。

⑧ "信"。这是指生产现场经常进行的信息交流与信息反馈。生产现场管理的目标之一是保证信息准确、充分，保持信息渠道畅通、信息反馈迅速。

（2）从生产现场管理的对象来看

从生产现场管理的对象来看，生产现场管理的内容应包括以下几个方面。

① 现场生产组织管理，包括现场生产组织的确定及改善、班组建设、生产作业计划的编制、现场生产调度、生产进度的统计分析等。

② 现场工艺技术管理，包括技术图纸、作业指导书、工艺文件及工艺规程执行情况的检查、考核，以及工艺流程的确定和工艺改进、技术改进等的管理。

③ 现场质量管理，包括现场质量监测、控制，以及质量保证体系的运行、现场文明生产的组织实施等。

④ 现场设备管理，包括设备的维护、保养、修理和设备的合理利用、安全操作等。

⑤ 现场物资管理，包括生产现场要用的其他辅助性物品、基层管理人员现场办公设施和生活设施的管理等。

⑥ 现场劳动管理，包括劳动力的调度和安排，劳动定额的制定、修订和实施，劳动技能的训练和提高，劳动纪律的执行等的管理。

⑦ 现场安全管理，包括安全纪律、安全设施、防尘、防毒、防火、防汛、防辐射、防干扰、防噪声、防暑降温、防寒等的管理。

⑧ 现场环境管理，包括厂容厂貌、通风、照明、粉尘、噪声、温度、湿度等的管理。

⑨ 现场成本管理，包括生产批量的确定，材料定额和工时定额的执行、控制、统计与分析，原材料的合理利用，节能降耗工作的开展等。

⑩ 生产现场管理诊断，包括发现生产现场问题，提出改进的目标，找出存在的主要因素，提出相应的改进措施，然后对症下药，优化生产现场管理等。

值得注意的是，在不同行业的不同企业中，生产现场管理的重点不尽相同。同时，随着生产技术的发展和管理水平的提高，现场管理的重点内容也会不断变化。

2. 生产现场管理的基本要求

① 物流有序。要求实现生产现场的所有物料流动井然有序，没有或很少有不必要的往复、交叉、短缺或库存等。

② 生产均衡。要求工艺布局、劳动组织合理，生产条件准备充分，生产活动按工艺流程、作业计划有节奏地进行。

③ 设备完好。要求遵守设备使用、维护、检修规程，各类设备保持完好、整洁。

④ 信息准确。要求各种原始记录、资讯管理系统、报表的填写符合规范，字迹工整，数字准确，传递及时等。

⑤ 纪律严明。要求建立健全并严格执行各种生产性规章制度、工艺规程、操作规程和安全规程等，生产活动做到有法可依、有法必依、执法必严、违法必究。

⑥ 环境整洁。要求生产环境满足作业要求和工人的身心健康要求，符合国家有关环境卫生规定，坚决消除生产现场"脏、乱、差"的状况，实现安全文明生产目标。

⑦ 标本兼治。要求对生产现场所表现出的问题，深入分析其产生的原因，从根本上消除其再发生的可能性。通过纠正和预防并举，实现标本兼治。

6.3.2 生产现场定置管理

1. 定置管理的含义

定置管理就是对生产现场的人、物、场所三者之间的关系进行科学的分析和研究，使之达到最佳结合状态的一种科学管理方法。它是以生产现场为研究对象，通过整理，把与生产现场作业无关的物品及时清除掉；通过整顿，把生产现场需要的物品放置在规定的位置；最终以物在场所中的科学定置为前提，以定置的信息系统为媒介，使各生产要素有机结合，实现生产现场管理的科学化、规范化、标准化。

2. 定置管理的基本原理

在工厂生产活动中，构成工序生产的要素主要有材料、半成品、机械设备、工夹制模具、操作人员、工艺方法和生产环境等，通常将它们归纳为人、物、场所和信息四要素。定置管理的最终目标就是要借助信息媒介实现人、物、场所的有效结合，以高效地完成预定的任务。

（1）人、物、场所的独立及结合状态

通常情况下，生产现场的人、物、场所分别表现为好、一般和差三种独立和结合状态，见表6-3。

表6-3　常见人、物、场所的独立及结合状态

要　　素	A 状态（好）	B 状态（一般）	C 状态（差）
人	指劳动者本身的心理、生理、情绪均处在高昂、充沛、旺盛的状态，技术熟练，能高质量地连续作业	指人的心理、生理、情绪、技术四要素，部分出现了波动和低潮的状态。它是需要改进的状态	指人的心理、生理、情绪、技术四要素均处于不良状态，它是不允许出现的状态
物	指设备、工具、加工工件等正处于完好和等待被使用的状态，而且均被妥善、规范放置，处于随时随手可取状态	指物处于需要寻找的状态。如生产现场混乱，库房不整，要用的东西需要花费时间逐一寻找	指现场物品与生产和工作无关，或处于不完好状态或放置混乱，很难找到。这是需要整理，即放弃的状态
场所	指良好的作业环境。如生产现场的生产区、通道、通风设施、安全设施、环境保护（包括温度、光照、噪声、粉尘、人的密度等）都符合规定要求	指需要不断改进的作业环境。如场所环境只能满足生产需要而不能满足人的生理需要，或相反。这种状态需要改进，应以既满足生产需要，又满足人的生理需要为目标	指应消除或彻底改进的环境。如场所环境既不能满足生产需要，又不能满足人的生理需要
人、物、场所的结合	指人、物、场所均处于良好与和谐、紧密结合、有利于连续作业的状态	指人、物、场所在配置、结合程度上还有待进一步改进，还未能充分发挥各要素的潜力。这是需要改进的状态	指人、物、场所处于不良结合状态，已严重影响作业的正常进行。这是需要取消或彻底改造的状态

定置管理的核心就是尽可能减少和不断清除 C 状态，改进 B 状态，保持和进一步完善 A 状态。

（2）人与物的结合方式

在所有生产现场，所有物品都是为了满足人的需要而存在的，因而必须使物品以一定的形式与人结合。通常情况下，人与物的结合有以下两种方式。

① 直接结合。在这种方式下，人能立即拿到他所需要的物品。通常表现为物品被随身携带或放在伸手可及的地方。这种结合会减少由于寻找物品而造成的工时消耗。这是人与物的较理想结合方式。

② 间接结合。在这种方式下，人和物处于分离状态，相互之间必须依靠信息的作用才能结合。例如，人要想拿到存放在仓库或工具柜里的某电子元件，必须借助有关物品

登记台账及物品标识卡等信息媒介才能较快找到。

在生产活动中，人与物的结合状态，是决定生产有效程度的重要因素。但人与物的结合都是在一定场所进行的。因此，要实现人与物的最佳结合，首先必须处理好物与场所的关系，实现物与场所的合理结合。物与场所的有效结合是实现人与物有效结合的基础。

小贴士

人与物结合成本的优化

人与物的结合成本，与人与物的结合状态有直接关系。当人与物的结合处于 A 状态时，结合成本可以忽略不计。当人与物的结合处于 B 状态时，人需要花费很多时间去寻找需要的物。用于寻找物的工时费用越多，结合成本就越高，物的使用费用也就越高，即增加了物的现成本。用公式表示如下：

物的现成本＝物的原成本＋结合成本

例如：某操作者在生产时需要使用一套塑胶模具，模具的原成本为 2800 元。当模具处于 A 状态时，结合成本很少，可以不考虑，模具的现成本为它的原成本，即 2800 元。如果模具处于 B 状态，假定寻找该模具花费了 5 个小时，单位工时费用为 10 元，则模具的现成本为

$$2800+5\times10=2850（元）$$

如果模具处于 C 状态，即模具已与生产活动无关，那么模具可做入库或报废处理。

从上面的分析可知，力求使人与物的结合保持 A 状态，是降低结合成本，使物的现成本不增加的最佳途径。

（3）物与场所的结合方式

研究物与场所的有效结合，需要对生产现场、人、物进行作业分析和动作研究，使对象物品按生产需要、工艺要求及物流运动的规律等合理摆放，缩短人取物的时间，以提高工作效率，即对物进行定置。定置通常有以下两种基本方法。

① 固定位置，即场所固定、物品存放位置固定、物品的信息媒介物固定。这种"三固定"的方法，适用于那些在物流系统中周期性地回归原地，在下一生产活动中重复使用的物品，如工具、量具、工艺装备、工位器具、运输装置等主要用做加工手段的物品。

② 自由位置，即相对地固定一个存放物品的区域，至于物品在此区域内的具体放置位置，则根据当时的生产情况及一定的规则来决定。这种方式的特点是在规定区域内有一定的自由度，故称自由位置。这种方法适用于物流系统中那些不回归、不重复使用的物品，如对原材料、辅助材料、产成品的存放。在生产现场，这些物品按照工艺流程不停地从上道工序流向下道工序，而且种类、规格多，每种物品的数量有时多、有时少，很难就每种物品规定具体位置，因此，对这类物品应采用规定一个较大范围区域的办法来定置。对于特定区域而言，应根据充分利用空间、便于收发、便于清点等规则来确定

具体的存放地点。

（4）信息媒介

信息媒介就是在人与物、物与场所结合过程中起着指导、控制、确认等作用的信息载体。在生产活动中，由于使用的物品品种多、规格杂，它们不可能都放置在操作者的手边。那么，它们在哪儿、有多少、要用多少等，需要有一定的信息来指引。是否找到了物品存放处、拿到的物品是不是所需的物品，也需要有信息来确认。因此，在定置管理中，完善而准确的信息媒介是很重要的，它直接影响到人、物、场所的有效结合程度。根据信息媒介在定置管理中所起的作用，信息媒介可分为以下两类。

① 引导型。该类信息告诉人们"某物在何处、某处在哪里"等。例如，位置台账、移动看板、定置图等，都是常用的引导信息媒介。人们凭借这些信息媒介，很容易找到所需物品所在的场所（所在处），如图6-6所示。

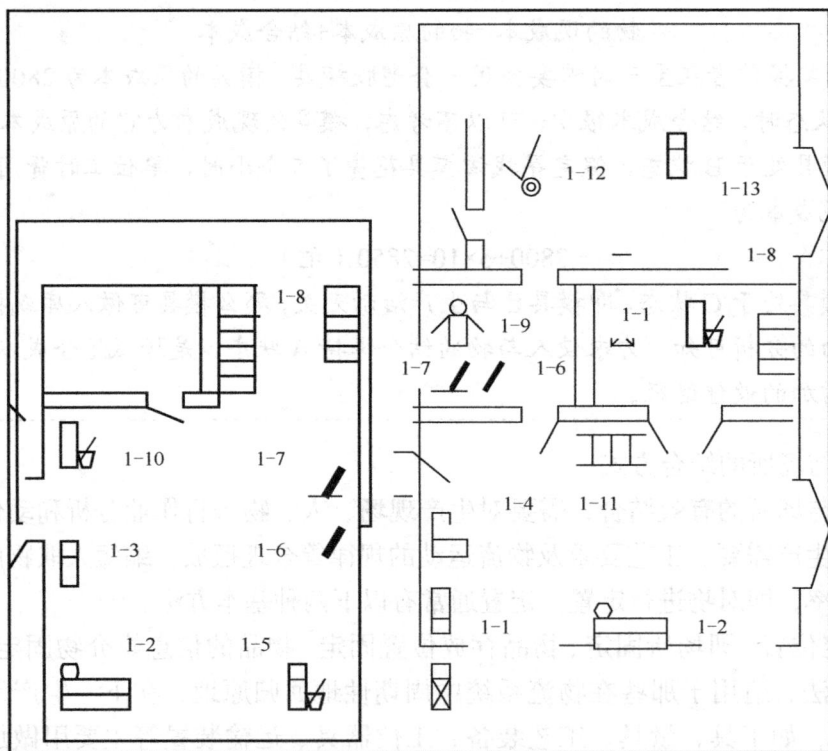

图6-6 某车间容器、器具平面定置图

② 确认型。该类信息告诉人们"此处即某处、此物即某物"。例如，各种区域标志线、标志牌、各种物品的卡牌等。

总之，实行定置管理，必须重视和健全各种信息媒介物。良好的定置管理，要求信息媒介物达到五方面要求，齐全、准确、鲜明、经济和标准化。

3．定置管理的基本原则

① 有物必有区，即应划区、分位进行物品摆放。

② 有区必标识，即充分发挥信息媒介的作用，让各区域、位置都有便于区别的鲜明的标志，使区位清楚明确。

③ 符合工艺要求，即按工艺顺序和特点进行物品划区，以便于操作和使用。

④ 适应动态变化，即在开展定置管理时，应将固定标识与移动标识相结合，将固定区位与自由区位相结合，以更好地满足生产管理的需要。

⑤ 追求安全效率，即定置管理应以安全、高效为目标，对特种危险品进行特种定置，对常用一般物品以快捷、方便为前提定置。

4．实施定置管理的一般程序

开展定置管理一般应按照组织准备、现场调研、制定定置标准、绘制定置图、设计并制作信息媒介物、定置实施、检查与反馈、巩固提高 8 个步骤进行。

（1）组织准备

该环节的主要工作是成立定置管理领导小组、制定定置管理工作计划、设计定置管理总体目标和开展有关定置管理的宣传教育与培训等。

（2）现场调研

该环节的主要工作是深入生产现场，详细调查了解工艺流程，人、物、场所的结合状态，信息媒介的使用及效果等情况，寻找存在的问题。

（3）制定定置标准

在定置过程中，须先制定定置标准，即确定按什么标准进行定置。企业内部各部门、各单位应统一标准，不得随心所欲。定置标准包括定置物品的分类标准、定置管理的信息标志标准、定置管理颜色标准、定置图绘制标准、定置物的放置标准、各场所定置标准等。

（4）绘制定置图

定置图是对生产现场所有物品进行定置，并通过调整物品来改善场所中人与物、人与场所、物与场所之间相互关系的综合反映图。其种类有室外区域定置图、车间定置图、各作业区定置图和特殊要求定置图（如工作台面、工具箱内，以及对安全、质量有特殊要求的物品定置图）。

定置图绘制的原则有：

① 生产现场所有物品均应绘制在图上。

② 定置图绘制以简明、扼要、完整为原则，物形为大概轮廓，尺寸按比例核定，相对位置要准确，区域划分应清晰鲜明。

③ 生产现场暂时没有，但已决定制作的物品，应在图上标示出来。准备清理掉的无用之物不得在图上出现。

④ 定置物可用标准信息符号或自定信息符号进行标注，并均在图上加以说明。

⑤ 定置图应按定置管理标准的要求绘制，但应随着定置关系的变化而进行修改。

（5）设计并制作信息媒介物

信息媒介物设计包括信息符号设计和示板图、标牌设计等。各类信息媒介物通常都需要运用各种信息符号来表示，以便人们迅速、直观地掌握情况。各个企业应根据实际情况设计和应用有关信息符号，并纳入定置管理标准。在设计信息符号时，有国家标准的（如安全、环保、搬运、消防、交通等）应直接采用国家标准。若无国家标准，企业应根据行业特点、产品特点、生产特点等进行设计。新设计符号应简明、形象、美观。

定置示板图用于显示现场定置情况的综合信息，它是定置图的艺术表现和反映。标牌是指示定置物所处状态、区域、数量等信息的标志，包括建筑物标牌，货架、货柜标牌，原材料、在制品、成品标牌等。示板图和标牌的底色宜选用淡色调，图面应清洁、醒目且不易脱落。各类定置物、区（点）应分类规定颜色标准。

（6）定置实施

定置实施是定置管理工作的重点。它包括以下 4 个步骤。

① 实施定置前的准备工作。这包括制作或（和）购置各种容器、器具，制作信息牌，设定清除物存放地，划分区域等。

② 清除与生产无关之物。生产现场凡与生产无关的物品，都要清除干净。清除与生产无关的物品应本着"双增双节"精神，能转变利用便转变利用，不能转变利用时可以变卖，化为资金。

③ 按定置图实施定置。各车间、部门都应按照定置图的要求，将生产现场、器具等物品进行分类并予以定位。定置的物品要与图相符，位置要正确，摆放要整齐，储存要有器具。可移动物如推车、电动车等也要定置到适当位置。

④ 放置标准信息媒介。放置标准信息媒介要做到牌、物、图相符，设专人管理，不得随意挪动。要以醒目和不妨碍生产操作为原则。总之，定置实施必须做到：有图必有物，有物必有区，有区必挂牌，有牌必分类；按图定置，按类存放，账（图）物一致。

（7）检查与反馈

定置实施完成后，应对照定置标准、原则以及定置图等，对定置执行情况及效果进行检查，对发现的问题与不足应及时予以纠正和完善，确保定置管理的质量与效果。

（8）巩固提高

定置管理只有持之以恒，才能巩固成果，并使之不断发展。因此，必须建立定置管理的检查、考核制度，制定检查与考核办法，并按标准严格奖罚，以实现定置管理长期化、制度化和标准化。定置考核的主要指标是定置率。定置率的计算公式如下：

$$定置率=\frac{实际定置的物品个数（种类）}{定置图规定的定置物品个数（种类）}\times100\%$$

或定置率＝［实际定置的物品个数（种类）/应该定置的物品个数（种类）］×100%

例如，检查某分厂的三个定置区域，其中合格区（绿色标牌区）摆放的 15 种零件中有 1 种没定置，待检区（蓝色标牌区）摆放的 20 种零件中有 2 种没定置，返修区（红色标牌区）摆放的 3 种零件中有 1 种没定置，那么该分厂的定置率计算如下：

$$定置率＝［（15+20+3）－（1+2+1）/（15+20+3）］×100\%=89\%$$

6.3.3　生产现场目视管理

1. 目视管理的含义

目视管理是利用视觉感知各种直观形象、色彩适宜的信息来组织现场生产活动，以达到提高劳动生产率目的的一种管理方式。它以视觉信号为基本手段，以公开化为基本原则，尽可能地将管理者的要求和意图让大家都看得见，借以推动自主管理、自我控制。它是一种以公开化和视觉显示为特征的管理方式，故被称为"看得见的管理"。

2. 目视管理的优点

（1）形象直观，有利于提高工作效率

现场管理人员组织指挥生产，实质是在发布各种资讯。操作工人有秩序地进行生产作业，就是正确接收资讯后采取行动的过程。在机器生产条件下，生产系统高速运转，要求资讯传递和处理既快又准。如果与每个操作工人有关的资讯都要由管理人员直接传达，那么不难想象，拥有成百上千名工人的生产现场，将要配备多少名管理人员。

目视管理为解决这个问题找到了简捷之路。操作工人接收资讯最常用的感觉器官是眼、耳和神经末梢，其中又以视觉最为普遍。

生产现场发出视觉信号的手段有仪器、信号灯、标识牌、图表等。其特点是形象直观、容易识别、简单方便。在有条件的岗位，充分利用视觉信号显示手段，可以迅速而准确地传递资讯，在生产现场没有管理人员的情况下也可以有效地组织生产。例如，电脑上有许多形状各异的接口，有圆的、扁的、长的、方的，其目的就是防止插错。通过观察还可以进一步发现，这些接口不仅形状各异，而且颜色不同，各连接线的插头颜色也各不相同。在装置电脑硬件时，只要看形状和颜色插线，就能确保既快又准。

（2）透明度高，便于现场人员互相监督，发挥激励作用

实行目视管理，对生产作业的各种要求可以做到公开化。通过生产看板可以使干什么、怎样干、干多少、什么时间干、在何处干等问题一目了然，这就有利于员工默契配合、互相监督，使违反劳动纪律的现象不容易隐藏。例如，企业根据不同车间和工种的特点，规定工人穿戴不同颜色的工作服或工作帽等，使那些擅离职守、串岗聊天的人很

容易处于众目睽睽之下，从而促使其自我约束，逐渐养成良好的工作习惯。

总之，大机器生产既要求有严格的管理，又需要培养人们自主管理、自我控制的习惯与能力。目视管理为此提供了有效的具体方式。这种管理方式存在于各个管理领域之中。

小贴士

目视管理图例如图 6-7 所示。

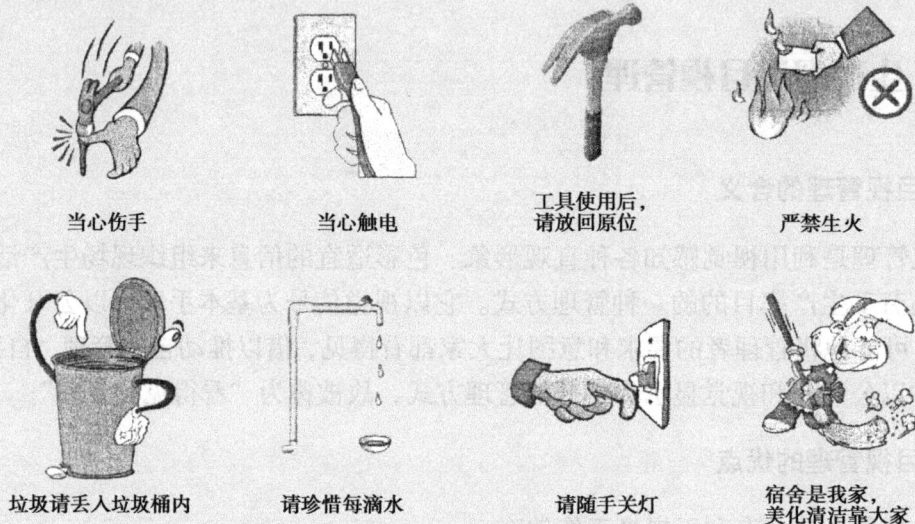

当心伤手　　　　　当心触电　　　　工具使用后，　　　严禁生火
　　　　　　　　　　　　　　　　　请放回原位

垃圾请丢入垃圾桶内　　请珍惜每滴水　　　请随手关灯　　　宿舍是我家，
　　　　　　　　　　　　　　　　　　　　　　　　　　　　　美化清洁靠大家

图 6-7　目视管理图例

---

3. 目视管理的作用

目视管理的作用主要表现在以下三个方面。

①迅速快捷地传递信息。目视管理根据人类的生理特征，充分利用信号灯、标识牌、符号、颜色等方式发出各种视觉信号，鲜明准确地刺激人们的神经末梢，快速地传递信息。

② 形象直观地将潜在问题和异常现象显现出来。生产现场的运行状态有两种，一种是正常状态，另一种是异常状态。生产现场每天都会发生各种不同的异常情况，要发现和排除这些异常情况，在管理过程中可以通过目视管理，将"正常状态"予以标识，一旦离开此状态就意味着异常，这样可及早发现和处理问题。

③ 促进企业文化的形成和建设。目视管理通过对员工合理化建议、工作标准或要求、优秀人物和先进事迹、公开讨论栏、企业宗旨和方向等健康向上的内容的展示，使企业形成较强的向心力和凝聚力，促进企业文化的形成和建设。

4．目视管理工具及其应用

目视管理常需要借助一定的工具来实现。在生产实践中，目视管理所使用的工具种类很多，下面举例说明。

① 各种符号。它们常用于指引或警示。例如，用"→"表示指引方向，用"×"表示禁止等。

② 看板。它常用来表示生产、设备、质量、安全、库存物品等基本情况，也可用于提示或宣传，如生产计划看板、生产进度看板、设备运行安排及效果看板、产品质量看板等。

③ 信号灯。它常用于提示现场操作者或管理者设备运行状态、环境状态、生产状态或指示等，如环境监测信号灯、设备运行质量监测灯、维修进度信号灯等。

④ 色彩。它常用来区分物品存放地、产品质量状态、设备运行状态或警示。例如，将不同性质的产品用不同颜色的标签标识，将存放不同物品的区域用不同的颜色进行标识，将有危险的区域用黄色或红色进行标识。

⑤ 图表。它常用来直观地描述生产、质量、安全、设备、产品、物品等的基本信息或对比情况、变化趋势等信息，如生产进度表、质量控制图、质量缺陷分布表、安全隐患统计分析表、设备故障统计表等。

⑥ 标签、铭牌、卡牌。它们常用来描述区位和物品信息，如产品标签、设备铭牌、区域卡牌、物料卡牌等。

⑦ 标语、横幅、宣传画。它们常用于企业文化宣传、鼓舞士气、安全警示等。

⑧ 警示线。在仓库或生产现场等放置物品或设备运行的场所用有色胶带等做出安全警示。

5．目视管理实施步骤

目视管理作为一种管理方法，实施时一般应遵循以下 5 个步骤。

（1）明确管理对象及管理目标

在现场管理活动中，针对任何管理对象，管理者必须清楚自己的管理目标是什么。管理目标决定管理措施的设计和实施成本。

（2）选择目视管理工具

可用于目视管理的工具很多。选择什么类型的工具，一要看管理的内容和达到的目的，二要遵循直观、经济原则。

（3）设计、制作目视管理工具

设计与制作目视管理工具应遵循经济、美观、简洁、鲜明等原则，真正做到一目了然、一看便知。

（4）试用目视管理工具，并进行使用效果评价

目视管理工具制作出来后，要拿到生产现场试用，并组织有关人员评价其使用效果。

（5）根据试用效果决定标准化或修改完善

对试用效果较好的工具，可将其标准化后正式使用。对试用效果不佳的工具，应根据管理需要重新修改完善，直至其满足要求为止。

6．目视管理水平

目视管理水平比较见表6-4。

表6-4　目视管理水平比较

水　平	目视管理内容	图例：液体数量管理
初级水平	有表示，能明白现在的状态	安装透明等，使液体数量一目了然
中级水平	每个人都能判断良否	明确上限、下限、投入范围、管理范围，现在正常与否一目了然
高级水平	管理方法（异常处置等）都列明	异常处置、点检和清扫方法明确，异常管理装置化

企业在开展目视管理时，可从初级水平开始，通过努力逐步达到中级和高级水平。

7．目视管理检查

为评价目视管理活动或维持活动成果，就需要经常进行检查。在检查中使用的主要工具就是检查表，见表6-5。

表 6-5 生产现场目视管理检查表示例

部门：　　　　　　　　　　检查者：　　　　　　　　年　月　日

类别	检查项目	能，且很快 10分	能，但较慢 7分	不能 0分	手段、方法	问题点
整理整顿	1. 是否能很快知道饮水场所				设置专用饮水场所及标识	
	2. 是否能很快知道原辅料、在制品、成品的放置场所				标示道路、作业场所和在制品放置场所	
	3. 是否能很快知道有无淘汰品				设置不要品放置场所	
计划进度	1. 是否能很快知道生产进度有无落后				日程计划进度表	
	2. 是否能很快了解目前的生产实绩				作业进度管理板	
	3. 是否能很快知道现场生产计划				作业进度标识板	
质量管理	1. 是否能了解批检验结果				质量检验表	
	2. 是否能了解昨天的不良品数、不良品率				不良品图表	
	3. 是否能了解不良项目及原因				特性要因图、柏拉图	
	4. 是否能了解目前有多少不良品				设置不良品放置场所	
物品管理	1. 是否能很快知道在哪里有什么材料、零件、在制品等				物料存放区位图、物料记录标识卡（品名、颜色区分）	
	2. 是否能很快了解库存物品存放地及其数量规格等					
作业管理	1. 是否能及时了解作业进度				作业指导书	
	2. 作业、流程、机械设备异常及不良发生情况是否能及时发现				看板标示，设置呼叫灯和指示灯（警示灯）	
	3. 工时定额是否清楚				作业指导书	
人员管理	1. 生产线人员配置是否清楚				人员配置表	
	2. 人员缺勤情况是否清楚				考勤表	
	3. 生产效果是否清楚				生产日报表	
设备管理	1. 工夹模量具存放是否规范				放置场所说明书（图）	
	2. 工夹模量具、测定器具的维修保养状态是否清楚				检查表	
	3. 设备维修保养状态是否清楚				设备点检表	
合　计						

6.3.4　生产现场的 5S 活动

1. 5S 的含义

（1）5S 的起源与发展

5S 起源于日本。1955 年，日本企业为确保作业空间和安全，推出了 2S 活动，即整理、整顿。其宣传口号是"安全始于整理整顿，终于整理整顿"。随后，因生产控制和品质控制的需要，日本企业又逐步提出了后续的 3S 活动，即清扫、清洁、素养。1986 年，首本有关 5S 活动的著作在日本问世，对现场管理模式产生了较强烈的冲击，也推动了整个日本企业现场管理模式的变革，并由此掀起了 5S 活动的热潮。

日本企业将 5S 活动作为其管理工作的基础，应用在企业管理的各个方面。特别是在丰田公司的积极倡导和推行下，5S 活动在塑造企业形象、降低成本、准时交货、安全生产、高度标准化、创造令人心旷神怡的工作场所、现场改善等方面都发挥了巨大作用，从而逐渐被各国的管理界所认识。随着世界经济的发展，5S 已经成为工厂管理的一股新潮流。

20 世纪 90 年代早期，我国引入了 5S 活动思想模式。我国企业结合当时如火如荼的安全生产活动，在 5S 的基础上，增加了安全（Safety），从而形成了 6S。之后，有的企业又在 6S 的基础上增加了节约（Save）、习惯化（Shiukanka）、服务（Service）及坚持（Shikoku）等，从而形成了 7S、8S 及 10S。

（2）什么是 5S 活动

5S 活动是指对生产现场各要素所处的状态不断地进行整理（Seiri）、整顿（Seiton）、清扫（Seiso）、清洁（Seiketsu）和提高素养（Shitsuke）的活动。由于上述 5 项内容在日语罗马拼音中均以"S"开头，故简称为 5S。

2. 5S 活动的内容

（1）整理

整理是 5S 活动的第一步。其内容是对现场的物品进行清理，区分要与不要的物品，把无用的物品移往别处保管，现场只保留适量的必需物品，以增加现场的使用空间和提高效率。

① 整理活动的要点有：

● 对生产现场摆放和停滞的各种物品进行分类，区分哪些是现场需要的，哪些是现场不需要的，哪些是暂时不用的，哪些是长期不用的；
● 当场地紧张时，首先考虑的不是增加场地，而是开展整理活动；
● 即便是必须用、立即用的物品，在现场保留也要适量；
● 对于永久性不用的物品，应坚决处理掉；对暂时不用的物品，应进行合理保管。

② 现场整理的物品包括：

● 废弃无使用价值的物品，如过期变质的物品、无法修理的设备工具、过时的资料等；

● 不使用的物品，如已停产的产品原辅材料、半成品、包装物等，已无保留价值的实验品或样品，已被替换而无用的物品等；

● 销售不出去的产品，如过时产品、因预测失误而过剩的产品等；

● 造成生产不便的物品，如取放物品不便的盒子、影响搬运传递的门等；

● 占据场地重要位置而又只是偶尔使用的其他闲置物品。

③ 整理活动的作用主要表现在：

● 改善和增大作业面积；

● 现场无杂物，行道通畅，提高工作效率；

● 减少磕碰的机会，保障安全，提高质量；

● 消除管理上的混放、混料等差错事故；

● 有利于减少库存量，节约资金；

● 改变作风，使员工心情舒畅，提高工作积极性。

④ 整理活动的步骤有：

● 全面清查现场物料，包括看得见和看不见的地方，并做好登记；

● 区分必需品和非必需品（注意需要与想要的区别）；

● 清理非必需品，并评估其现在的使用价值；

● 处理非必需品，处理的方式通常有变卖、转做他用、特别处理（如对环境有影响或涉及企业机密的物品）；

● 每天循环整理。

（2）整顿

整顿是指对现场保留的必需物品进行科学合理的摆放。它是生产现场改善的关键。摆放留在现场的必需物品通常采取六定法，即定区（即物品放在什么场所合适）、定点（即物品放在什么地点合适）、定容（即用什么容器合适）、定量（即放置多少）、定标识（即用什么标识以便识别）和定法（即针对物品特点采用什么放置方法合适）。

① 整顿活动的要点包括：

● 物品摆放要有固定的区域和地点，以便寻找和消除因混放而造成的差错；

● 物品摆放要科学合理。例如，根据物品使用的频率，经常使用的东西应放得近些（如放在作业区内），偶尔使用或不常用的东西则应放得远些（如集中放在车间某处）；

● 物品摆放目视化，使定量装载的物品做到过目知数，不同物品摆放区域采用不同的色彩或标记。

② 整顿活动的作用主要表现在：

● 减少物品寻找时间，提高工作效率；

191

- 能马上发现异常情况，及时采取纠正和预防措施，减少故障发生，提高控制质量。

③ 整顿活动的步骤有：

- 调查分析现状（为什么取放物品这么难、慢）；
- 对现场物品进行分类，并制定物品的名称和标志规范及存放标准；
- 确定物品的存放区域和方法；
- 按规范存放；
- 每天坚持检查物品存放是否符合规范。

（3）清扫

清扫是指把工作场所打扫干净，设备异常时马上修理，使之恢复正常。现场在生产过程中会产生灰尘、油污、材料屑和垃圾等，从而使现场变脏。脏的现场会使设备精度降低，故障多发，影响产品的质量，使安全事故防不胜防，更会影响人们的工作情绪，使人不愿久留。因此，必须通过清扫活动来清除那些脏物，创建一个明快、舒畅的工作环境，以确保安全、优质和高效率地工作。

① 清扫活动的要点有：

- 建立清扫责任区（室内/外）；
- 执行例行扫除，清理脏污；
- 调查污染源，予以杜绝或隔离；
- 设备的清扫，重点放在设备的维修保养上，并结合设备的日常检查，把设备的清扫与检查、保养润滑结合起来；
- 清扫也是为了改善，所以当清扫地面发现有飞屑和油水泄漏时，应查明原因并采取措施加以改进；
- 建立清扫标准，作为规范。

② 清扫活动的作用主要表现在：

- 通过彻底清扫，消除脏污，保持现场干净、整洁、明亮，从而稳定产品质量，减少工业伤害；
- 有利于及时发现和处理现场异常，减少和避免设备故障和质量损失。

③ 清扫活动的步骤有：

- 开展清扫培训，包括安全、技术和设备构造等知识培训；
- 建立清扫责任制和相关清扫标准；
- 工作人员（操作者和清洁工）从工作岗位扫除一切垃圾、灰尘；
- 清扫点检机器设备；
- 解决在清扫中发现的问题；
- 查明问题的根源，并从根本上解决问题；
- 每天坚持清扫活动并解决发现的问题。

（4）清洁

清洁是指对经过整理、整顿和清扫以后的现场状态进行保持。清洁，不是单纯从字面上来理解，而是对前三项活动的坚持与深入，从而消除发生安全事故的根源，创造一个良好的工作环境，使员工能愉快地工作。

① 清洁活动的内容有：

● 坚持按有关规定实施整理、整顿和清扫活动，保持现场安全、文明和秩序井然；

● 不断总结整理、整顿和清扫工作经验，不断提高整理、整顿和清扫工作质量。

② 清洁活动的要点有：

● 车间环境不仅要整齐，而且要做到清洁卫生，保证员工身体健康，增强员工劳动热情；

● 不仅物品要清洁，而且整个工作环境要清洁，进一步消除浑浊的空气、粉尘、噪声和污染源；

● 不仅物品、环境要清洁，而且员工本身也要做到清洁，如工作服要清洁，仪表要整洁，及时理发、刮须、修指甲等；

● 员工不仅要做到形体上的清洁，而且要做到精神上的"清洁"，待人要讲礼貌，要尊重别人；

● 领导要以身作则，并通过各种途径，坚持不懈地强化 5S 意识；

● 推行制度化、透明化管理，用制度来引导和监督约束。

③ 清洁活动的作用主要表现在：

● 维持作用，即将整理、整顿、清扫后取得的成果予以保持，使其成为公司的制度；

● 改善作用，即在已取得成绩的基础上不断改善，使其达到更好的状态。

（5）素养

素养是指养成良好的工作习惯和行为规范。素养即教养。努力提高人员的素质，养成严格遵守规章制度的习惯和作风，这是 5S 活动的核心。没有人员素质的提高，各项活动就不能顺利开展，即使开展了也坚持不了。所以，抓 5S 活动，要始终着眼于提高人的素质。5S 活动始于素养，也终于素养。

在开展 5S 活动时，要贯彻自我管理的原则。创造良好的工作环境，不能单靠添置设备来改善，也不要指望别人来代为办理，让现场人员坐享其成。应当充分依靠现场人员，由现场人员自己动手创建一个整齐、清洁、方便和安全的工作环境，使他们在改造客观世界的同时，也改造自己的主观世界，产生"美"的意识，养成现代化大生产所要求的遵章守纪、严格要求的风气和习惯。因为是自己动手创造的成果，所以容易保持和坚持下去。

① 素养的具体表现有：

● 遵守各项规章制度，按标准作业；

● 积极、主动、认真地对待自己的工作；

● 不断改善，勇于创新；

● 相互尊重、信任、支持、配合；

● 处处为他人着想、为他人服务。

② 素养的推进要点有：

● 持续推进 4S 直至习惯化；

- 制定相关的规章制度，包括工作制度和员工行为准则；
- 教育与培训；
- 激发员工的热情和责任感。

③ 素养的作用主要表现在：

- 改善工作意识；
- 提升员工综合素质；
- 培养优秀人才，打造战斗型团队；
- 创建优秀的企业文化。

由上述内容可见，整理、整顿、清扫、清洁、素养，这五个项目并不是各自独立、互不相关的，它们之间是一种相辅相成、缺一不可的关系。其中，整理是整顿的基础，整顿又是整理的巩固，清扫是对现场管理在整理、整顿后的深化，而清洁和素养使整理、整顿、清扫的效果得以保持并形成规范、习惯的活动。系统地开展 5S 活动，是实现企业安全文明生产、全面提高企业工作质量的一条有效途径。

3. 5S 活动的推行步骤

5S 活动的推行步骤如图 6-8 所示。

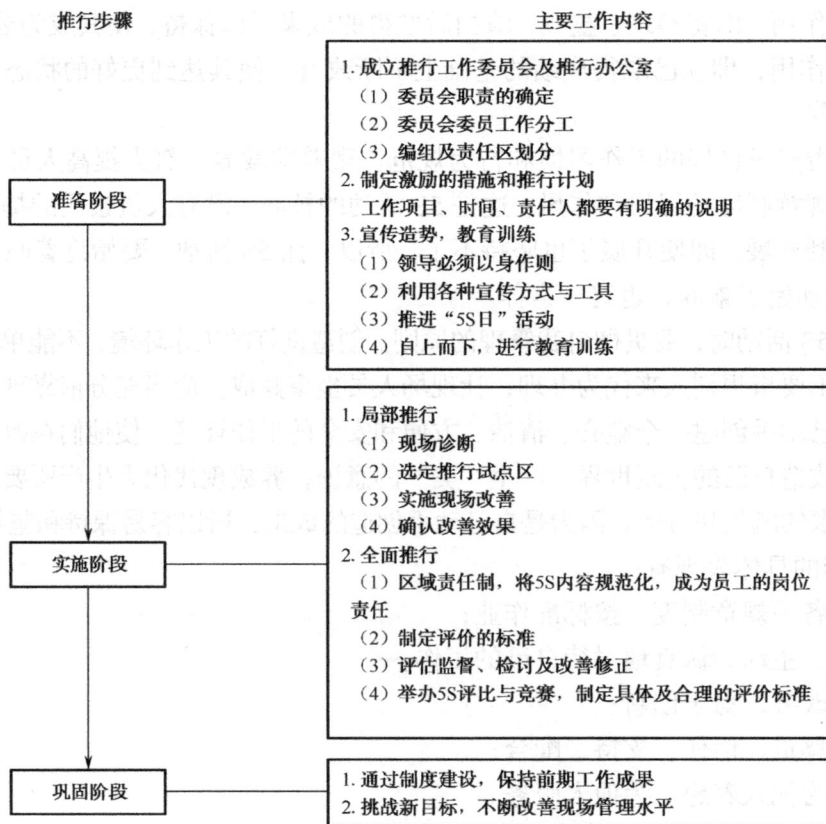

推行步骤	主要工作内容
准备阶段	1. 成立推行工作委员会及推行办公室 　（1）委员会职责的确定 　（2）委员会委员工作分工 　（3）编组及责任区划分 2. 制定激励的措施和推行计划 　工作项目、时间、责任人都要有明确的说明 3. 宣传造势，教育训练 　（1）领导必须以身作则 　（2）利用各种宣传方式与工具 　（3）推进"5S日"活动 　（4）自上而下，进行教育训练
实施阶段	1. 局部推行 　（1）现场诊断 　（2）选定推行试点区 　（3）实施现场改善 　（4）确认改善效果 2. 全面推行 　（1）区域责任制，将5S内容规范化，成为员工的岗位责任 　（2）制定评价的标准 　（3）评估监督、检讨及改善修正 　（4）举办5S评比与竞赛，制定具体及合理的评价标准
巩固阶段	1. 通过制度建设，保持前期工作成果 2. 挑战新目标，不断改善现场管理水平

图 6-8　5S 活动的推行步骤

6.4 生产物料管理

6.4.1 物料的入库管理

1. 外购物资的入库管理

外购物资在入库前，应严格按照规定的程序和手续，进行检查和验收工作。只有经检查和验收合格的外购物资才能办理入库手续。对外购物资进行检查和验收是控制外购物资质量、监督采购工作质量的重要措施。

（1）外购物资的验收

① 物资品种、规格、数量的验收。其内容主要是对照合同、发票及运单等，检查物资在品种、规格、数量等方面是否与要求相符。该工作通常由仓管员执行。

② 物资质量的验收。其内容主要是依据物资质量标准及检验规程，对物资进行抽样、检查、比较，判断物资质量是否符合有关要求。该工作通常由专业的质检员执行。

只有当外购物资在品种、规格、数量及质量等方面全部符合要求时，仓库才能对其办理入库手续，填写入库单（表 6-6），并登记库存台账。若在验收中发现数量、质量等有任何不符情况，验收人员应立即向物资供应部门报告，以便及时与供方交涉，办理补送、退货等手续。外购物资验收完毕后，验收人员应及时填写物资验收报告单（表 6-7），该报告单一般一式三联，其中仓库一联，质检员一联，供应部门一联。

表 6-6　××公司物资入库单

编号：　　　　　　　　　　　　　　　　　　　　　　　入库时间：　　年　　月　　日

名　　称	规格及型号	单　　位	数　　量	单　　价	金　　额	来源厂商
合计金额（大写）：						

经办人：　　　　　　　　　　　　　　　　　　保管员：

表 6-7　××公司物资验收报告单

编号：　　　　　　　　　　　　　　　　　　　　　　　　　　年　　月　　日

品名		数量	
规格型号		金额	
验收部门		验收人员	
验收记录		结论	□ 合　格 □ 不合格

一联：仓库（黑）　　　二联：质检员　　　三联：物资供应处（红）

在实际运营中，有时会出现仓库保管员或质检员因工作繁忙而不能及时检查和验收的情况。这时，可将物资先存放于仓库待检区，并由仓管员办理预入库手续。预入库手续只证明暂时存放于仓库的产品品种、数量和存放地点。待产品检验合格后再办理正式入库手续。

（2）外购物资的入库流程

外购物资的入库流程如图 6-9 所示。

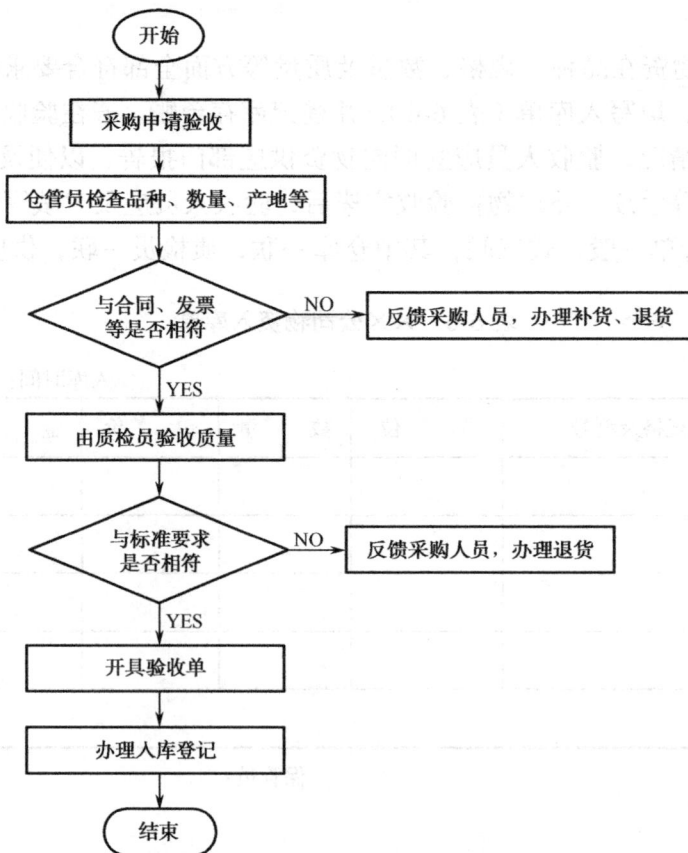

图 6-9　外购物资的入库流程

2. 退料缴库管理

退料缴库是指将生产现场多余的物料或不良物料退回物料仓储管理部门。在实际生产运营中，生产现场经常会出现规格不符的物料、超发的物料、质量不合格的物料、呆料、报废物料、多余的半成品等无用物料。为保持生产现场的整洁和合理利用，应及时组织所有无用物料的退库处理工作。物料退库时应填写退料单（表 6-8）。退料单一般一式两份，其中仓储部门一份，退料单位一份。

对退库的物料，仓储管理部门应根据其性质分别管理，对可再利用的退库物料应及时登录台账及存量管制卡，以便发放使用。

表 6-8 ××公司退料单

编号：   退库时间：

材 料 名 称	规 格	单 位	数 量	退库原因

仓管员：   退料人：   车间主任：

3. 车间半成品或成品入库管理

车间管理人员在批次产品生产完毕时，应及时清点本批次作业加工完毕的工件或成品以及剩余物料。加工完毕的工件或成品由检验人员检验后，填写批量生产状况一览表（表 6-9），并移交仓库管理人员点收入库。入库流程如图 6-10 所示。半成品或成品入库单（表 6-10）一般一式两联，一联交车间统计，一联交仓库保管员。剩余物料依据退料缴库程序处理。

表 6-9 ××车间批量生产状况一览表

时间：   生产单位：

品 种	规 格	数 量	质 量		备 注
			合 格	不 合 格	

检验员：   单位负责人：

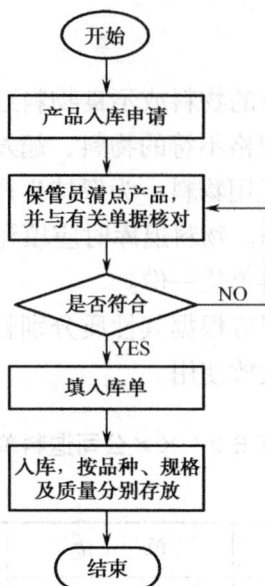

图 6-10　半成品、成品入库流程

表 6-10　产品入库单

编号：　　　　　　　　　　　　　　　时间：　　　　　　　　　　　　　　产品来源：

品　　种	规　　格	数　　量	备　　注

一联：车间（蓝）　　　　　　二联：仓库（红）

6.4.2　库内物料的保管

1．库内物料的摆放管理

物料的储存保管，原则上应根据物料的属性、特点和用途规划设置仓库和分类分区摆放。要做到过目见数、作业和盘点方便、货号明显、成行成列、文明整洁。

在物资保管工作中，企业常用的管理方法有"分区分类"、"四号定位"、"五五摆放"等。

"分区分类"是以产品为对象，根据其特点做到分类存放，并合理规划物资摆放的固定区域。贵重物料要设置专库、专柜保管，易燃、易爆等危险品要按规定单独存放。

"四号定位"是指按区号、架号、层号、位号对物资进行统一编号，并与账页上的编号一致。管理人员只要查看账页上物料的记录，就可以知道物料存放的准确位置，从而大大方便了查账和发料，提高了管理效率。例如，某物料的编号为 1234，则说明该物料存放于某库的 1 号区 2 号架的第 3 层第 4 号位上。

"五五摆放"是指物资的摆放根据物资的特性、形状，实行五五成行、五五成方、五五成串、五五成堆、五五成层，使物资摆放整齐美观，便于清点和发放。当然，为便于清点和发放，也可以根据物料的体积、重量等特点，采用"十十摆放"、"二十为组摆放"、"五十为组摆放"等。

同时，物料摆放还要有利于合理和充分利用仓库和现场面积，有利于作业操作。能上架的尽量上架，并且做到"上摆轻、下摆重，中间摆的经常用"。对库存物料还要做到轻拿轻放，不磕、不碰、不划、不生锈等。

2．建立物料库存台账

所有库存物料都应建立台账，而且账面应整洁，数字应正确、完整、统一，收、发、结、存要平衡，上下账单口径要一致。物料库存台账见表 6-11。

表 6-11　物料库存台账

品种：　　　　　　规格：　　　　　　　　　型号：　　　　　　账页：

时　间	入　库	出　库	结　存

3．库存物料盘点

物资在库存管理过程中，难免会因为各种原因造成现存物料与账面记录有出入的情况。为了准确掌握库存物料的实际状况，有必要定期或不定期组织物料盘点，并按规定时间编报库存日报表（表 6-12、表 6-13）和库存月报表（表 6-14、表 6-15）。

表 6-12　材料库存日报表

品名	规格	编号	单位	昨日结存		本日进库		本日出库		本日结存		备注
				数量	金额	数量	金额	数量	金额	数量	金额	

填表人：　　　　　　　　　　　　仓库主管：

表6-13　成品库存日报表

名称	批号	规格	等级	昨日结存	本日入库	本日出库	本日退回	本日结存

填表人：　　　　　　　　　　仓库主管：

表6-14　材料库存月报表

品名	规格	编号	单位	上月结存		本月进库		本月出库		本月结存		备注
				数量	金额	数量	金额	数量	金额	数量	金额	

填表人：　　　　　　　仓库主管：　　　　　　　　　生产部经理：

表6-15　成品库存月报表

名称	批号	规格	等级	上月结存	本月入库	本月出库	本月退回	本月结存

填表人：　　　　　　　仓库主管：　　　　　　　　　生产部经理：

　　盘点工作的主要内容就是检查账实是否相符，发放是否有误，物资是否超期积压、损失变质，以及仓库设施是否安全完好等，以便及时掌握物资的实际状况，避免物资的短缺。根据实际盘点数量填写物料盘点表（表6-16）并调整台账，对出现的差异追查原因，进而加以改进。盘点的方法主要有以下几种。

　　① 永续盘点，即保管员每天都对有收发状态的物资盘点一次。

　　② 循环盘点，指保管员根据物资性质特点，分轻重缓急做出月盘点计划，依计划逐日轮番盘点。

　　③ 定期盘点，指在月末、季末、年中和年末对物资进行全面清查。

　　④ 重点盘点，指为特定目的而进行的盘点。

　　盘点时间内，仓库的物料禁止移动，也不可出、入库，盘点人员依据盘点表及盘点笺进行抽查，将实际数量和差异记录于盘点表中。然后，根据盘点结果查找原因，对分管人员进行奖惩，纠正台账、管制卡账面数量，对呆品、废品迅速做出处理。

表 6-16　　物料盘点表

字第　　　　　号　　　　　　　　　　　　　　　　　　　　　　　年　　月　　日

盘点区域					责任人					
物料编号	名称	规格	储放场所	单位	实盘数量	账面数量	差异数量	差异原因	单价	差异金额

仓库主管：　　　　　仓管员：　　　　　　　复盘：　　　　　盘点人：

4. 废弃物料管理

制定现场废弃物管理规定，根据废弃物料的性质分类定置存放。要将废弃物料分为可回收、不可回收两类分开存放。对可回收的物料还要按照物料种类分类收集存放。定期将收集的废弃物料交企业专门机构处理。

5. 库房环境管理

库房内应保持干燥、整洁，满足物料库存环境要求。仓库灯光应充足，以满足作业（特别是夜间作业）需要。仓库应配备足够的消防器材（如消防栓、干粉灭火器等），并定期检查其有无失效。所有消防器材应放置在容易发现和拿取的地方。各仓库均应有平面布置图，注明仓库面积、平面结构和库内物料分布。同时，用有色条（带）标明区位、垛位和道路等。库内道路应保持畅通，不得有阻碍物料搬运通行现象。库内应配备物料装卸用的必要器材，如垫板、推车、叉车等。

6.4.3　物料的领用管理

1. 原材料领用管理

生产车间原材料的使用控制有发料和领料两种方式。发料是由物料管理部门或仓库根据生产计划，将仓库储存物料直接向生产现场发放。发料方式有利于加强制造部门用料、损耗的控制，有利于生产管理部门安排生产日程。领料是生产车间在某项产品制造之前，填写领料单向仓库领取物料的活动。其具体流程如图 6-11 所示。企业具体采用何种控制方式，要根据物料需求方式决定，直接需求物料适合采用发料方式，间接需求物料适合采用领料方式。

生产用原材料严格按照消耗定额发放，维修用材料按月度需求计划发放，技改、大修用料按技改、大修材料明细表发放。发放物料时，要填写领料单（表 6-17）作为领料凭证，同时填写批量生产状况一览表中的原材料领用数量部分。领料单须有车间主任签字，其中一联交车间，一联交生产管理部门，一联由库管员保管。

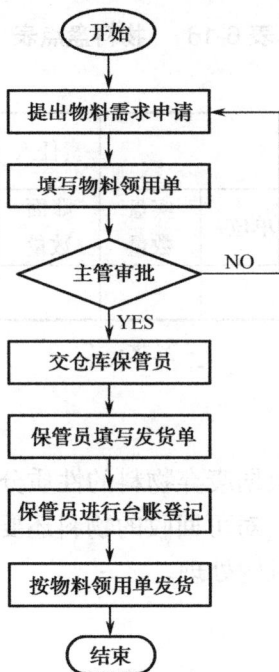

图 6-11　物料领用流程

表 6-17　领料单

编号：　　　　　　　　　　　　　　　　　　　　　　　　　　　　　　　　时间：

材 料 名 称	编　号	规　格	型　号	数　量	用　途	备　注

领用人：　　　　　　　　　　　批准人：　　　　　　　　　　　保管员：

2. 登记材料消耗台账

为了加强物料消耗管理，应该建立生产车间原材料消耗台账（表 6-18），以便准确掌握各班组原材料实际消耗情况，再通过与消耗定额对比分析（表 6-19），进一步查找出浪费和节约的原因，为考核和修改消耗定额提供依据。

3. 材料核销

材料核销是指生产车间将材料使用情况通过填写材料核销报告表（表 6-20），向物资供应部门"报账"，以分析、考核材料使用是否经济合理的活动。通过材料核销，可以进一步了解材料使用是否符合计划要求，有无节约潜力和浪费现象；考核生产车间材料使用计划是否真实有效；进一步发现材料使用过程中的薄弱环节，进而采取有效措施，不断改进生产车间材料管理水平。

表 6-18　××车间××月份原材料消耗台账

班组：

材料名称				规格		单位		消耗定额	
日期	实际消耗		月累计消耗		备　注				
	数量	超/降	数量	超/降					

表 6-19　月度材料消耗统计分析表

材料名称	材料规格	单位	消耗定额	实际消耗								
				甲班			乙班			丙班		
				总量	单耗	超/降	总量	单耗	超/降	总量	单耗	超/降
分析说明：												

分析人：　　　　　　　　　　　　　　　　时间：

表 6-20　生产车间材料核销报告表

材料类别：　　　　　　　产品名称：　　　　　　　车间：

材料名称	规格型号	单位	材料消耗		超		降		原因及对策
			定额	实际	数量	比例	数量	比例	

经手人：　　　　　　　车间主管：　　　　　　　保管员：

6.4.4 编制物料需求计划

1. 几个重要概念

（1）物料需求计划

物料需求计划是一种根据订单和销售预测制定主生产计划，并将其按照产品结构分解为零件或部件需求计划，再综合独立需求、生产提前期和采购提前期等数据，向生产部门下达生产指令，向采购部门提出原材料采购需求的管理方法。

（2）独立需求与相关需求

按需求来源不同，企业内部的物料需求可分为独立需求和相关需求两种类型。独立需求是指需求量和需求时间与其他物料无关的需求，如最终产品的需求、维修备件的需求等。相关需求是指需求量和需求时间与其他物料有关的需求，如半成品、零部件和原材料等的需求。

（3）主生产计划

主生产计划是根据销售订单或预测得到的产品（独立需求物料）需求清单而建立的一份生产计划文件。它记录着企业打算生产什么、什么时候生产以及生产多少等信息，见表 6-21。它由主生产计划员负责编制，是驱动 MRP 的基础。

表 6-21　××产品的主生产计划

时间							
数量							

说明：主生产计划中的时间单位可以是天、周、旬、月、日等，其选择的主要依据是与生产计划期相适应。

（4）物料清单

物料清单是描述产品组成的技术文件。在加工装配型企业中，用它表明产品从总装件、分装件、组件、部件、零件直到原材料之间的结构关系，以及所需的数量。在流程性产品生产企业中，用它表明主要原料、中间件、辅助材料及其配方和所需数量。因此，它是计算 MRP 的重要控制文件。在编制物料清单时，必须认真细致，以确保其数据的准确性。

物料清单和主生产计划一起用于安排仓库的发料、车间的生产和待采购件的种类及数量。物料清单可以用多种方法描述，常见的有列表法、结构树法等（表 6-22 和图 6-12）。在某些工业领域，物料清单可能被称为"产品配方"、"产品要素表"或其他名称。

表 6-22 ××产品的物料清单列表

物 料 编 码	物 料 名 称	结 构 层 次	数 量	单 位	备 注

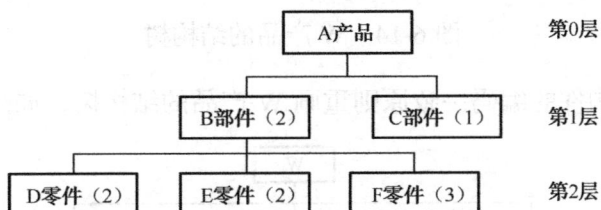

图 6-12 产品的物料清单结构树

产品结构树是有层次的，它显示出每完成一单位产品所需的下一层各构件的数量。图 6-12 显示，每个 A 产品需要 2 个 B 部件和 1 个 C 部件，每个 B 部件又需要 2 个 D 零件、2 个 E 零件和 3 个 F 零件。最终产品在树梢位置（第 0 层）。

在生产实践中，由于产品的构成复杂，许多产品都包含成千上万种零部件，因此求解其物料需求也相应很复杂。通常会运用专门的计算机软件即 MRP 软件系统进行计算。计算机在计算需求时，是从产品结构树的顶层（第 0 层）开始逐层扫描产品结构树的。如果某种构件多次出现，那么它的总需求只有在所有层次都扫描完之后才能得到。从计算的角度来看，效率较低。这时，需要用底层编码来进行简化，即对产品结构树进行调整，以提高工作效率，如图 6-13 所示。

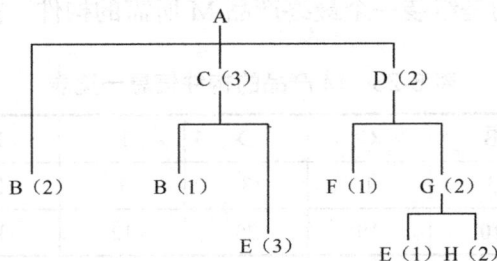

图 6-13 能提高效率的产品结构树

同时，时间的安排（各构件的订货或生产时间）对物料需求计划也很关键，必须在分析过程中加以考虑。另外，由于企业经营是个连续的过程，某些构件可能已有订购或库存，在计算总需求时，还必须减去已持有量，才能得到真实的总需求。下面举例说明。

例 1：图 6-14 中的结构树显示了组装一单位 W 产品所需的构件。重画该结构树，使同一构件的编码一致，然后计算出组装 100 单位 W 产品所需 E 构件的数量。

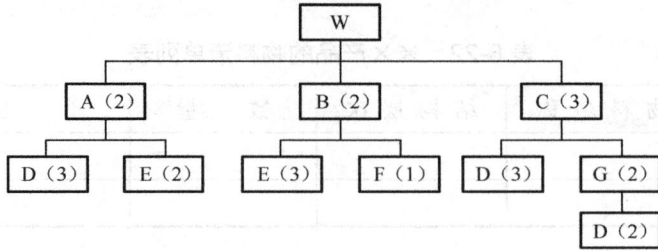

图 6-14　W 产品的结构树

解：① 按相同构件的编码一致原则重画 W 产品的结构树，如图 6-15 所示。

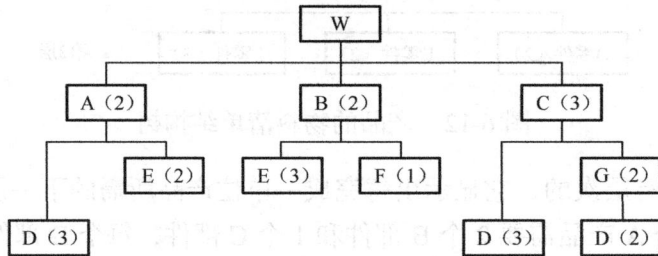

图 6-15　新绘制的 W 产品结构树

② 100 单位 W 产品需要的 A、B、C 构件数量如下。

A：100×2=200（单位）　　B：100×2=200（单位）　C：100×3=300（单位）

A、B、C 构件各需要 E 构件的数量如下。

E/A：200×2=400（单位）　　E/B：200×3=600（单位）　E/C：0（单位）

因此，100 单位 W 产品所需 E 构件的数量为 400+600=1000（单位）

例 2：表 6-23 列出的是组装一个最终产品 M 所需的构件、提前期（周）和持有量。

表 6-23　M 产品的构件信息一览表

M 产品	END	B	C	D	E	F	G	H
提前期	2	3	1	3	1	2	1	2
持有量	0	10	10	25	12	30	5	0

该产品的结构树如图 6-16 所示。

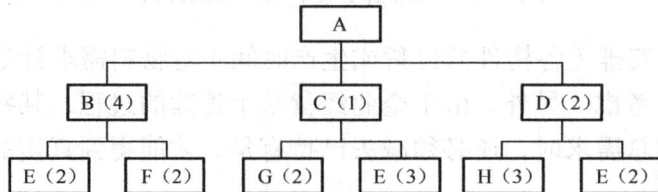

图 6-16　M 产品的结构树

求：① 若组装 20 单位的 M 产品，还需多少单位的 E 构件？

② 根据进度安排，若第 11 周开始有一份订单要交货，该订单最迟什么时候开始才能不误交货期？

解：① 由该产品的结构树可知，E 构件的需求可归于对 B、C、D 构件的需求，且 20 单位的 M 产品对 B、C、D 构件的需要量可分别计算如下。

B：$20 \times 4 - 10 = 70$（单位） C：$20 \times 1 - 10 = 10$（单位） D：$20 \times 2 - 25 = 15$（单位）

而每单位 B、C、D 构件又依次分别需要 2、3、2 单位的 E 构件，故 20 单位的 M 产品需要 E 构件的数量应为

$$（70 \times 2 + 10 \times 3 + 15 \times 2）- 12 = 188（单位）$$

② 若有订单第 11 周交货，结合该产品各构件的生产提前期信息，可推出该订单所需各构件的最迟完成时间和开始时间分别如下。

B、C、D 的完成时间为第 8 周末。其中：

构成 B 的 E、F 须在第 5 周末完成，构成 B 的 E 最迟须在第 5 周始开始，构成 B 的 F 最迟须在第 4 周始开始；

构成 C 的 G、E 须在第 7 周末完成，构成 C 的 G 和 E 均最迟须在第 7 周始开始；

构成 D 的 H、E 均须在第 5 周末完成，构成 D 的 H 最迟须在第 4 周始开始，构成 D 的 E 最迟须在第 5 周始开始。

综合以上信息可知，该订单最迟须于第 4 周始开始才能不误交货期。

（5）库存文件

库存文件是描述与产品有关的物料库存信息的文件。这些信息包括：现有物料编码、品种、规格、单位、数量、供应来源（自制或外购）、供应提前期、批量政策、保险储备量、库存类别、预计到货量等，见表 6-24。它是确定物料实际需求量的重要参考依据。

表 6-24　某产品的库存文件

物料编码								
物料名称								
规格型号								
计量单位								
现有库存								
安全库存								
供应提前期								
批量								
库存类别								
备注								

（6）提前期

提前期是执行某项任务从开始到完成所经历的时间。在工业企业里，提前期分外购件和自制件而分别核定。

① 对外购件，其提前期是指从订单发出到物料进仓所经历的全部时间。它包括管理提前期、供应提前期和验收入库等时间。

② 对自制件，其提前期是指从计划下达到产品检验入库所经历的全部时间。它包括排队时间、生产准备时间、加工制造时间、搬移时间、检验入库时间等。

（7）计划批量

在 MRP 运行中，为了准确核算计划订货量，需要先确定每一物料的订货批量。确定批量的方法通常有以下几种。

① 直接批量法，即直接将净需求量定为订货批量。该方法的优点是简单，保管成本低；缺点是订货频繁，订货成本高。

② 固定订货量法，即每次订货都按一个预先规定好的固定的批量来订货。其数量可凭经验及生产条件确定。通常取能防止缺货的最小批量。当净需求量小于该最小批量时，则将批量增加到最小批量，以保证订货的经济性；当净需求量大于该最小批量时，则按净需要量订货，以保证满足计划需要。

③ 固定订货间隔期法，即先设定一个固定的订货间隔期，然后将此期间的净需求量合成一批订货，到货的时间为期初时间。间隔期的选择一般应与企业编制计划的时间单位相适应，同时还要考虑物料的价值大小。通常，对价值较高的物料，其间隔期相对短些，以降低库存资金的占用；反之，间隔期可较长些，以减少订货成本。

④ 经济批量法，又称最小总成本法。其应用原理是：是否将若干期净需求量合并订货，关键看合批订货所节省的订购成本是否大于所增加的保管成本。若是，则合批有利；否则，合批不利。把合批后所节约的订购成本正好等于合批增加的保管成本时的订货批量设为临界批量，此批量即为经济批量。

（8）安全库存

为使生产经营活动正常进行，防止因需求或供应波动引起缺货或停工待料，需要在仓库中保持一定数量的常备库存量，即安全库存。

库存必然会增加费用。为了既能应对未来的需求波动，又能防止库存资金的大量占用，通常只设置主要最终产品和外购件的安全库存，而不必对每一物料设置安全库存。

2. 编制物料需求计划的逻辑过程

在编制物料需求计划之前，首先应回答以下 4 个问题。

我们将生产什么？什么时候生产？　　　　答：按主生产计划生产。

我们用什么东西生产？　　　　　　　　　答：用物料清单上所列物料生产。

我们现已具备什么？　　　　　　　　　　答：查库存文件可知。

我们还需要什么？何时需要？　　　　　　答：根据以上信息确定物料需求计划。

编制物料需求计划（MRP）的逻辑流程如下。

① 依据销售预测和订单确定主生产计划。主生产计划明确了企业将要生产什么、什么时间生产。

② 将主生产计划对照物料清单（BOM）导出相关物料的需求数量和需求时间。

③ 结合现有物料库存情况，按物料的需求时间和生产（订货）周期确定其开始生产（订货）的时间，即物料需求计划。

④ 将物料需求计划与产能和采购能力进行平衡，确保其可实施性。

上述逻辑流程如图 6-17 所示。

3．MRP 的计算

（1）MRP 的输入

如图 6-7 所示，MRP 的输入主要有三个数据来源，即主生产计划、物料清单和库存文件。

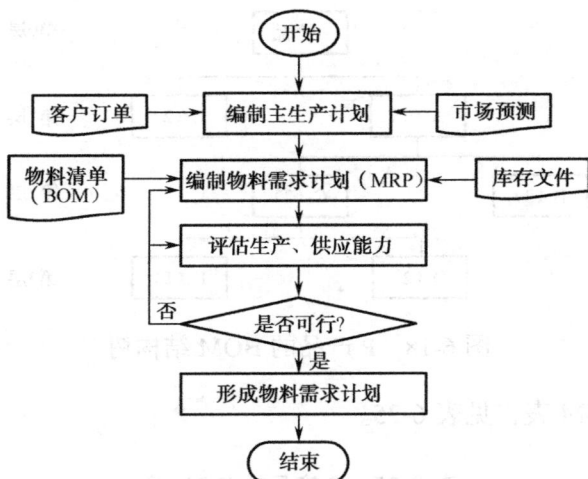

图 6-17　编制 MRP 逻辑流程图

（2）MRP 的计算过程

MRP 的计算一般遵循以下几个步骤。

① 计算总需求量。如果计算的对象是最终产品，则总需求量取决于主生产计划；如果计算的对象是零部件或原材料，则由其上层元件的计划发出订货量决定。

② 计算预计可用量。其计算方法是将计划周期内的现有库存量加上计划入库量，再减去安全库存量。用公式表示如下：

$$预计可用量 = 现有库存量 + 计划入库量 - 安全库存量$$

③ 计算净需求量。净需求量是考虑物料库存量、预计到货量后，该物料在某时期的实际需求量。当计划周期内预计可用量不能满足总需求量时，就产生了净需求量。其计算公式如下：

净需求量=总需求量-预计可用量

=总需求量-现有库存量-计划入库量+安全库存量

如果上式计算出的净需求量小于零，表明预计可用量超过总需求量，净需求量不存在。这时，不需要下达生产指令或订货计划。

④ 产生计划订单。前三步已解决了物料的需求数量和需求时间问题。当净需求量存在时，就应产生物料的计划生产订单或计划采购订单。在实务中，无论是生产还是采购都需要考虑批量和提前期问题，以便组织生产和采购。一般情况下，若净需求量小于生产批量或采购批量，则计划订单量等于生产批量或采购批量；若净需求量大于生产批量或采购批量，则计划订单量等于净需求量。

由于采购和生产都有提前期，因此需要计算计划订单发出时间，其计算公式如下：

计划订单发出时间=净需求所位于的计划期-生产提前期或采购提前期

下面用一个例子来说明 MRP 的计算过程。

例3：某企业 P 产品的 BOM 结构树，如图 6-18 所示。

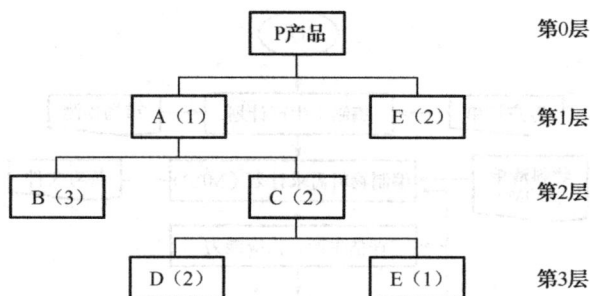

图 6-18　P 产品的 BOM 结构树

P 产品对应的 BOM 表，见表 6-25。

表 6-25　P 产品的 BOM 表

物料编码	物料名称	结构层次	数量	单位	备注
P00005	P	0	1	台	
M10001	A	1	1	套	
M11001	B	2	3	件	
M11002	C	2	2	件	
MU101	D	3	2	件	
M10002	E	1	2	个	
M10002	E	3	1	个	

P 产品的主生产计划见表 6-26，相关物料的库存情况见表 6-27。

表 6-26　P 产品的主生产计划　　　　　　　　　　　　单位：台

周次	1	2	3	4	5	6	7	8	9
需求									170

表 6-27　库存情况表

物料编码	物料名称	当前库存量	安全库存量	生产/采购提前期
P00005	P	40	10	1
M10000	A	60	10	3
M11001	B	30	30	2
M11002	C	120	20	2
M11101	D	20	10	2
M10002	E	30	30	1

物料需求计划计算过程见表 6-28。

表 6-28　物料需求计划计算过程表

物料	周次＼项目	1	2	3	4	5	6	7	8	9
P	总需求									170
	计划入库量									0
	现有库存量	40	40	40	40	40	40	40	40	40
	安全库存量	10	10	10	10	10	10	10	10	10
	净需求									140
	计划订单量								140	
A	总需求								140	
	计划入库量								0	
	现有库存量	60	60	60	60	60	60	60	60	
	安全库存量	10	10	10	10	10	10	10	10	
	净需求								90	
	计划订单量					90				
B	总需求					270				
	计划入库量					0				
	现有库存量	30	30	30	30	30				
	安全库存量	30	30	30	30	30				
	净需求					270				
	计划订单量			270						

物料 \ 项目 \ 周次	1	2	3	4	5	6	7	8	9
C 总需求					180				
计划入库量					0				
现有库存量	120	120	120	120	120				
安全库存量	20	20	20	20	20				
净需求					80				
计划订单量			80						
D 总需求			160						
计划入库量			0						
现有库存量	20	20	20						
安全库存量	i0	10	10						
净需求			150						
计划订单量	150								
E 总需求			80					280	
计划入库量			0					0	
现有库存量	30	30	30	30	30	30	30	30	
安全库存量	30	30	30	30	30	30	30	30	
净需求			80					280	
计划订单量		80					280		

从表 6-28 的计算结果可以得出，为了在第九周交付 P 产品 170 台，企业需要在第一周订购或加工 150 件零件 D，第二周订购或加工 80 个零件 E，第三周订购或加工 270 件零件 B 和 80 件零件 C，第五周订购或加工 90 套零件 A，第八周订购或加工 280 个零件 E。

第7章

生产设备的综合管理

7.1 生产设备的管理

7.1.1 设备综合管理系统

1. 设备的种类

设备是工业企业进行生产的物质技术基础，是企业生产力的重要组成要素。设备是人们进行生产所使用的各种机械的总称。它一般包括完成生产和试制任务所需要的一切动力、传动、执行和控制机构与设施，以及其附属的仪器、仪表、计算机等。

① 生产性设备，是指直接改变原材料属性和形态的各种工作机器和设备，如金属切削机床、锻压设备、平炉、高炉、转炉、纺织机械，以及化工企业使用的塔、罐、锅、炉、窑等。

② 动力设备，是指用于生产电力、热力、风力和其他动力的各种机器设备，如发电机、蒸气锅炉、空气压缩机等。

③ 传导设备，是指用于传导电力、热力、风力和其他动力，用于传送固体、液体、气体的各种设备，如各种输电线、电力网、管道、传送带等。

④ 交通运输设备，是指用于运送货物和载人的各种运输工具，如各类汽车、铲车、吊车、电瓶车和其他搬运车辆等。

⑤ 仪器仪表，是指具有独立用途的各种工作用具、生产用具、仪表等，如各种监测用仪器、电子计算机，以及在生产过程中盛装原材料和产品的桶、罐、缸、箱等各种容器具。

⑥ 管理和公用设备，指用于生产经营管理和医疗卫生的设备，如计算机、医疗设备等。

2. 设备运动形态

设备运动有两种形态：一是设备物流形态；二是设备资金流形态，也就是价值形态。

（1）设备物流形态

设备物流形态包括设备规划、设计、制造、安装或购置，设备运行、维修，设备更新、改造等。

（2）设备资金流形态

设备资金流形态包括设备的购置费、运行保养费和维修费，以及设备更新、改造资金的筹集和支出等。

3. 设备综合管理

设备综合管理是指对设备实行全方位、全系统、全运动形态、全员管理。对设备实行全方位管理，是指对设备的技术、财务和组织进行管理。对设备实行全系统管理，是指对设备寿命周期的全过程进行系统管理，即对设备的规划、设计、制造、安装、使用、维修、改造、更新直至报废的全过程进行系统管理。对设备实行全运动形态管理，是指对设备物流和资金流形态进行全面管理。对设备实行全员管理，是指涉及设备的各方面的有关人员，从经理到生产工人都参加设备管理。

设备物流形态管理系统，如图 7-1 所示。

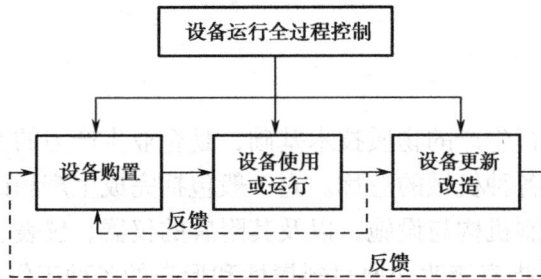

图 7-1　设备物流形态管理系统示意图

图 7-1 中的设备购置，对于自制设备来说，相当于设备的规划、设计、制造和安装。一般而言，设备控制应以设备运行控制为中心，以保证生产活动的顺利进行，但设备运行正常与否，又决定于设备的购置及更新改造。如果购置的设备本身存在缺陷，或者设备不能随技术和经济的发展做相应的更新改造，就不可能使设备在生产上正常运行。同时，对设备两种运动形态进行管理，才能把对设备的技术与经济两方面管理结合起来。

总之，通过对设备进行综合管理，才能达到设备技术和组织状态较佳、经济上合理的设备管理目标，以保证生产的顺利进行。

7.1.2　设备购置管理

1. 设备的选择

设备购置是设备管理的首要环节。它决定设备的生产运行状况，也对设备更新改造产生影响。设备购置控制的目标是使所购买的设备技术上先进、经济上合理、生产上适用。为了达到这一目标，购置设备时一般要进行定性的技术分析和定量的经济分析。进行定性的技术分析要注意以下几方面。

① 生产性。它是指设备的生产效率。它一般用设备功率、效率等指标表示。某些设备则以单位时间内的产品产量来表示。在其他条件相同时，应选择生产效率高的设备。目前生产效率高的设备，一般为电子化、自动化、大型化、高速化设备。

② 可靠性。它是指对产品质量（或工程质量）的保证程度。其实质是反映设备性能或精度的保持性、零部件的耐用性、设备运行的稳定性。它一般以设备所加工的产品、零部件的物理性能和化学成分，以及所完成的工程可靠性等技术参数来表示。如对于金切机床，以加工精度表示。选择设备时要选择可靠性高的设备，这样才能够生产高质量的产品，或完成高质量的工程设备。

③ 维修性。它指设备整体结构与零部件等需要修理的系统所具有的易于维修的程度，以及可否修理的情况。它用设备修理复杂系数来表示。维修性好的设备，一般结构简单，零部件组合合理；维修时零部件容易接近，可迅速拆卸，易于检验；标准化水平高，互换性较好等。选择设备时，应尽量选择易修设备。

④ 节约性。它指设备对能源和原材料的消耗要低。设备的能源消耗是以单位开动时间的能源消耗量来表示，如小时耗电量、耗气量等。在选择设备时，应尽量选择那些能源消耗低、原料加工利用程度高的设备。目前在机加工业中，少切削、无切削设备正在逐步代替金切加工设备。它还包括一次性投资费用的节约。

⑤ 安全性。它指设备在使用过程中保证生产安全和人身安全的程度。在选择设备时，要考虑设备在操作时的安全性，设备要具有一定的防护装置，以防止发生人身或设备事故。

⑥ 成套性。它指设备的配套水平，这是形成设备生产能力的重要标志之一。设备的成套性要求单机、机组、项目配套。单机配套，指一台机器设备中各种随机工具、附件、部件要配备成套。机组配套，指一套机器的主、辅机，控制设备要配备成套。项目配套，指一个新建项目所需各种设备要配套，如新建项目所需的工艺设备、动力设备、辅助生产设备要配套。

⑦ 适应性。它指设备具有灵活地适应不同工作条件、加工不同产品的能力。适应性表现在：当工作对象固定时，设备能够适应不同的工作条件和环境，使用、操作灵活方便。如矿山设备要求适应井下巷道和地质状况。对于工作对象可变的加工设备，要求能够适应多种加工性能、通用性强，如能适应产品更新换代，满足多品种生产要求。设备结构紧凑、重量轻、体积小。目前设备一方面向大型化、自动化、精密化、高级化方向发展，另一方面向小型化、微型化、简易化、廉价化方向发展。在选择设备时，要从生产实际出发，不要盲目向高、大、精、尖发展，要讲求实效。

⑧ 环保性。它指设备防止环境污染或保护环境的能力。在选择设备时，要求设备噪声小，排放的有害物质对环境污染程度小，要求配有治理"三废"的附属设备和配套工程。要把设备对环境的污染控制在保护人体健康的卫生标准范围以内。

以上是选择设备所应考虑的一些主要因素。实际上没有十全十美的设备，选择设备时要统筹兼顾，权衡利弊，方能购置到理想的设备。

2．设备的评价

选择设备时，除了进行定性分析外，还要进行定量分析评价。定量分析评价就是进行经济分析。在选择设备时进行技术、经济分析，才能选出技术先进且经济合理的理想设备。

（1）投资回收期法

这是评价设备投资效益的主要方法之一。购置设备必然要支付一笔投资费用，包括购置费、运输费、安装费等各项费用。采用投资回收期法时，要计算不同设备的投资费用、新设备所带来的净收益或节约额，再将投资费用与净收益或节约额进行比较，根据比较的结果，决定最终的取舍。投资回收期的计算公式如下：

投资回收期（年）=设备投资额（元）/采用新设备后年净收益或节约额（元/年）

一般情况下，如果各方案的其他条件相同，则投资回收期最短的设备为最优设备。

（2）费用换算法

设备寿命周期内所发生的费用由两大部分组成，即购买设备时的一次性投资费用；以及设备使用过程中所发生的维持费或使用费。由于资金具有"时间价值"，所以在不同时期所发生的费用不能直接进行数量比较。费用换算法就是按"资金时间价值"原理对费用进行动态的修正计算，从而能够更准确地进行经济性评价的方法。其计算方法有现值法和年费法两种。

① 现值法。现值法是用现值系数把每年维持费用换算成现值，与最初一次投资费用相加，然后进行总值比较。总费用最低的设备为最优设备。

$$现值系数 = \frac{(1+i)^n - 1}{i(1+i)^n}$$

式中，i 为利率，n 为设备寿命周期。

例如，有两台可供选择的设备，其各种费用支出分别如下：最初投资费，设备 A 为 7000 元，设备 B 为 10000 元；每年使用费，设备 A 为 2500 元，设备 B 为 2000 元。利率为 6%，估计寿命周期为 10 年。试用现值法选择这两种设备。

将利率 i=6%，寿命周期 n=10 年，代入现值系数计算公式，或查表得 7.36，则：

	A 设备	B 设备
最初投资费	7000 元	10 000 元
每年使用费现值	2500×7.36=18 400（元）	2000×7.36=14 720（元）
10 年内全部支出的现值合计	25 400 元	24 720 元

由计算结果可知，B 设备优于 A 设备。

② 年费法。年费法是指把购置设备一次性支出的投资费，依据设备的寿命周期，用

投资回收系数，换算成相当于每年分摊的原始投资，再加上每年的维持费得出不同设备年平均总费用。对不同设备的年平均总费用进行比较、分析，年平均总费用最小的设备即为最优设备。

$$投资回收系数 = \frac{i(1+i)^n}{(1+i)^n - 1}$$

式中，i 为利率，n 为设备寿命周期。

仍以上例计算，当利率 $i=6\%$，$n=10$ 年时，查表或计算得出投资回收系数为 0.13 587。

计算设备 A 和设备 B 的年平均总费用如下：

	设备 A	设备 B
每年投资费	7000×0.135 87=951（元）	10 000×0.135 87=1359（元）
每年使用费	2500 元	2000 元
每年总费用	3451 元	3359 元

比较两台设备的年平均总费用，结果仍然是设备 B 优于设备 A。

（3）费用效率分析法

费用效率分析法，又叫寿命周期费用法。这种方法以最佳费用效率作为选择准则。费用效率的计算公式如下：

费用效率=系统效率/寿命周期费用

上式中，系统效率是指选择和评价设备的一系列因素所表示的效果。它包括产量、质量、成本、交货期、安全、劳动情绪等方面。寿命周期费用是指设备寿命周期总费用。它包括设备的购置费和设备的维持费。设备购置费包括设备价格、运输费和安装费。若是企业自行研制的，应包括设备方案的研究、设计、制造、安装、试验，以及编印使用和维修设备的技术资料所支出的费用。设备维持费是指设备在使用期间所支出的与设备有关的一切费用，包括设备维修保养费用、操作人员的工资与费用、能源消耗费、发生事故的停工损失费、保险费和固定资产税金等。当不能用定量分析时，可用定性分析，如安全性、成套性等。

7.1.3 设备的管理维护制度

1. 设备的合理使用

设备运行管理包括设备合理使用、设备状态监测。其中设备合理使用是设备运行管理的核心，其目的是保证生产正常稳定地进行。为此，应在掌握设备磨损规律和设备故障发生规律的基础上，制定相应的设备使用、设备状态监测、维护和修理制度，使设备运转正常和设备运转费用最省。

所谓合理使用设备是指按照设备性能和使用要求来合理地安排任务，合理地进行操作，防止不按使用范围要求使用设备，防止不科学现象的发生。设备寿命的长短、生产效率和精度的高低虽然取决于设备本身结构和性能，但在生产中合理使用起着重要的作用。正确、合理地使用设备，就能减少磨损，延长设备寿命，保持设备应有精度、性能、工作效率，同时还有利于维修工作。合理使用设备，使设备经常处于良好状况，是全体职工重要的职责，是设备管理的重要环节。合理使用设备的对策如下。

① 根据企业本身的生产特点和工艺过程，合理地选择和配置机器设备。

② 根据各种设备的性能、结构和技术经济的特点，恰当地给设备安排生产任务和工作负荷。

③ 配备与机器设备相适应的操作工人。

④ 建立和健全设备管理的规章制度，严格按技术操作规程进行操作。

⑤ 为设备创造良好的工作环境和工作条件。

⑥ 对职工进行合理使用和爱护设备的经常性教育。

从事现代化大生产没有过硬的设备不行，但设备靠人去使用、去掌握。操作者有了高度的政治责任心，设备的效能才能够正常发挥出来。相反，操作者的政治责任心不强，好设备也可能变成坏设备。因此，人是管好、用好设备的决定性因素。

政治责任心包括两方面：一是培养操作工人的主人翁精神，树立"爱机如命"的思想；二是使专业维修人员树立全心全意为生产第一线服务、甘当配角的思想，技术精益求精。

2. 设备磨损规律和故障规律

（1）设备磨损规律

由于设备在使用过程中会不断磨损并发生故障，因此，必须掌握设备磨损规律和故障规律。设备在使用过程中会产生两种磨损，即有形磨损和无形磨损。有形磨损是指设备在使用过程中，其技术性能逐渐劣化或出现实体磨损。如设备的精度和工作能力不断降低，出现机械磨损、疲劳、腐蚀、变形、老化等。无形磨损，又称经济磨损，是指由于科学技术的进步而不断出现性能更加完善、生产效率更高的设备，致使原有设备的价值降低，或者由于工艺改进、操作熟练程度提高、生产规模扩大等，使相同结构设备的重置价值不断降低，导致原有设备贬值。无形磨损分为经济性磨损、技术性磨损和综合性磨损。

设备的有形磨损也称物质磨损。它分三个阶段，如图 7-2 所示。

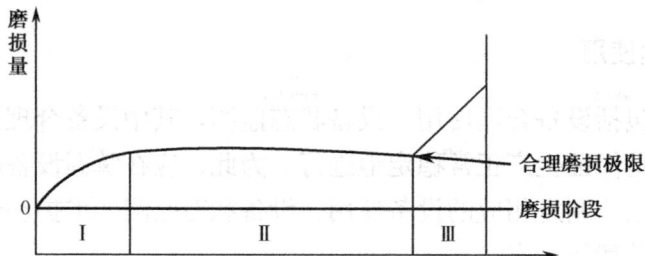

图 7-2 设备磨损规律

第一阶段，指设备的初期磨损阶段。在该阶段，设备零件的相对运动产生表面几何形状磨损，磨损速度很快，延续时间较短。

第二阶段，指设备正常磨损阶段。在该阶段，设备磨损速度比较平稳，磨损增加缓慢，产品质量有保证。这是设备使用中的正常磨损阶段，设备处于最佳的技术状态。这个阶段延续时间较长。

第三阶段，指设备的急剧磨损阶段。在该阶段，设备的零件磨损急剧增加，设备性能和精度迅速降低，直至设备损坏。因此，必须在这一阶段出现之前，对设备进行维修或更新。

（2）设备故障规律

与设备磨损规律相对应的是设备故障规律。设备在运转时会出现各种各样的故障。设备故障发生与设备使用时间和设备磨损阶段有关。如图 7-3 所示，设备故障发生有三个阶段。

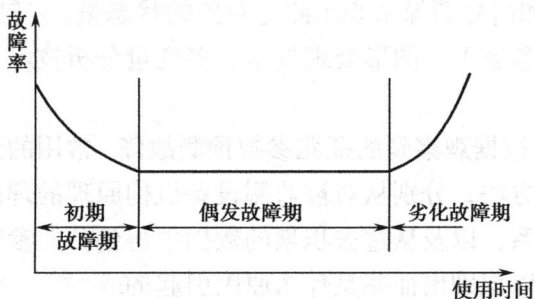

图 7-3　设备故障规律

第一阶段，指初期故障期。该阶段设备的故障主要是由设备零部件的设计制造缺陷和操作者对设备的不熟悉所引起的。这一阶段故障率较高，但持续时间较短。

第二阶段，指偶发故障期。在这一时期，故障率最低，设备处于正常运转状态。故障往往是由操作者的失误引起的，所以控制工作的重点应放在加强操作管理和日常维护保养上。

第三阶段，指劣化故障期。在这一时期，设备的一些零部件已经老化，故障率急剧上升，直至设备不能使用。因此，在劣化故障期之前，就应对设备进行修理或者更新。

3．设备状态监测

设备状态监测是在设备不停止运行、不拆卸（或基本不拆卸）的情况下，利用仪器仪表或人的感官功能（视、听、触、嗅等）对设备运行状态进行监视测量，判断设备运行状态（正常、异常或故障状态），以便对设备进行适当的控制。设备状态监测包括设备状态诊断、监测技术和监测方法。

（1）设备状态诊断

设备状态诊断包括原始诊断、简易诊断和精密诊断。

① 原始诊断，是指利用人的感官功能，凭借人的经验来监测设备的运行状态，是人的主观监测。

② 简易诊断，是指在不停机、不拆卸（或基本不拆卸）的情况下，用仪器仪表监测设备整体或单个部位的各种不同信号形态或间接参数，据此对设备的技术状况或单个部位的劣化程度做出概括的定性判断。这是比较客观的状态监测。

③ 精密诊断，是指根据状态监测的信号和参数，对判定为"有异常"的设备，由专门人员应用更完善的手段进行更全面的监测，以定量地掌握设备的技术状态，确定异常的形式和种类、部位、原因和程度，预测异常的未来发展，确定改善设备状态的方法。

（2）设备状态的监测技术

① 传感技术，是指反映设备状态参数的仪表技术，包括近年来开发的光导纤维、激光、声发射等传感技术。

② 信息处理技术，是指对杂乱或微弱的征兆信号进行滤波、放大，把表示信号特征的量提取出来，以数值和信号图像来表示测定对象的状态量。它包括时系列处理技术（用来表现各种参数的时间参数）、图形处理技术、多变量分析技术、相关分析技术、频谱分析技术等。

③ 识别技术，是指根据观察到的征兆参数预测故障。常用的识别方法有决定论的识别方法和概率论的识别方法，分别从对被监测设备机构原理的理论研究和试验中寻求故障与征兆参数之间的关系，以及从过去积累的数据中得到征兆参数与故障之间的关系。如果出现新征兆，就可以识别出征兆是什么原因引起的。

④ 预测技术，是指对设备故障今后的发展过程进行预测。它告诉人们设备在何时进入危险范围。其基本方法有：测定设备的实际劣化水平和附加应力，并将其输入各种理论模型中，根据计算结果预测设备的寿命和可靠性；通过对同类设备劣化数据的统计来推断设备的寿命。

（3）设备状态的监测方法

常用的设备状态监测方法有如下几种。

① 铁普分析，是指将润滑油样按一定操作步骤稀释在玻璃试管或玻璃片上，使之通过强磁场，借助于磁场的作用将润滑油里的磨损颗粒与污杂微粒分离出来，并使其按照尺寸大小依次沉积在玻璃片上，制成谱片，然后用光学或电子显微镜观察，根据残渣的沉积情况和数量、粒度、形状、色泽，即可判断机器零件的磨损程度和磨损颗粒的成分。

② 热成像，是一种把物体发射及反射的红外光谱变成可见光图像的技术。目前实用的热像仪主要有两种：光机扫描热像仪和热释电摄像管热像仪。

③ 声发射监测。固体材料受外加应力或内部过程转换时，塑性区会扩大，在裂纹扩展以前将发生塑性形变过程，并以振动、微弱的应力波形式释放应变能量。如果有足够的能量释放，就会产生能听到的声音。这种能量释放过程称为声发射或应力发射。人的听觉对高频和极微弱的声音不敏感，而声发射技术则能扩展人的听觉，检测人听不到的高频或十分微弱的声音。

④ 振动测量。在机器设备的运行过程中伴随着振动现象，只要机器开动就有振动信号产生，且故障信号包含在振动信号之中。由于以振动加剧为征兆的故障事故率极高，许多常见的振动征兆故障都有易于识别的明显特征，因此，将采集的动态振动信号在时域、幅域、频域三维图上进行分析和随机数据处理，可以找出故障的原因和部位。

⑤ 除上述监测方法以外，还有其他一些监测方法，如电气设备绝缘状况的监测方法、超声波无损探伤法、应力测定法、流量测定法等。在设备状态监测中具体使用何种监测技术和手段，需要根据实际情况择优确定。

4. 设备的维护保养和修理制度

设备的维护保养和修理制度是控制设备正常运转和延长设备寿命的主要手段。企业应在充分掌握设备尤其是关键设备的磨损规律和故障发生规律的基础上，根据企业的实际情况，制定相应的设备维护保养制度和修理制度，以便达到设备控制的目标。

（1）设备的维护保养制度

目前企业中较多实行的设备维护保养制度是"三级保养制"，即日常保养、一级保养和二级保养。日常保养是由操作者每天对设备进行的例行保养。一般是在班前班后对设备进行检查、擦拭、润滑和紧固等。一级保养是在专职修理人员的指导下，以操作人员为主，定期对设备的局部和重点零部件进行拆卸、检查、清洗和维护。二级保养是以专职修理人员为主并由操作人员协助，定期对设备进行保养。其保养项目和部位较多，它是对设备进行部分解体、检查和局部修理、全面清洗的一种计划检修工作。

（2）设备的修理制度

这种制度主要应根据设备磨损规律和设备的具体特点来确定，目前较普遍实行的修理制度有以下三种。

① 计划预修制。它是我国工业企业从 20 世纪 50 年代开始普遍推行的一种设备维修制度。计划预修制是根据设备的磨损规律，按照预防为主的原则，有计划地对设备进行日常维护保养、检查和修理，以保证设备经常处于良好状态。这种制度主要包括日常维护、定期检查和计划修理等内容。按照对设备性能的恢复程度，计划修理可分为大修、中修和小修。

② 计划保修制。它由一定类别的设备保养制度和设备修理制度组成。其特点是打破了操作工人和专职修理人员的界限，操作工人参加到设备的维修活动中，承担设备的部分保养工作，从而使设备管理工作具体化，并进一步贯彻了预防为主的方针。这种制度的内容包括"三级保养制"和计划大修理制度。

③ 预防维修制度。它是我国从 20 世纪 80 年代开始，逐步研究、形成的一种设备维修制度。它的基础是设备的故障理论和规律。预防维修制度中包括的设备维修方式主要有以下几种。

● 日常维修，包括定期检查、日常检查和保养。

● 事后维修，也称故障维修。它是对非重点设备在发生故障后进行的维修。发生故障后维修,可以节省维修费用。

- 预防维修,一般是指对重点设备及一般设备中的重点部位进行的预防性维修活动。
- 生产维修,是指事后维修与预防维修相结合的维修方式。对非重点设备采用事后维修,对重点设备采用预防维修。
- 改善维修,是指结合修理进行设备的改装、改造。
- 预知维修,也称预报维修。它是在设备监测技术基础上产生的针对性很强的维修方式,如对重大精尖设备某处进行监测、预报和维修。
- 维修预防,是指在设备设计、制造和选择阶段,就考虑设备的无故障和维修原则,即提高设备的可靠性、维修性。

这里需要强调的是,为了尽量缩短修理停机时间,提高设备利用程度,要采用快速修理技术,即采用先进的技术组织实施,以最快的速度完成设备修理工作。快速修理技术主要有:热喷涂、金属扩散、化学清洗、带压堵漏、部件或整机更换和分步检修等。

7.1.4 设备维修费用的控制

1. 大修理费用的预算与控制

(1)设备大修理费用预算计划的编制

设备大修理费用预算计划是在成本计划的基础上编制的。企业年度计划大修理费用指标,等于设备大修理成本定额乘以年度计划设备修理复杂系数(分机械复杂系数、电气复杂系数和管道复杂系数等)。对于一个具体的修理对象来说,由于设备的结构、机械性能、精度水平、制造厂家、出厂时间、使用年限、工作对象、工作强度、工作环境、利用率、故障程度、操作和维修水平等因素千差万别,在具体修理时所发生的费用是不同的。因此,在修理之前要编制费用预算计划。具体设备大修理费用预算计划,主要依据企业通过大量统计资料和费用构成制定的单位修理复杂系数和消耗定额编制。对于材料费、备件费、辅助材料费和工时费等直接费用,可用消耗定额乘以修理复杂系数直接得到;一些间接费用可按工作量分摊。有些企业维修资料比较齐全,定额水平比较稳定,管理经验比较丰富,也编制了设备大修理间接费用定额。这为做好大修理费用预算提供了方便条件。

每次大修理设备解体之后,还要认真检测每个零部件的磨损程度,编制缺损件明细表,确定修复措施和修换数量。如果修理过程中发现有漏检件,需要编制遗漏修换件明细表,补充领用新的备件或采取修复措施或临时加工赶制。由于设备大修理费用实际发生额之间相差很大,要编制出一种标准化的通用预算标准还要做许多努力。

为了使预算费用与修理完工后的决算费用相接近,企业应该对所修理的设备做好大量的统计工作,对各种相同设备或不同设备的相似部分在大修理过程中所发生的工时和材料消耗进行统计分析,积累数据和经验,为今后修改定额和编制预算提供依据。设备大修理后的安装工程的工作量和工作内容基本是已知的。因此，国家和各地区都编制了安装工程预算标准。

（2）大修理费用的控制

设备大修理费用计划的编制，为设备大修理费用的控制提供了标准。但要使费用计划得以实现，还必须通过一定的方法，对与设备大修理费用有关的每一项具体活动进行科学的引导、限制、监督和检查，以期按照预定的目标进行。一旦失控，大修理费用计划就无法实现。

费用控制的基础工作是定期修订各种定额标准，没有标准就无法控制。因此必须在成本形成的过程中，及时、准确、系统、完整地收集实际发生的各种费用和消耗的各种资源数据资料，按规定的程序和方法进行统计、分析、汇总和传递，并与计划指标和同行业的先进指标相比较，进行修订。将修订过的定额标准作为控制目标。如果某一时期的实际成本已经超过或难以达到定额标准，就应定出一个超出或低于定额标准的控制差。控制标准要求既先进又切实可行。

把静态控制改变为动态控制是最有效的费用控制。所谓动态控制，就是在费用形成过程中进行控制，不断地预报费用状态和下一个阶段可能出现的费用情况，以便采取有效措施，防止费用失控。为了实现对设备大修理费用的有效控制，必须调动各级组织和全体职工的积极性，将修理费用与承修者的经济利益挂钩，经常把费用发生的实际情况与控制目标进行对比，发现偏差并及时纠正。此外，还要进行设备大修理成本的核算、检查和经济分析。

2. 降低维修费用的主要途径

① 提高劳动生产率，及时修订工时定额。这样可以降低工资费用，缩短停修时间。就目前情况来看，工资约占大修理费用的 40%。

② 节约材料物资消耗，及时修订费用定额。节约材料物资消耗的途径是多方面的，采购、运输、储备、使用等每一个环节，都具有节约的可能性。及时修订费用定额，使之处于先进合理的水平，对于约束和控制维修费用是至关重要的。

③ 加强设备的前期管理，提高决策水平。确保购进或自制的设备符合质量要求，是减少后期运行费用和维修费用的重要环节，绝不可单纯追求节省设置费而忽视日后长期出现的维修费用。

④ 提高修理和技术改造质量，减少使用过程中的维护保养费用。提高设备修理和改造质量，不仅可以减少大量的维护保养费用，而且可以减少故障停机损失和生产过程中的废品损失。

⑤ 降低维护保养费用。精心操作，加强日常维护保养，避免非正常磨损和意外事故，延长使用寿命和大修理周期，是节省维修费用的重要措施。

⑥ 提高设备维修的经营管理水平。节约非生产费用开支，降低固定成本，提高设备的利用率和负荷率，降低单位产品成本，对节省维修费用都具有很大影响。

7.2 生产设备的布置与维护

7.2.1 车间设备布置

1. 车间设备布置的原则

设备布置应遵循以下基本原则。

① 满足设备运行的性能和工艺要求。

② 尽量使各设备之间的运输距离最短和总运量最小。多设备看管时，应使工人在设备之间的行走距离最短。

③ 确保安全。设备之间、设备与其他设施（如墙壁、立柱等）之间应保持适当距离。设备的传动部分应加设防护装置。

④ 便于工人操作和工作地的布置。

⑤ 有利于充分利用车间面积。

2. 车间设备布置的基本形式

车间内的设备布置通常采用按产品原则布置、按工艺原则布置、定位布置、混合布置和按成组制造单元布置 5 种典型的基本形式。下面分别加以介绍。

（1）按产品原则布置

按产品原则布置又称按对象专业化原则布置。它是指把加工相同产品的不同设备和工人按一定的工艺顺序安排在一起，形成一个加工单元的设备布置方式。按这种方式布置的车间通常叫封闭式车间，如现代企业里的流水生产线或流水装配线。其形式如图 7-4 所示。

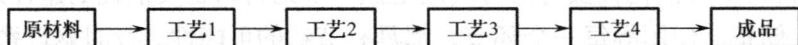

原材料 → 工艺1 → 工艺2 → 工艺3 → 工艺4 → 成品

图 7-4 按产品原则布置的流水线示意图

该方式的主要优点如下：

① 便于采用流水线生产等先进的生产组织形式，以减少在制品在加工过程中的等待时间，缩短制品的运输路线，缩短生产周期，降低流动资金的占用。

② 可以减少车间之间的协调工作，以简化管理。

③ 生产效率高，产量大，单位产品费用低。

④ 设备的专业化程度高，工人只需要掌握专门技能就能上岗，减少了工人的培训时间和费用。

该方式的主要缺点如下：

① 设备的专用性强，设备投资大，对产品品种变化的适应性差。

② 设备和岗位之间相互影响较大。可能因某台设备故障或某岗位缺人而导致整条生产线停工。

③ 全过程工艺复杂，难以进行专业化的技术管理，对管理人员的能力要求较高。

④ 分工较细，工作重复单调，容易使工人产生厌倦感，从而影响工作的积极性。

⑤ 设备维修和保养的费用较高。

该布置方式适用于产品品种较少、加工工艺稳定的大量大批生产类型，如流程性材料的加工生产。

（2）按工艺原则布置

按工艺原则布置是指把相同或相近工艺的设备安排在一起，形成一个加工单元的设备布置方式。按这种方式布置的车间通常称为开放式车间，如加工装配型企业里的车床、磨床车间等专门工艺车间或班组。

该方式的主要优点如下：

① 系统采用通用设备，投资费用少，能满足不同产品的相同工艺要求，而且较易于维修管理。

② 系统内设备和人员的相互影响不大。设备之间都是独立运行的，个别设备的故障并不直接影响其他设备的正常运行。

③ 有利于专业化的技术管理。同种工艺设备放在一起，有利于工人之间的相互学习和开展技术竞赛活动，以促进专业技术技能的提高。

④ 有利于生产面积和设备能力的充分利用。设备独立运行，这样既可实现设备的自由摆放，利于生产现场面积的利用；又可实现每台设备根据自身能力承接任务，以充分发挥设备能力。

⑤ 设备使用的灵活性好，适应性强，有利于企业满足市场不断变化的需求。

⑥ 操作人员作业多样化，有利于满足员工的职业感，提高员工的工作兴趣。

该方式的主要缺点如下：

① 产品在加工过程中运输线路长，劳动消耗大。由于每种产品可能需要多种不同的工艺加工，这就需要产品在不同专业部门或单元之间来回运输，从而增加了运输线路长度和劳动消耗。

② 增加了在制品数量和加工过程中的停放时间，延长了生产周期，增大了流动资金占用。

③ 产品需要经过多个生产单元的加工，无疑带来了各生产单元之间较大量的工作协调需要，从而增大了管理难度，降低了工作效率。

④ 难以掌握零件的成套性，增大了产品管理难度。

⑤ 对员工的技术等级要求较高。

这种方式较适用于品种复杂多变、工艺不稳定的单件小批生产类型。

（3）定位布置

定位布置是指加工对象保持不动，工人、材料和设备等按需要移动的一种设备布置方式。如一些大楼建造项目、船舶和飞机制造项目就采用这种现场布置方式。

该方式的主要优点如下：

① 当采用班组方式时，可提高作业连续性和质量。

② 高度柔性，可适应产品和产量的变化。

该方式的主要缺点如下：

① 设备移动频繁，不利于设备的维护管理。

② 现场空间、条件有限，增加了现场施工难度和管理复杂性。

该方式主要适用于由于重量、体积或其他原因导致产品移动不现实或难度很大的生产环境，如重型机床、火箭等一些大型设备的装配过程。

（4）混合布置

混合布置是指车间内设备既有按工艺原则布置的，也有按产品原则布置的，还有定位布置的一种综合的设备布置形式。

这种布置方式集多种布置方式于一体，集合了多种设备布置方式的优点，也克服了多种布置方式的缺点，是一种较好的设备布置方式，在实际生产中应用较多。

（5）按成组制造单元布置

按成组制造单元布置是指先根据一定的标准将结构和工艺相似的零件组成一个零件组，再确定零件组的典型工艺流程，然后根据典型工艺流程选择设备和工人，最后将这些设备和工人组成一个生产单元的一种设备布置方式。这种方式在加工装配型企业中较常使用，如图 7-5 所示。

成组制造单元类似于对象专业化形式，因而具有对象专业化形式的特点。但它比对象专业化形式具有更好的柔性，是一种适合多品种中小批量生产的较理想组织形式。

图 7-5　按成组制造单元布置的车间

该方式的主要优点有：

① 由于产品成组制造，设备利用率较高。

② 可相对缩短运输距离，减少搬运量。

③ 有利于发挥班组的合作精神。

④ 有利于提高工人的操作技能。

⑤ 减少了使用专用设备的机会，降低了设备投入和维护费用。

该方式的主要缺点有：

① 需要较高的生产控制水平以平衡各单元之间的生产流程。

② 在单元之间流程不平衡时，需要中间库存，从而增加了物料周转和运输量。

3．车间设备布置的常用方法

（1）物料流向图法

物料流向图法是指按照物料从进到出的整个流向及运输量来安排各生产设备。其操作步骤如下。

第一步，绘制物料流向图，即绘制物料流动路线图，绘制时应尽量避免迂回和交叉倒流，如图 7-6 所示。

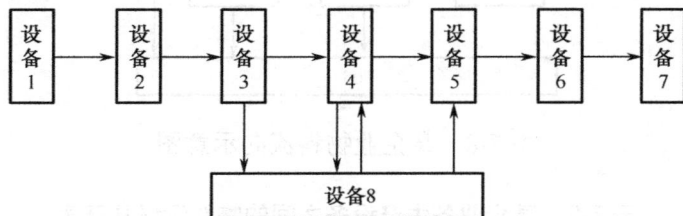

图 7-6 物料流向图

第二步，绘制物料运量从至表，物料运量从至表反映物料在各设备之间的运输数量，见表 7-1。

表 7-1 物料运量从至表

从＼至	设备 1	设备 2	设备 3	设备 4	……	合计
设备 1						
设备 2						
设备 3						
设备 4						
……						
合计						

说明：从设备 1 至设备 2 的物料运量填在斜线上方对应的栏目内，从设备 2 至设备 1 的物料运量填在斜线下方对应的栏目内，依此类推。

第三步，绘制物料运量相关线图。根据物料运量从至表所提供的数据绘制出物料运量相关线图，使物料在各设备之间的运输数量关系得到更直观的表现。如图 7-7 所示。

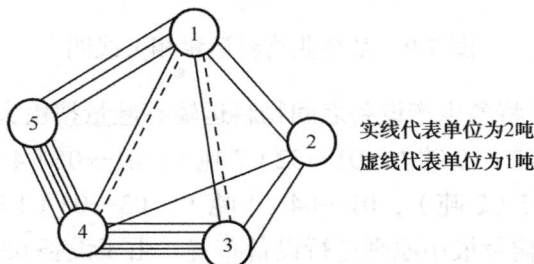

实线代表单位为2吨
虚线代表单位为1吨

图 7-7 物料运量相关线图

第四步，根据物料流向和运量相关线图，按流程顺序排列各生产设备。同时，将物料运量较大的生产设备尽可能布置得靠近一些，以减少物料运输的劳动消耗和成本。

例1： 某企业有5台生产设备，非流水线生产，各设备之间的物料流向和运输量已知，分别如图7-8和表7-2所示。试据此对该企业的5台生产设备进行合理布置。

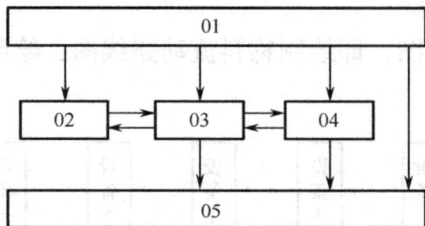

图7-8　某企业物料流向示意图

表7-2　某企业各生产设备之间的物料运量从至表

从＼至	设备01	设备02	设备03	设备04	设备05	合计
设备01		7	2	1	4	14
设备02			6	2		8
设备03		4		5	1	10
设备04			6		2	8
设备05						
合计		11	14	8	7	40

解： 第一步，根据表7-2可绘制出图7-9所示的该企业物料运量相关线图。

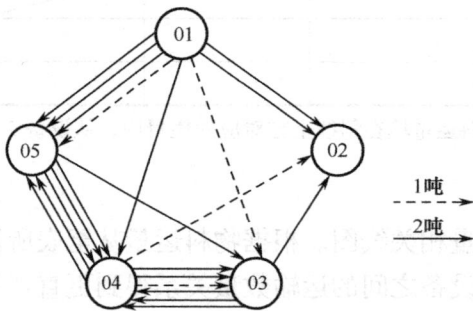

图7-9　某企业物料运量相关线图

第二步，根据图7-9将各生产设备之间物料运输吞吐量按由大到小的顺序排列如下：03—04（11吨）；03—02（10吨）；01—02（7吨）；01—05（4吨）；04—05（2吨）；02—04（2吨）；01—03（2吨）；01—04（1吨）；03—05（1吨）。

第三步，按照总运输量最小原则进行设备布置。由于设备03与设备04、02之间的物料运输量较大，故优先安排设备03，并将其布置在设备02、04中间的位置。然后安排与设备 02 运量最多的设备 01 以及与设备 01 运量较大的设备 05，最后形成如图 7-10 所示的车间设备布置。

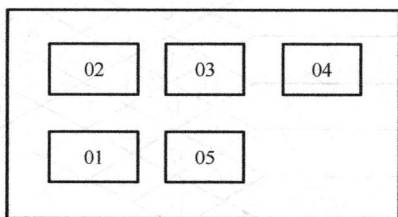

图 7-10　车间设备布置图

（2）作业相关图法

作业相关图法是指通过对一些影响因素进行分析，确定各设备间关系的紧密程度，然后将这一信息汇聚到作业相关图中，据此进行设备布置的一种方法。作业相关图如图 7-11 所示。

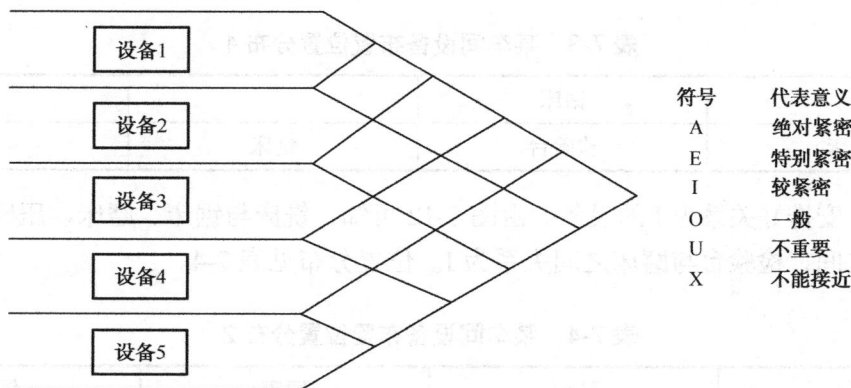

图 7-11　作业相关图

在图 7-11 中两设备交叉处的方框中填写表示这两个设备关系紧密程度的符号。其中用 A 表示绝对紧密，用 E 表示特别紧密，用 I 表示较紧密，用 O 表示一般，用 U 表示不重要，用 X 表示不能接近。

影响关系紧密程度的因素主要有：生产工艺的连续性需要，相同或相似的加工对象，使用相同的员工或记录，人员接触频繁、交流方便，相同的工作环境要求，不安全的项目，以及其他因素等。

根据作业相关图，在进行设备布置时，应把那些有着紧密关系或重要关系的设备布置得尽可能靠近一些，而把那些不相关或关系一般的设备布置得相对远一些。

例 2：某车间根据其产品加工需要计划布置磨床、钻床、车床、镗床、锯床、铣床、压床、检验台等设备，并期望将它们布置在一个 2×4 的区域内。经分析，这 8 个设备间的作业相关图，如图 7-12 所示。请据此做出合理布置。

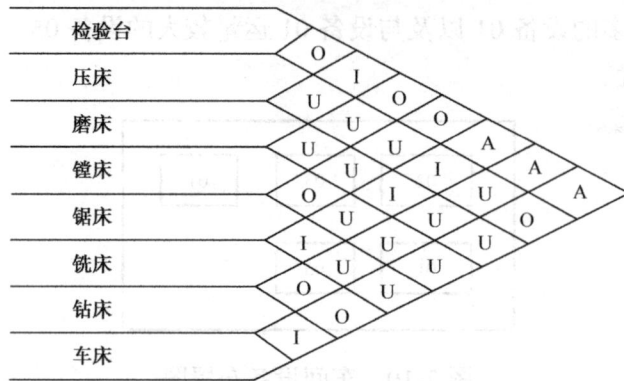

图 7-12　某企业作业相关图

解： 首先，初步布置好关系为 A 的关键设备。由图 7-12 可知，检验台与铣床、钻床、车床之间的关系是 A，即绝对紧密关系，故先将检验台及与其有绝对紧密关系的设备安排好，见表 7-3。

表 7-3　某车间设备布置位置分布 1

	钻床		
车床	检验台	铣床	

其次，安排好关系为 I 的设备。由图 7-12 可知，铣床与锯床、磨床、压床之间，车床与钻床之间，检验台与磨床之间关系为 I。位置分布见表 7-4。

表 7-4　某车间设备布置位置分布 2

镗床	钻床	磨床	锯床
车床	检验台	铣床	压床

最后，综合检查各设备间的位置关系是否满足其工作关系紧密程度，并根据环境条件做适当调整，直到满意为止。现对照图 7-12 与表 7-4 中的位置关系，基本一致，故表 7-4 中的设备位置安排可作为最终布置方案之一。

（3）从至表法

从至表法是指运用各设备之间的相对位置和距离，先计算出零件（物料）在各工作地之间的运输次数及总运输距离，再按照零件（物料）运输次数最少、运程最短的基本原则确定车间内设备布置方案的一种方法。

该方法主要适用于机械制造企业中多品种、中小批量生产的情况，如按工艺原则或混合原则设计的车间内设备布置。

在按工艺原则设计的车间内，车间加工的零件品种较多，各种零件的加工路线又各不相同，这时单凭经验或试排的方法很难找到一个较理想的设备布置方案，而采用某些数学方法来进行设备布置却可以收到较好的效果。从至表法就是常用的一种数学方法。

下面通过具体例子详细介绍一下这种方法的操作步骤。

例 3: 假设某机械加工车间有 8 台设备,它们分别是钻床、车床、铣床、磨床、锯床、镗床、压床和内圆磨,另有毛坯库和检验室各一个。为计算方便,假设各工作地之间均为 1 个单位距离。现已知该车间负责 01~17 号共 17 种零件的加工任务,每一种零件均由毛坯库出发,经有关设备加工后送检验室检验入库,见表 7-5。试运用从至表法对该车间设备进行合理布置。

表 7-5 各零件加工工艺路线汇总表

零件编号	加工工艺路线
01	①—②—③—⑦—④—⑩
02	①—③—④—⑧—⑩
03	①—③—④—⑩
04	①—⑨—③—②—④—⑩
05	①—⑥—④—⑤—④—②—⑦—④—⑦—⑩
06	①—③—④—⑩
07	①—⑨—③—⑨—⑥—⑩
08	①—③—⑩
09	①—③—⑩
10	①—②—④—⑩
11	①—③—④—⑦—⑩
12	①—⑦—⑩
13	①—③—②—⑩
14	①—③—⑩
15	①—⑦—⑩
16	①—⑦—⑩
17	①—⑦—⑩

注:表 7-5 中的①、②、③、④、⑤、⑥、⑦、⑧、⑨、⑩分别代表毛坯库、铣床、车床、钻床、镗床、磨床、压床、内圆磨、锯床、检验室单元。

说明:该例题是根据应可福主编的《生产与运作管理》第 2 版第 63 页的[参考示例]改编而成的。

解: 第一步,制定设备布置的初始方案,包括安排设备布置顺序和设计合适的间距。该方案可以将设备做任意排列,它只是为后续的运算优化提供基础。本例中对工作地间距已做了合适假设,即均为 1 个单位。现假设设备的初始布置顺序为毛坯库、铣床、车床、钻床、镗床、磨床、压床、内圆磨、锯床、检验室。

231

第二步，根据现有设备选择典型加工零件。本例中已给出 01～17 号共 17 种零件。

第三步，绘制出每一种零件的加工工艺路线，并整理成汇总表。本例中各零件的加工工艺路线见表 7-5。

第四步，根据工艺路线汇总表绘制物料运输从至表。本例中各零件在各工作地之间的运量从至表见表 7-6。

表 7-6　某车间零件运量从至表

从\至	毛坯库	铣床	车床	钻床	镗床	磨床	压床	内圆磨	锯床	检验室	合计
毛坯库		2	8			1	4		2		17
铣床			1	2			1			1	5
车床		2		4			1		1	3	11
钻床		1			1		2	1		5	10
镗床			1								1
磨床			1							1	2
压床			2							6	8
内圆磨										1	1
锯床			2			1					3
检验室											0
合计		5	11	10	1	2	8	1	3	17	58 58

说明：工作地位置越靠近对角线，它们之间的距离越短。

第五步，绘制作业相关线图，或将设备（工作地）之间的物料运量按由大到小的顺序进行排列。本例中，物料在各设备之间的运输量按由大到小的顺序排列如下：毛坯库——车床（8）；压床——检验室（6）；钻床——检验室（5）；毛坯库——压床（4）；车床——钻床（4）；钻床——压床（4）；铣床——车床（3）；铣床——钻床（3）；车床——锯床（3）；车床——检验室（3）；毛坯库——铣床（2）；毛坯库——锯床（2）；钻床——镗床（2）；铣床——压床（1）；铣床——检验室（1）；毛坯库——磨床（1）；车床——压床（1）；钻床——内圆磨（1）；磨床——检验室（1）；内圆磨——检验室（1）。

第六步，利用从至表优化设备排列。按照物料在各工作地之间的运输路线最短、运量最小的原则重新布置各设备位置。本例中，把那些相互之间零件运输次数较多的设备按运量从大到小的顺序尽量安排在靠近的位置（如对角线上下位置）。例如，搬运次数最多的是毛坯库到车床，其次是压床到检验室、钻床到检验室、毛坯库到压床等。为此，优先安排车床靠近毛坯库，再把检验室安排在靠近压床和钻床的地方，安排钻床在车床之后、压床在钻床之后等。调整后的设备布置顺序及零件运量从至表见表 7-7。

表 7-7　调整后的设备布置顺序及零件运量从至表

从＼至	毛坯库	车床	钻床	压床	检验室	铣床	锯床	磨床	镗床	内圆磨	合计
毛坯库		8		4		2	2	1			17
车床			4	1	3	2	1				11
钻床				2	5	1			1	1	10
压床			2		6						8
检验室											0
铣床		1	2	1	1						5
锯床		2						1			3
磨床			1		1						2
镗床			1								1
内圆磨					1						1
合计		11	10	8	17	5	3	2	1	1	58 / 58

第七步，分别计算零件（物料）在原方案和改进后的方案中需要移动的总距离。本例中，零件（物料）在新旧方案中运输的总距离计算结果见表 7-8、表 7-9。

表 7-8　原方案中各零件运输总距离计算表

工作地之间	运 输 距 离
毛坯库至其他各地	$2\times1+8\times2+1\times5+4\times6+2\times8=63$
铣床至其他各地	$1\times1+2\times2+1\times5+1\times8=18$
车床至其他各地	$2\times1+4\times1+1\times4+1\times6+3\times7=37$
钻床至其他各地	$1\times2+1\times1+2\times3+1\times4+5\times6=43$
镗床至其他各地	$1\times1=1$
磨床至其他各地	$1\times2+1\times4=6$
压床至其他各地	$2\times3+6\times3=24$
内圆磨至其他各地	$1\times2=2$
锯床至其他各地	$2\times6+1\times3=15$
合计	209

表 7-9　改进后的方案中各零件运输总距离计算表

工作地之间	运 输 距 离
毛坯库至其他各地	8×1+4×3+2×5+2×6+1×7=49
车床至其他各地	4×1+1×2+3×3+2×4+1×5=28
钻床至其他各地	2×1+5×2+1×3+1×6+1×7=28
压床至其他各地	2×1+6×1=8
铣床至其他各地	1×4+2×3+1×2+1×1=13
锯床至其他各地	2×5+1×1=11
磨床至其他各地	1×5+1×3=8
镗床至其他各地	1×6=6
内圆磨至其他各地	1×5=5
合计	156

234

第八步，比较确认设备优化排列改进效果。本例中，通过比较可知，改进后的方案较原方案减少了 53 个单位的运程。

注意：从至表可以物料运量为对象编制，也可以设备间的距离、设备（物料）的运输费用等为对象编制。如果是以运输费用为对象，则只要用运程乘以单位运程的运费即可。其与运量从至表法的操作原理是一致的。

7.2.2　设备的使用与维护

1. 设备的磨损与故障规律

（1）设备磨损的类型

设备磨损是指设备在运行和闲置过程中，由于摩擦、腐蚀、自然力及其他原因而导致的磨损。设备磨损根据其表现形态可分为两种类型，即有形磨损和无形磨损。设备的有形磨损也称物质磨损。它是指设备在运行和闲置过程中，由于摩擦、腐蚀、自然力等原因造成的设备实体的磨损。设备的无形磨损亦称设备的精神磨损或技术磨损。它是指由于科学技术的进步，使原有设备贬值。这包括两层含义：一是指由于科学技术的进步，使原设备的生产成本大幅下降，从而造成原设备的相对贬值；二是指由于科学技术的进步，市场上出现了比原设备技术更先进、生产成本更低的新型设备，从而造成原设备的贬值。

（2）设备的磨损规律

设备磨损通常遵循一定的规律，其磨损程度与设备的使用时间和使用强度有关。随着时间的推移，设备磨损大致可分为三个阶段，如图 7-13 所示。

① 初期磨损阶段。设备在开始运转的初期，由于各零部件表面粗糙不平，导致其运行时相互挤压摩擦而引起磨损。一般来说，这一阶段磨损速度较快，但时间较短。通过这一阶段的磨损，设备的生产效率会逐渐提高。

② 正常磨损阶段。经过初期磨损之后，设备转入正常磨损阶段。这一阶段主要是由于设备的自然消耗或老化而形成的磨损。设备在合理的使用条件下，正常磨损的速度一般比较缓慢，延续的时间也比较长。这时，设备处于最佳技术状态，并保持最高生产效率。

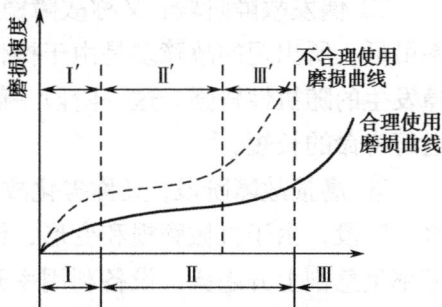

图 7-13 设备磨损曲线图

③ 急剧磨损阶段。在这一阶段，由于设备磨损已达到一定程度，设备的精度、性能迅速下降，已不能保持正常的性能，最后导致零部件损坏，直至整个设备停止运转。因此，在设备进入急剧磨损阶段以前，就要进行修理，以恢复设备应有的性能。当设备进入急剧磨损阶段时，应确定是否进行设备的更新。

设备的磨损规律是客观存在的，不同设备的各个磨损阶段的长短各有不同。一般采取正常磨损的终点作为合理的磨损限度。在同一设备中，各个部位各个零件的磨损限度也不相同。当设备的零件接近正常磨损极限时，就要进行更换。

（3）设备的故障规律

设备的故障是指设备在寿命周期内，在规定的环境和使用条件下，由于其零部件的损坏而使设备的局部或整体失去应有的功能。

设备在寿命周期内发生故障的规律与设备的磨损规律基本相对应，即设备故障也有三个不同的阶段，如图 7-14 所示。

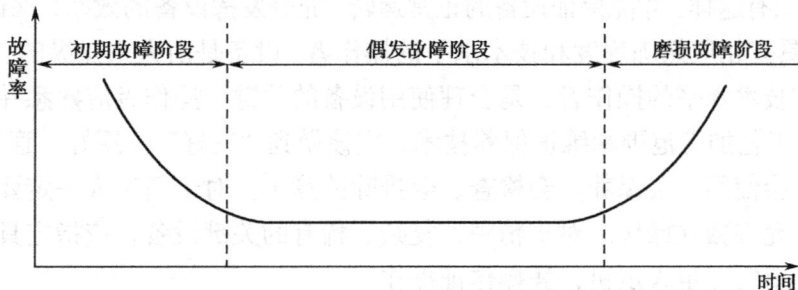

图 7-14 设备故障规律曲线图（又称"浴盆曲线图"）

① 初期故障阶段。设备在投入使用初期，由于其设计制造上的缺陷、运输安装的不合理或操作者不适应等原因导致设备故障。这一时期的重点工作是细致地研究操作方法，对设备进行下一步的调试，并将设计制造中的缺陷反馈给设备制造单位或部门。随着设备的不断使用，其故障率会逐步下降，并最终趋于稳定。

② 偶发故障阶段，又称故障稳定期。在这个阶段，设备已进入正常运行阶段，故障率最低，所出现的故障多是由于操作失误、保养不善、使用条件不完备等所引起的。故障发生的随机性较强。这一阶段一般持续时间较长，是设备的实际使用期，决定着设备运行寿命的长短。

③ 磨损故障阶段，又称劣化故障期或损坏期。它一般发生在设备急剧磨损阶段。在这一阶段，由于机械磨损和变形，许多零部件接近或超过使用极限，经常发生损坏，故障率呈急剧上升趋势，设备利用率开始下降。为了降低这个时期的故障率，就要在零部件达到使用极限前加以预防性维修和改善性维修。

当然，由于使用和维护情况不同，设备的磨损和故障会表现出不同的状态。一般情况下，设备的磨损和故障表现出快、慢、快的规律。但在不合理的使用和维护情况下，设备的磨损和故障可能表现为直线上升的状态。了解设备的磨损和故障规律，是为了更好地遵循这些规律开展有针对性的设备管理。设备管理的任务之一就是减缓设备磨损，减少设备故障，提高设备利用率，延长设备寿命。

2. 设备的使用

设备使用是整个设备寿命周期中的一个主要阶段。设备在整个寿命周期内发挥的作用及经济效果如何，固然取决于设备本身的设计结构和性能，但在很大程度上也取决于设备的合理使用。正确、合理地使用设备，可以减轻设备的磨损，防止发生非正常磨损和避免突发性故障，延长设备的使用寿命，减少修理次数，降低修理费用，保持设备的良好性能，充分发挥设备的生产效率。

① 根据设备的结构、性能和技术经济特点，恰当地安排加工任务和工作负荷。不同的设备，其性能、结构、使用范围及其他技术条件是各不相同的。工业企业在使用设备时，应按照设备的技术条件，安排相应的加工任务和合理的工作负荷，不允许精机粗用，严禁超负荷使用。只有这样，才能保证设备的正常运转，充分发挥设备的效率，保证安全生产。

② 配备具有相应熟练程度和技术水平的操作者。设备是由人来操纵的。配备具有相应熟练程度和技术水平的操作者，是合理使用设备的关键。操作者应熟悉并掌握设备的性能、结构、工艺加工范围和维护保养技术，应该做到"三好"（用好、管好、保养好）和"四会"（会使用、会保养、会检查、会排除故障）。对于新工人一定要进行技术考核，合格后才允许独立操作。对于精密、复杂、稀有的关键设备，应指定具有专门技术的人员操作。要实行定人定机，凭操作证操作。

③ 为设备创造良好的工作条件。良好的工作条件，是保证设备正常运转、延长设备使用寿命、充分利用设备生产率和保证安全生产的重要条件。因此，要根据设备使用和维护的要求，创造适宜的工作环境。如根据设备的需要，安装防护、防潮、防尘、防腐、防震、保暖、降温等装置，配备必要的测量、保险用仪器装备等。在设备的布置上，要合理布局等。

④ 经常对职工进行正确使用与爱护设备的宣传教育。职工群众对设备的爱护程度，

与正确使用设备有着极大的关系。因此，必须加强职工的思想教育和技能培训，使操作人员自觉地爱护设备，正确地使用设备，使设备经常保持良好的技术状态。

⑤ 开展完好设备的竞赛活动。开展完好设备的竞赛活动是动员广大职工用好、管好设备的有效形式。所谓完好设备，是指零件、部件和各种装置完整齐全，油路畅通，润滑正常，内外清洁，性能和运转状态符合标准的设备。厂部或车间要定期对设备的技术状态进行检查评比，做到奖罚分明，并总结和推广先进经验。对运转不畅的设备，应该查明原因，提出改进措施，以提高设备的完好程度。

⑥ 建立健全设备使用管理制度。建立健全设备使用管理制度是管好和用好设备的重要保证。一般而言，设备使用管理制度主要包括设备使用规程、设备维护规程、设备操作人员岗位责任制、交接班记录等。只有操作人员自觉遵守这些规章制度，才能确保设备的科学合理使用，才能保证设备及操作人员的安全。

小贴士

设备润滑管理规定

1 目的

明确设备润滑管理网络，正确对设备进行润滑，确保设备正常运转，延长设备使用寿命，保证生产的顺利进行。

2 范围

本规定适用于本公司主要生产设备的润滑工作。

3 职责

专业润滑工负责，设备操作工协助，班组长负责指导与监督检查。

4 润滑工作实施

4.1 润滑工作实施人员必须学习掌握有关润滑技术，并按要求对设备进行定人、定点、定质、定量、定时润滑。

4.2 各机长负责按设备润滑要求，当班对所属设备的放料轴等部位进行注油润滑，并在日时间内对设备上的油嘴、链条等进行注油润滑。

4.3 设备人员负责组织安排维修工按设备的要求，对设备的减速机、油箱等进行加油和换油，并填写《设备换（加）油记录表》（附录 A）。

5 检查考核

设备主管人员负责检查本部门所辖设备的实施情况，并在《设备运行记录表》上注明。

6 本规定相关记录的保存者及保存时限如下：

附录 A　G—630—03—01《设备换（加）油记录表》生产车间一年

批准人：　　　审核人：　　　拟制人：

日　期：　　　日　期：　　　日　期：

7 附录

附录 A　G—630—03—01

设备换（加）油记录表

机型：　　　　　　　　　　　　　　　　　　　　　　　　机号：

日期	润滑部位	用油品种	换油	加油	执行者	设备操作者	备注

制表人：

3. 设备的保养

设备的维护保养是指操作人员和专业维护人员在一定的时间及维护保养范围内，对设备进行的预防性技术护理。加强设备的维护保养，对保持设备的精度和性能，提高设备效率，延长其使用寿命都具有十分重要的意义。

（1）设备保养的内容

设备保养是指对设备进行清洁、润滑、紧固、调整、防腐、检查等，有时又称"清洁、润滑、紧固、调整、防腐"十字作业。实践证明，设备的寿命在很大程度上取决于其保养工作的好坏。

（2）设备保养工作的分类

设备保养根据其工作量的大小和难易程度可分为以下三种类型。

① 日常保养，亦称例行保养。它是指由操作工人负责执行的经常性的不占设备工作时间的例行维护。其主要内容是保持设备清洁、润滑、紧固易松动的零部件，以及检查零部件的完整性。这部分工作较为简单，大多在设备的表面进行。

② 一级保养。它是指由操作人员在专业维修人员的指导下定期对设备局部进行解体检查、清洗、疏通和更换等。其主要内容是对设备进行局部检查和调整、清洗、紧固等。

③ 二级保养。它是指由专业维修人员承担，由操作人员协助，对部分设备内部进行清洗、润滑、检查和调整，修复或更换易损件，恢复设备精度等。

在上述各类维护保养中，日常保养是基础。日常保养中一项最重要的工作就是润滑。正确及时地对设备进行润滑，对延长设备的使用寿命，维护设备的正常技术状态均具有重要作用。在设备的润滑管理中，许多企业均实行以"五定"为内容的工作责任制，即定点（规定设备应注油润滑的地点）、定人（规定实施润滑的人员）、定量（规定润滑油消耗量和消耗定额）、定质（规定润滑油的质量）和定期（规定加油和换油的时间）。

4. 设备的检查

（1）设备检查的意义

设备检查主要是对设备的运行情况、磨损程度、工作精度等进行检查和校正。经过检查，掌握设备运转和零部件磨损情况，可以及时发现并采取相应措施消除隐患，防止发生急剧磨损和突发事故。同时可以根据检查结果，针对发现的问题提出加强和改进设备维护保养工作的意见和措施，为编制设备修理计划和做好修理前的准备工作打下基础。

（2）设备检查的分类

根据不同分类标准，可将设备检查划分为以下多种类型。企业可根据各类设备的性能、特点和工艺要求，选择合适的检查方法。

① 按检查的时间间隔划分，可将其划分为日常检查和定期检查。其中，日常检查是由操作人员在交接班时，结合日常维护保养一起进行的。目的是及时发现不正常的技术状况，进行必要的维护和维修工作。定期检查是指按照计划日程表，在操作工人的参与下，由专职维修人员定期对设备进行检查。目的是全面准确掌握设备的技术状况、零部件磨损与老化的实际情况，确定是否有必要进行修理。

② 按检查的性能划分，可将其划分为功能检查和精度检查。其中，功能检查是指对设备的各项功能进行检查和测定，以便确定设备的精度是否符合要求、是否需要调整，从而保证加工产品的质量。精度检查是指对设备的加工精度进行检查和测定，以便确定设备的优劣程度，掌握设备的实际精度，防止因设备精度降低而产生废品，同时为设备的验收、修理和更新提供依据。

③ 按检查的方法划分，可将其划分为直观检查和工具仪器检查。其中，直观检查是指依靠人的感官功能进行检查。工具仪器检查是指利用一定的检测工具或仪器、仪表等进行检查。

5. 设备的修理

（1）设备修理的意义

设备修理是指修复由于各种原因造成的设备损坏或精度劣化。由于修理往往要以检查结果为依据，而且在实际工作中又常常与检查相结合，因此又称之为检修。通过检修和更换磨损、老化、腐蚀的零部件，可以使设备的性能得到恢复。

（2）设备修理的一般分类

根据修理范围的大小、修理间隔期的长短、修理费用的多少，可将设备修理分为小修、中修和大修三类。

小修是指日常零星修理，通常只更换或修理少量的磨损件，调整设备的局部结构，以保证设备能正常运转到计划修理时间。小修的特点是修理次数多，工作量小。一般可结合日常检查与维护保养进行。

中修是指对设备进行局部解体，修理或更换主要零部件与基准件，或修理使用期限等于或小于修理间隔期限的零部件。同时，还要检查整个机械系统，紧固所有的机件，消除扩大的间隙，校正设备的基准，以保证设备能恢复和达到应有的标准和技术要求。中修的特点是修理次数较多，工作量较大，每次修理的时间较短。中修一般由专职维修人员根据设备实际运行状态实施，在一季、一年中可能有若干次。

大修是指通过更换、修复其主要部件，恢复设备的原有精度、性能和生产效率而进行的全面修理。大修的特点是修理次数少，工作量大，每次修理时间长。设备大修后，其性能和精度得以全面恢复。大修由专业维修人员实施，一般每年一次。

（3）设备维护管理制度

设备维护管理制度是指在设备的维修保养、检查、修理中，为贯彻预防为主的方针而采取的一系列技术组织措施的总称。我国现行的设备维护管理制度主要有以下三种。

① 计划预防修理制度。它是指根据设备的磨损规律和设备的技术状态，以及设备的修理周期进行预防性维护、检查和修理，保证设备经常处于良好状态的一种管理制度。它又包括以下三种修理方法。

- 标准修理法，又称强制修理法，它是指根据设备的磨损规律和零件的使用寿命，预先规定检修日期。一旦到了规定的检修日期，不论设备的技术状态如何，都要按计划强制进行修理。这种方法一般只适合特别重要、关键、复杂的设备。
- 定期修理法。它是指根据设备的实际使用情况，参考有关修理周期，大体规定出修理工作的时间和内容，而具体的修理时间和修理内容，则要根据修理前检查的结果来确定。这种方法的优点是比较切合实际，有利于做好修理前的准备工作，缩短修理时间，提高修理质量，降低修理成本。目前，大多数维修基础较好的企业都采用这种方法。
- 检查后修理法。它是指在计划上只事先规定设备的检查时间和次数，再根据检查结果和以前的修理资料，确定修理的类别、具体日期和内容。对于一些普通设备常常采用这种方法。

② 强制保养维修制度。它是指把设备维护分成若干等级，如例行保养、一级保养、二级保养、大修理等，并分别定出各级维修保养的具体内容、要求和执行者的一种设备维护管理制度。按照这种制度，每台设备运转至规定时限，不论设备的实际技术状况如何，都必须按规定的内容和要求检查和维修，不得借故拖延。实行这种制度，有利于各级保养和修理的良好结合。

③ 生产性维修制度。这是一种以生产为中心，为生产服务的维修制度。它是指根据设备的重要程度不同，采用不同的维修方式。对重点设备，实行预防维修。对一般设备，则采取坏了再修的事后修理制度。它体现的是"保护重点、照顾一般"的管理思想。这样既可以保证生产的需要，又可以降低维修费用。

7.2.3　设备的改造和更新

1．设备寿命

设备寿命是指设备从投入生产开始，经过磨损直至在技术上不能继续使用或经济上不宜继续使用为止所经历的全部时间。

根据衡量的依据不同，可将设备寿命划分为物质寿命、经济寿命和技术寿命三种类型。

① 设备的物质寿命，也称自然寿命。它是指设备从投入使用到报废为止所经历的时间，即根据设备的物质磨损确定的使用寿命。一般而言，通过提高设备的制造质量、正确合理使用和维护保养设备，可以延长设备的物质寿命。

② 设备的经济寿命。它是指设备从投入使用到由于继续使用不经济而被淘汰所经历的时间。设备在使用后期，由于磨损老化，需要较高的维修费用来维持设备的使用，使设备使用处于不经济的状态，企业因此而淘汰该设备。

③ 设备的技术寿命。它是指从设备投入使用到由于科学技术的发展，出现了技术上更先进、经济上更合理的新型设备，使该设备因使用不经济合理而被淘汰所经历的时间。设备技术寿命的长短，取决于同类设备技术的发展速度。一般而言，同类设备技术发展越快，该设备的技术寿命越短。

由以上内容可知，设备寿命取决于设备的物质磨损程度，或取决于同类设备的科学技术发展速度，或取决于其维护费用的高低。设备寿命是企业开展设备改造和更新的重要决策依据。设备改造和更新通常是为了提高产品产量、质量，促进产品的升级换代，节约能源等而进行的活动。

2．设备的改造

（1）设备改造的意义

设备改造是指把科学技术的新成果应用于企业现有设备，通过对设备进行局部革新、改造，以改善设备的性能，提高生产效率和设备的现代化水平。对设备实施改造是在原有设备的基础上进行的，通过改造来提高原有设备的技术先进性和生产适用性。它具有投资少、时间短、见效快的优点。因此，当企业面临资金短缺的困难时，它是大多数企业实现扩大生产规模、提高劳动生产率和企业经济效益的主要方式。

（2）设备改造的原则

企业在开展设备改造时，必须充分考虑改造的必要性、技术上的可行性和经济上的合理性。具体来说，应该注意以下几点。

① 设备改造必须适应生产技术发展的需要，针对设备对产品质量、数量、成本、生产安全、能源消耗和环境保护等方面的影响程度，在能够取得实际效益的前提下，有计

划、有重点、有步骤地进行。

② 必须充分考虑技术上的可行性。设备应值得改造和利用，又有改善性能、提高效率的可能性，改造要经过大量的试验，并严格执行企业审批手续。

③ 必须充分考虑经济上的合理性。改造方案要由专业技术人员进行技术经济分析，并进行可行性研究和论证，方可实施。设备改造一般应该与大修理结合进行。

④ 必须坚持自力更生方针，充分发动群众，总结经验，同时借鉴国外的先进技术成果。

（3）设备改造的形式

① 设备改装。它是指为了满足增加或加工的要求，对设备容量、功率、体积和形状的加大或改变。例如，将设备以小拼大、以短接长、多机串联等。改装能够充分利用现有条件，减少新设备的购置，节省投资。不过，在进行设备改装时一定要遵守国家的有关技术政策和相关法规。

② 设备技术改造。它是指把科学技术的新成果应用于企业现有设备，改变其落后的技术面貌。例如，将旧的手控机床改造为程控、数控机床，或在旧机床上增设精密装置等。技术改造可提高产品质量和生产效率，降低消耗，提高经济效益。

3. 设备的更新

（1）设备更新的意义

设备更新是指用技术比较先进和经济上比较合理的设备来替换技术上不能继续使用或经济上不宜继续使用的设备。

设备更新一般有两种类型，即原型更新和技术更新。其中，原型更新又称简单更新。它是指采用与原设备相同类型的新设备来替换旧设备。原型更新主要是为了淘汰已经损坏且修复不经济，或技术经济性已经劣化的旧设备。它适用于设备的技术寿命尚可，但设备的物质寿命已丧失的情况。技术更新是指用技术更先进、效率更高、经济上更合理的先进设备来替换技术寿命已尽、经济上不宜继续使用的陈旧设备。这种更新从技术进步的角度看，更有价值。在技术迅速发展时期，设备应该广泛采用技术更新这种形式。

（2）设备更新的原则

① 应当结合企业的经济条件，有计划、有重点、有步骤地进行。

② 应根据企业的实际需要和可能，安排设备的更新工作。注意克服生产的薄弱环节，提高企业的综合生产能力。

③ 有利于提高生产的安全程度，有利于降低工人的劳动强度，防止环境污染。

④ 应同加强原有设备的维修和改造结合起来。如果通过对原有设备进行改造能达到生产要求，可暂时不更新。

⑤ 讲求经济效益。应做好设备更新的技术经济分析工作。主要包括确定设备的最佳更新周期，计算设备的投资回收期等。

（3）设备更新的条件

根据我国的实际情况和《企业设备管理条例》的规定，企业设备属下列情况之一的，应当报废更新。

① 经过预测继续修理后技术上仍不能满足要求和保证质量的。

② 设备老化、技术性能落后、能耗高、效率低、经济效益差的。

③ 大修理虽然能够恢复精度，但不如更新经济的。

④ 严重污染环境，危害人身安全与健康，进行改造又不经济的。

⑤ 其他应当淘汰的。

4．设备更新与改造的重点及有效途径

（1）设备更新与改造的重点

设备更新与改造应围绕产品更新换代、提高产品质量、降低能耗和物耗、提高设备综合效能等目标进行。设备更新与改造的重点主要表现为以下几个方面。

① 直接影响产品更新换代和产品质量的关键设备。具体表现为提高设备的技术水平、扩大生产能力等。

② 严重浪费能源的设备。企业使用的设备可能有不少是"电老虎"、"油老虎"。对于这些能耗大的动力设备，有些虽尚未达到报废程度，但由于其能耗已大大超过有关规定的指标，应将其作为更新改造的重点。按规定，能源利用率低于以下界限，就必须进行更新和改造。

● 凡蒸发量大于或等于 1t/h、4t/h、10t/h 的锅炉，其热效率分别低于 55%、60%、70%。

● 通风机、鼓风机效率低于 70%。

● 离心泵、轴流泵效率低于 60%。

● 电热设备效率低于 40%。

还有一些虽然设计效率不低，但由于受使用条件限制，长期大马拉小车或空载运行，能力得不到充分利用的设备，也应根据生产特点结合企业情况进行工艺调整或改造。

③ 经过经济分析、评价，确定经济效益太差的设备。例如：

● 设备损耗严重，大修后性能不能满足规定工艺要求的设备。

● 设备损耗虽在允许范围之内，但技术上已陈旧落后，技术经济效果很差的设备。

● 设备服役时间过长，大修虽能恢复技术性能，但经济上不如更新的设备。

● 严重污染环境和不能保证生产安全的设备。对那些跑、冒、滴、漏严重的老旧设备，要优先考虑，因为它们污染环境，影响人民身体健康，危及生产。

● 操作人员工作条件太差、劳动强度大、机械化和自动化程度太低的设备。

（2）设备更新与改造的有效途径

由于设备更新与改造的投资大小不同，其对产品品种、产量、质量以及企业资金的影响也不同。一般而言，企业会根据自身的情况，结合更新与改造的客观需要，制定多

种备选方案，最后经过综合分析比较确定最经济合理的设备更新与改造方案。

设备改造是设备更新的基础。采用大修结合改造或以改造为主的更新方案，是企业设备更新的有效途径。

设备改造的内容较广泛，它包括提高自动化程度，扩大和改善设备的工艺性，提高设备零部件的可靠性、维修性，提高设备的效率，应用设备检测监控装置，改进润滑冷却系统，改进安全维修系统，降低设备能耗，改善环境卫生，使零部件标准化等。

与设备更换相比，设备改造有如下优点。

① 设备改造的针对性和对生产的适应性强。这种改造与生产密切结合，能解决实际问题。需要改什么就改什么，需要改到什么程度就改到什么程度，均由企业自行决定。

② 设备改造由于充分利用原有设备的可用部分，因而可大大节约设备更换的投资。

③ 设备改造的周期短，一般比重新设计或制造、购置新的设备所需的时间短，而且可以结合设备的大修理进行。

第 8 章

生产成本控制与绩效考核

8.1　生产成本控制

8.1.1　成本控制的种类及原则

成本控制是指实施成本控制的主体（成本管理者），对企业的生产经营活动全过程中所发生的各项费用的支出及影响成本的各种因素加以规划、调解，发现其与目标成本的差距，及时采取纠正措施，以保证达到成本标准和实现成本目标。

成本控制对于实现企业目标成本、目标利润、成本领先战略，降低成本，发展供应链管理，提高企业经济效益，建立企业竞争优势，保证企业生存和发展具有深远的意义。

1．成本控制的种类

成本控制的种类，因划分标准不同而不同。

按控制的标准不同划分为目标成本控制、标准成本控制和预算成本控制。

按时间划分为事前成本控制、事中成本控制和事后成本控制。

按控制原理划分为前馈性成本控制、制度性成本控制和反馈性成本控制。

按成本控制对象划分为产品成本控制、质量成本控制、设备维修成本控制、人力资源成本控制、资金成本控制等。

按控制手段划分为绝对成本控制和相对成本控制。

一般成本控制的程序是制定控制标准、核算成本控制绩效、进行偏差分析和采取控制措施。

2．成本控制的原则

（1）全面性原则

因为成本涉及企业的所有部门与全体职工及成本形成的全过程，所以，成本控制应实行全员控制、全过程控制和全方位控制。

（2）开源与节流相结合原则

成本控制首先要求厉行节约，精打细算，杜绝浪费，严格按照成本开支范围和各项规章制度进行监督和限制，即节流。但是，要进行观念更新，从单纯依靠节流的方法转变到开源和节流双管齐下的方法。这里特别强调，要抓好产品投产前的成本控制，开展价值工程活动，加强产品质量成本管理等，以充分挖掘企业内部潜力，在增产节约、增收节支方面狠下工夫。

（3）目标管理原则

成本控制是目标成本管理的一项重要内容，必须以目标成本为依据，对企业各项成本开支进行严格的限制、监督和指导，力求做到以最少的成本耗费，获得最佳的经济效益。

对目标成本，应层层分解、归口，具体落实到各车间、部门、工段、小组以至个人，形成一个成本控制系统，使成本控制真正落到实处，充分发挥各方面的主动性和积极性，全力以赴完成企业的总目标成本。

（4）责权利相结合原则

要使成本控制取得令人满意的效果，必须按照经济责任制的要求，使落实到每一个车间、部门、班组或个人的目标成本与其责任及履行职责的权力相一致。此外，为了充分调动控制人员的主观能动性，还必须定期对他们的实绩进行评价和考核，并同员工本身的经济利益密切挂钩。这样才能做到奖优罚劣、奖惩分明，保证对成本实行有效控制。

（5）例外管理原则

例外管理原则是指在日常实施全面控制的过程中，重点关注异常关键性的成本差异。例外管理原则是成本效益原则和重要性原则在成本控制方面的体现。按照这一原则，企业管理人员应该突出重点，把精力集中在非正常、不符合常规的关键性差异上。对这类差异一定要查明原因，及时采取有效措施，加以纠正，而对于其他的差异则可一般控制。这样，既可保证成本控制的目的得以实现，又可以大大降低成本控制的耗费。

不同企业确定"例外"的具体标准有所不同。在实践中，确定"例外"的标准有三项：重要性、一贯性和特殊性。重要性是根据成本差异金额的大小来决定的，通常用差异占原预算的百分比和最低金额加以限制。一贯性是指有些成本差异虽然未达到重要性标准，但却一贯在控制标准之下徘徊，应引起管理人员的警惕。因为这种"例外"是原定的标准已失效和成本控制不严造成的。对前者应及时调整标准；对后者应加强控制，加速纠偏。特殊性是指对企业的长期获利能力有重大影响的特殊的成本项目，其差异不论是否符合重要性标准，都应视为"例外"，都并要追根溯源。

8.1.2 目标成本控制

1. 目标成本控制的概念和特征

（1）目标成本控制的概念

目标成本控制是目标成本管理的中心环节。目标成本是根据市场销售价格和企业内部的目标利润等"倒算"的成本目标值。目标成本控制是以目标成本为依据，对企业的生产经营活动中所发生的各种耗费以及影响成本的各种因素加以监控，发现实际成本与目标成本的差距，及时采取纠正措施，以保证目标成本的实现。目标成本控制是在目标成本分解的基础上进行的。一般是通过各级责任中心，实行归口分级管理，既要依靠执行者自我控制，又要归口分级控制。经过层层监控，及时反馈信息，采取措施纠正偏差，实现目标成本。

（2）目标成本控制的特征

① 市场导向性。目标成本控制中所采用的销售价格的确定方法，是一种以市场营销和市场竞争为基础的定价方法。它是以具有竞争性的市场价格和目标利润"倒算"出的目标成本。因此，它体现了市场导向性。

② 目标性。目标成本控制中的目标成本是企业一项重要的经营管理目标。目标成本是目标的一种具体形式。它是企业预先确定的在一定时期内所要实现的成本目标。控制要达到的目标成本水平、数值或指标，是企业成本管理工作的奋斗目标。

③ 成本性。这种控制目标的内容，实体是成本。目标成本控制的指标是预先制定的产品成本，即用货币表现的费用支出。它是一种低于目前成本和经过努力才能实现的成本。就其类型来说，是一种不同于会计核算成本的经营管理型成本。可见，目标成本控制是目标性与成本性控制的统一。

④ 全面性。产品成本发生于企业生产经营活动的全过程，诸如市场预测与调查研究、产品策划、设计开发、样品试制、加工制造、材料采购、产品销售和售后服务等各阶段和环节。所有这些活动都要发生成本支出，必须进行成本控制。

⑤ 人本性。人是管理的核心和动力，没有人的积极性，任何管理工作都不可能搞好。目标成本控制也不例外。因此，实行以人为本的成本控制是现代成本控制的重要特征之一。要上下一致来确定目标，使被管理者积极参与成本目标制定，以成本效益目标来激励人们降低成本、提高效益，以目标来统一人们的行为等，这些目标成本控制机制，都有力地保证了成本控制活动以人为中心。目标成本控制，通过发挥目标的多种功能，激发人们的工作热情，鼓舞人们的士气和斗志。同时，把目标成本确定、实施、实现的过程与责权利相结合，促使人们齐心协力实现目标成本。

⑥ 系统性。在目标成本控制过程中，经过了"确定目标，层层分解"、"实施目标，监控考绩"、"评定目标，奖惩兑现"三个环节。由这三个环节形成一个封闭的目标成本控制系统。这一系统为目标成本控制取得高效能创造了重要条件。

2．确定目标成本的两种方法

确定目标成本，主要方法有两种，即倒算法和正算法。

（1）倒算法

倒算法是根据用户可以接受的市场销售价格和目标利润倒算出目标成本。用公式表示如下：

目标成本=目标销售收入-销售费用-目标利润-税金

　　首先将用户可以接受的市场销售价格乘以销售数量，得到目标销售收入。其次根据企业的经营决策，确定目标利润。最后用目标销售收入减去销售税金和销售费用，再减去目标利润，则得目标成本。如果销售税金和销售费用是通过编制预算来控制的，就不用减了。具体地说，计算销售收入所用的销售价格，可以根据国内外同类产品的市场情况，制定一个用户可以接受的销售价格；如果有国家统一价格也可以采用。销售税金用国家统一规定的税率乘以销售收入计算。销售费用用销售收入乘以销售费用率来计算。目标利润是根据企业在计划期的生产能力、技术水平、材料物资的供应状况、运输条件及市场预测等因素确定的最优战略目标，也可用同类产品的销售利润率乘以销售价格求得。

　　（2）正算法

　　正算法是直接制定出目标成本。首先建立制定目标成本的领导机构，由其负责这项工作。一般这个机构由总会计师领导，设计、工艺、生产、供应、劳动定额、成本会计等部门及人员参加。其次由企业各有关部门提供产品设计的蓝图、工艺流程等技术文件，以及材料和工时消耗定额、计划单价和预定工费分配率等"标准用量"和"价格"资料。最后各部门制定直接材料、直接工时、制造费用预算，并综合上述资料，计算出目标成本。在确定目标成本的过程中，一般以某一先进的成本水平为依据来比较确定。这一先进水平可为国内外同行业先进水平，也可为本企业历史上的先进水平。另外，在确定目标成本时，一定要剔除不可比的价格因素，如原材料价格上涨等。

3. 对目标总成本的日常控制

　　目标成本确定之后，为了实现预定的成本目标，就要根据全面性原则，加强全面成本控制。其中，首先要努力搞好目标总成本的控制工作。

　　根据成本控制的分级归口管理原则和责权利相结合原则，应将目标总成本层层分解，落实到基层，并按照落实到各基层的目标成本的具体项目及数额，进行日常的成本控制工作。在制造业企业中，成本的形成主要涉及生产车间和班组。因此，目标总成本日常控制的重点应放在车间和班组。从职工个人和生产班组开始，自下而上地进行成本控制，尽最大可能把各项成本的实际发生数控制在预定的目标成本值之内。

　　在具体实施时，生产班组和生产车间可根据自身的具体情况，设计出相应的有关成本费用开支的记录表。该表可按项目、日期序时，记录所发生的成本费用，以便随时掌握成本目标完成的进度和其他有关情况。生产耗费记录表，见表8-1。

　　表 8-1 中的"目标成本值"是指车间分配落实到该班组的全年目标成本值按月分解的数值。在生产过程中，由有关人员根据各项费用的实际发生情况逐日进行登记。每月终了，应计算汇总各项目的全月发生额并分别与其目标成本值进行比较，计算出差异，然后分析，查找"例外"差异产生的原因，最后确定应采取的相应措施，以保证实际成本被控制在既定的目标成本之内。

表 8-1　生产耗费记录表

2003 年 1 月　　　　　　　　　　　　　　　　　　单位：元

日期\项目	1 日	5 日	9 日	12 日	…	本月实际成本合计	本月目标成本值
机油	120		30	10	…	290	300
物料	150	300			…	830	750
手套		90			…	255	250
…						…	…
…						…	…
合计						2940	3000

4. 目标总成本完成情况分析

（1）目标成本汇总表的编制

目标总成本完成情况分析主要包括编制目标成本汇总表和进行目标总成本考核两项工作。目标成本汇总表一般是按产品品种进行汇总编制的。编制时要注意计量、汇总的具体项目应与目标成本及其分解项目相一致。目标成本汇总表的格式，见表 8-2。

表 8-2　目标成本汇总表　　　　　　　　　　　单位：千元

产品名称			甲 产 品	乙 产 品	丙 产 品	丁 产 品
目标产量（件）			4000	8000	2000	2000
目标成本总额			9760	15 040	4480	3040
成本项目	变动成本	直接材料	1600	3800	1120	1080
		直接人工	2400	2800	1600	480
		其他	2400	2760	800	200
	固定成本	折旧	3200	5440	640	800
		租金	80	—	—	—
		其他	80	240	320	480

（2）目标总成本考核

期末，应把本期发生的实际成本同目标成本按项目逐项进行对比，分别计量、分析每种产品的目标成本的完成情况。目标总成本的分析和考核，一般是在汇总编制的目标成本实际完成情况表的基础上进行的。与表 8-2 相应的目标成本实际完成情况表，见表8-3。

从表 8-2 和表 8-3 中可见，甲、乙、丙、丁四种产品的实际产量均与其目标产量不同。在这种情况下，各产品的实际成本总额与其目标成本总额缺乏可比的基础。为使两者具有可比性，需要对目标成本按实际产量进行调整。

表 8-3 目标成本实际完成情况表 单位：千元

产品名称			甲产品	乙产品	丙产品	丁产品
实际产量（件）			4400	7600	2200	20 400
实际成本总额			12 760	14 720	5400	2920
成本项目	变动成本	直接材料	1800	3600	1200	960
		直接人工	3600	2400	2240	480
		其他	3600	3200	1000	200
	固定成本	折旧	3200	5440	640	800
		租金	240	—	—	—
		其他	320	80	320	480

具体的调整方法如下：对于变动成本项目，按实际产量调整其目标成本；而对于固定成本项目，则应根据其在相关业务量范围内保持不变的性质，对未超过相关业务量范围的项目不予调整，对超过相关业务量范围的项目则根据具体情况进行调整。

例如，甲产品在目标产量为 4000 件的情况下，目标变动成本总额为 6 400 000 元，因此，在实际产量为 4400 件时，目标变动成本总额应为

$$4400 \times \frac{6400000}{4000} = 7040000 \text{（元）}$$

对于甲产品的目标固定成本，分成本项目进行调整。折旧费 3 200 000 元在相关范围内，应不做调整。租金因产量增加 400 件，需要多租用一台设备，故增加 160 000 元，因此租金的目标成本应调整为 240 000 元。固定成本的"其他"项目也因产量的变动超出其相关范围而调整为 160 000 元。因此，调整后甲产品的目标成本总额应为

7 040 000+3 200 000+240 000+160 000=10 640 000（元）

上述计算结果表明，甲产品的目标总成本为 1064 万元，而实际总成本为 1276 万元，成本超支 212 万元，未能完成原定成本控制目标，应进一步按成本项目分析、查找差异产生的原因，分清各责任单位的责任并考核其控制实绩。

5. 邯郸钢铁公司成本管理的经验

邯郸钢铁公司（以下简称邯钢）在实践中有效地对生产成本实施了控制。邯钢经验早已在全国范围内引起了广泛的关注。虽然人们对邯钢经验的理解和认识不尽相同，但大家对邯钢基本经验的认识是趋同的。邯钢的基本经验可以概括为"模拟市场核算，实行成本否决"。邯郸钢铁公司在 1991—1995 年期间，以"模拟市场核算，实行成本否决"的成本管理模式，显著地提高了经营效率，取得了净增 10 亿元的巨大经济效益。这种模式的主要内容和做法是市场、倒推、否决、全员。

（1）市场

市场是指模拟市场机制，把市场机制引入企业内部，以市场可以接受的产品价格为

基准，考虑国内先进水平，提出目标利润。按市场价格算账，用市场来检验企业内部二级单位的生产经营成果。这种以市场为导向的做法，促进了观念的更新。

（2）倒推

倒推是指在目标成本计算过程和成本控制程序上采取倒推方法。这种计算方法与传统的"实际成本+目标利润=销售价格"不同，在产品设计生产前即确定市场销售价格，减去目标利润，求出目标成本。其计算公式为

目标成本=该产品的市场价格-目标利润-总厂应摊的管理费用

在成本控制程序上，以目标成本作为企业经营管理的主要矛盾来抓，采取倒推手法，即以最终产品的目标成本为起点，从后向前，逐步控制与降低成本，挖掘企业潜在效益。

（3）否决

否决是指实行"成本否决"的奖惩制度，即完不成成本指标，别的工作干得再好，也要否决当月全部奖金。连续没有完成成本指标，还要否决内部升级。其目的是以成本和效益决定分配和对干部业绩进行考评。

（4）全员

全员是把目标成本指标层层分解到分厂、车间、工段、班组直到每一个人。全公司核定出 50 多个主要品种、规格的内部成本和内部利润指标，实行全员、全过程的成本控制。目标成本控制贯穿制品的策划、设计、生产等过程，关系企业策划、设计、供应、生产、销售及服务等各个部门，充分显示出目标成本控制活动全员参加的特点。全员目标成本控制的实质是实行"人本管理"。

由上述内容可见，邯钢经验中的成本否决和全员参与，具有目标成本管理活动的主要特征。邯钢经验不仅在经营管理实践中有推广意义，对成本控制理论而言也颇有研究价值。

8.1.3 标准成本控制

1. 标准成本的特征和种类

（1）标准成本的特征

标准成本是按成本项目反映的单位产品的目标成本。它是事先制定的一种目标成本。具体地说，标准成本是经过仔细调查、分析和技术测定，按成本项目制定，在正常生产经营条件下应该实现，可以作为控制成本开支、评价实际成本、衡量工作效率的依据和尺度的一种目标成本。

采用标准成本时，成本预算应按标准成本编制，因此，标准成本与预算成本没有质的差别。

标准成本的特征是客观性和科学性、正常性、稳定性、目标性和尺度性。客观性和科学性是指它是根据实际情况调查，用科学方法制定的。正常性是指它是按正常条件制

定的，并未考虑不能预测的异常变动。稳定性是指它一经制定，只要制定的依据不变，就不必重新修订，所以具有相对稳定性。目标性和尺度性是指目标成本是成本控制的目标和衡量实际成本的尺度。

标准成本控制是指事先制定标准成本，把标准成本与实际成本相比较以揭示成本差异和进行因素分析，并据以加强成本控制的一种成本控制系统。

（2）标准成本的种类

以什么作为标准成本，众说纷纭，诸如消耗定额、费用预算、历史成本水平、估计成本水平、目标成本、计划成本、理想标准成本、正常标准成本和现实标准成本等。这里仅介绍其中后三种标准成本。

① 理想标准成本。

理想标准成本是根据理想的工作条件下所能达到的标准而制定出来的标准成本。具体地说，它是在最佳的生产技术条件、最优的经营状况，排除一切失误、浪费，无故障和无间歇等情况下所具有的成本。这种标准成本要求过高，很难达到，因此实践中很少采用。

② 正常标准成本。

正常标准成本是指根据企业当前正常的生产经营条件而制定的标准成本。具体地说，它是根据正常的耗用水平、正常的价格和正常的生产经营能力利用程度制定的标准成本；也可以说，是根据以往一段时期实际成本的平均值，删除其中生产经营活动中的异常因素，并考虑今后的变动趋势而制定的标准成本。它是经过努力可以达到的成本。由于正常标准成本在成本控制中能发挥其积极作用，因此在实际工作中得到了广泛的应用。

③ 现实标准成本。

现实标准成本是指在现有生产技术组织条件下，根据下一个时期可能发生的生产要素耗用量、价格和生产经营能力利用程度制定的标准成本。这种标准成本，包括有时不可避免的某些不应有的低效、失误和超量的消耗。它是切实可行和接近实际的成本，因此可用于成本控制。它适用于经济形势变化无常的情况。

对于上述标准成本，具体应当采用哪一种，因不同企业而异。一般而言，采用正常标准成本的较多。而世界级企业不允许任何低效率，则应采用理想标准成本。

2．标准成本控制的运作程序

（1）制定单位产品的标准成本

单位产品标准成本的制定是标准成本控制的基础。通常按照产品在生产各阶段耗费的直接材料、直接人工和制造费用等项目，制定各成本项目的标准成本，然后把各成本项目的标准成本相加。确定单位产品标准成本的计算公式如下：

单位产品标准成本=直接材料标准成本+直接人工标准成本+制造费用标准成本

（2）计算某种产品的标准成本

某种产品的标准成本等于该种产品的实际产量乘以单位产品标准成本。其计算公式如下：

$$某种产品标准成本=产品实际产量×单位产品标准成本$$

（3）汇总计算产品实际成本

汇总计算产品实际成本，是指按照一般的成本核算程序，归集产品生产过程中实际发生的直接材料、直接人工和制造费用，据此计算出实际成本的发生额。

（4）计算成本差异

成本差异等于产品实际成本与产品标准成本之间的差额。其计算公式如下：

$$成本差异=实际成本-标准成本$$

当差值为正时，表示不利偏差；当差值为负时，则为有利偏差。

（5）分析成本差异

分析成本差异是标准成本控制运作程序中最关键的一个环节。只有具体分析成本差异的数额与其产生的原因，才能实现对标准成本的有效控制。对成本差异的分析，一般分为三个步骤：分析成本差异的类型，并确定其数额；分析产生差异的具体原因；明确有关责任人的经济责任。

（6）提出标准成本控制报告

通过上述成本差异分析，找出产生差异的原因和明确有关人员的经济责任。以此为据，向有关方面负责人提出加强标准成本控制的建议，以便采取有效措施，纠正偏差，或对原标准加以修订，以保证实现成本控制目标。

3．标准成本的制定

一般而言，产品的生产成本是由直接材料、直接人工和制造费用三大项目构成的。标准成本是针对这三大项目制定的。对于推销和管理费用，则采用编制预算的方法进行控制，通常不制定其标准成本。

虽然三大成本项目的具体性质各不相同，但是，其基本构成因素却是相同的，即"用量"和"价格"两个因素。每一个成本项目的标准成本等于用量标准与价格标准的乘积。用量标准往往由工程技术部门制定，价格标准则由会计部门会同有关部门研究制定。

（1）直接材料的标准成本

直接材料标准成本计算公式如下：

$$直接材料标准成本=材料消耗定额×计划单价$$

材料消耗定额应按各种直接材料分别计算。材料的计划单价，是指采购部门事先根据供应单位提供的价目表确定的各种直接材料的单价，包括买价和运杂费。在制定价格标准时，也应按各种直接材料分别计算。

（2）直接人工的标准成本

直接人工标准成本计算公式如下：

$$直接人工标准成本=工时定额×工资率$$

在制定工时定额时，先按产品经过的车间、工序分别计算，再按产品品种分别加以汇总。工资率或工资单价，在计件工资形式下，就是单位产品支付的直接人工工资（包括基本工资、各种津贴及社会保险费等）；在计时工资形式下，就是每一工时标准应分配的工资。其计算公式如下：

$$计时工资率=预计支付直接人工工资总额/标准总工时$$

其中，标准总工时是指在现有生产技术条件下，可能实现的最高生产数量所需的标准工时总数。

（3）制造费用的标准成本

当采用的成本计算方法为变动成本法时，在制定制造费用的标准成本之前，应先把制造费用各项目按其成本习性分为变动费用和固定费用两类。若企业计算产品成本采用变动成本法，则固定制造费用应作为期间费用直接计入当期的利润表，不必在各产品之间进行分摊。在这种情况下，固定制造费用不包括在单位产品的标准成本之中。此时，只需要制定变动制造费用的标准成本。与直接材料和直接人工相同，变动制造费用的标准成本也应考虑以下两个因素：定额工时，与直接人工相同；费用分配率，是每工时标准应负担的变动制造费用。其计算公式如下：

$$标准变动制造费用分配率=变动制造费用预算总数/标准总工时（或预计产量工时总额）$$
$$变动制造费用的标准成本=工时定额×标准变动制造费用分配率$$

若企业采用全部成本法计算产品成本，则需要制定固定制造费用的标准成本。这时应制定一个标准固定制造费用分配率，其计算公式如下：

$$标准固定制造费用分配率=固定制造费用预算总额/预计生产能力总工时（或台时数）$$
$$固定制造费用的标准成本=工时定额×标准固定制造费用分配率$$

把由上述方法算出的直接材料、直接人工和制造费用的标准成本按产品品种加以汇总，即可确定该产品的标准成本。

4．成本差异分析

为了实现对成本的控制，在进行成本差异分析时，首先应该计算实际成本偏离标准成本的具体数额。其次分析差异形成的原因，分清责任。最后采取相应的对策，纠正偏差，以保证标准成本目标的实现。实际成本偏离标准成本的具体数额的计算公式如下：

$$直接材料成本总差异=实际用量×实际价格-标准用量×标准价格$$

其中：

$$直接材料用量差异=（实际用量-标准用量）×标准价格$$
$$直接材料价格差异=（实际价格-标准价格）×实际用量$$
$$直接人工成本总差异=实际工时×实际工资率-标准工时×标准工资率$$

其中：

$$直接人工工资率差异=（实际工资率-标准工资率）×实际工时$$
$$直接人工工作时间（人工效率）差异=（实际工作时间-标准工作时间）×标准工资率$$
$$变动制造费用差异总额=实际工时×实际分配率-标准工时×标准分配率$$

其中：

$$变动制造费用效率差异=（实际工时-标准工时）×标准分配率$$

$$变动制造费用耗费差异=（实际分配率-标准分配率）×实际工时$$

计算出差异数额之后，还要分析差异产生的原因，如直接材料用量差异和价格差异分析。价格差异是进行材料采购时，实际支付的价款与标准支出金额之间的差额形成的。再进一步分析影响材料价格的因素，诸如采购批量、交货方式、运输条件、材料质量和信用条件等。其他项目都应做类似这样的分析。

通过分析找出具体原因和责任者，制定措施，纠正偏差，以保证实现标准成本目标。

8.1.4　供应链中的成本控制

1. 供应链中成本控制的必要性

① 建立集成供应链竞争优势的需要。当今很多企业已经感到，单靠一个企业的努力在日益激烈的市场竞争中难以取胜，有必要多企业结成"联盟"，共同与其他"联盟"竞争。而联盟的"盟友"，首先是供应链上的其他成员。集成供应链正是这种企业联盟。为了建立集成供应链的竞争优势，必须对其成本进行控制。对供应链上的企业进行成本控制，可以降低供应链的物流成本和费用，提高链上每个成员企业的效益和竞争力。

② 强化企业核心竞争力的需要。企业为了强化自己的核心竞争力，而把非核心业务外包给其他企业。这意味着整个供应链变长，需要对供应链上企业的成本进行全面控制，消除薄弱环节，才能使整条供应链具有竞争优势。

③ 拓展成本控制范围的需要。随着市场竞争的激烈化，越来越多的企业认识到，尽管企业本身的成本较低，但是由于采购成本比重和销售费用比重增加，产品到了最终消费市场上仍然价格很高，据调查企业平均物流成本约占销售额的 10.5%。因此，必须把成本控制的范围，从生产拓展到供应链的供应和销售环节。

④ 市场导向的需要。供应链中的成本控制是市场需求拉动型的。它把市场上的顾客需求和顾客订单作为生产、采购的拉动力，以控制资金占用成本。

2. 供应链中成本控制的主要内容

（1）供应链中成本控制的主要环节

一个完整的供应链主要由三个环节组成，即销售、生产和供应。因此，一个供应链成本控制的主要环节也应如此。

① 销售环节。

销售环节最接近顾客需求，要保证产品和服务在顾客需要时准时送达。销售过程的成本控制，主要是对销售费用和产品销售成本的控制。这是狭义的销售过程成本控制。广义的销售过程成本控制，还包括控制开拓产品销售市场和售后服务的各项费用。它通过控制销售费用绝对额的发生和扩大销售量、增加销售额来降低单位产品的销售费用含量。

② 生产环节。

生产环节的成本控制，主要是降低产成品的加工成本。对生产过程的成本，主要控制直接原材料成本、直接人工成本和制造费用。

③ 供应环节。

供应环节的成本控制，主要指对产品生产所需物资的采购、储备和发放的费用进行控制。它包括对采购成本和储存成本的控制。采购成本包括购价、运杂费、合理途耗、入库前整理挑选和其他采购费用。储存成本包括仓库折旧、大修理费用、固定工人工资和办公室固定费用、储备资金的利息、搬运费、耗损等。

（2）供应链中成本控制的主要对象

① 采购成本的控制。

采购费用占销售收入的 40%～60%，采购成本在企业供应链成本中所占比重很大，降低采购成本成为降低供应链成本的关键点之一。采购成本的控制，主要是使采购成本最低。通过规范企业的采购行为，实行科学决策；建立企业决策透明机制，对价值昂贵的重要物资，实行必要的招标采购；以公正、公开的原则选择供应商，并与之建立长期、互惠互利的战略伙伴关系，实现供应渠道的稳定和低成本；采用适时采购、定点采购和比价采购，在同质情况下择低采购，或在同价的情况下择优采购等，达到采购成本最低。

② 设计成本的控制。

成本控制重点应放在产品开发阶段，因为资料表明，在成本起因上，80%的产品成本是在产品设计阶段确定的。因此，成本控制要贯穿产品开发的全过程，即确定新产品开发任务的同时规定新产品开发成本（新产品目标成本）；把目标成本按照产品结构分解落实到产品的各个总成和零件上；产品开发的每个阶段对目标成本实际达到的水平进行预测和对比分析；发现差异，通过价值工程方法，采取降低成本措施，保证实现目标成本。

③ 生产成本的控制。

生产成本的控制，要彻底排除生产制造过程的各种浪费，使产品的加工成本最低。生产成本控制中降低成本的方法颇多，具体如下。

● 改善制造技术以降低成本，包括改善生产技术和生产管理技术，如采用成组技术、柔性制造技术、灵捷制造、计算机集成制造、生产计划指标优化、C 曲线和 EOQ 等。

● 开展价值工程和价值分析，把技术与经济结合起来考虑，既要保证必要的功能，又要获得最低成本。

● 实行精益生产，消除一切浪费，降低成本。

● 采用作业成本管理，把成本控制的重心放在作业上。

● 实施定制生产和再造流程等。

④ 销售成本的控制。

广义的销售成本控制，包括对销售费用、产品销售成本和服务成本进行控制。这里强调对服务成本的控制，要达到满足顾客一定价值需求情况下的最小服务成本。为了增强竞争力，现代企业越来越重视对顾客的服务，服务成本已成为供应链成本的重要组成部分之一。

8.2 绩效考核

8.2.1 生产活动的经济核算

1. 经济活动分析的含义

生产系统的经济活动分析是指利用各种核算资料，通过深入调查研究，对生产系统的工作质量及效果进行定期或不定期的分析，发现问题，并找出产生问题的主要原因，提出解决问题的有效经济措施，以改进工作，不断提高生产系统工作效率和效益的管理活动。开展生产系统经济活动分析，对于加强生产计划与定额管理工作，更好地制定各种控制目标具有重要意义。

2. 经济活动分析的内容

（1）生产分析

生产分析即对生产的产品品种、产量、质量、消耗等计划指标的完成情况进行分析，为生产潜能挖掘提供依据。其中，产量指标又可具体为台时产量、班产量、日产量、月产量、年产量等；质量指标又可具体为一级品率、优级品率、产品抽检合格率、废品率、返工率、返修率、产品入库检验合格率、顾客退货率等；消耗指标又可具体为单位产品料耗、单位产品能耗、单位产品物耗、总消耗等。

（2）劳动分析

劳动分析即对劳动力的构成、出勤率、工时利用率、职工技术水平及劳动组织等方面的情况进行分析，为挖掘劳动潜力提供依据。

（3）物资分析

物资分析即对原材料、燃料、动力等的供应、消耗和储备情况，以及外购件的供应保障、价格和质量等进行分析，为生产经营决策提供依据。

（4）设备分析

设备分析即对设备的出勤情况、完好情况、检修情况等进行分析，为设备管理、改造提供依据。

（5）成本分析

成本分析即对影响产品成本的各单项成本的构成、占有比例及其增长、降低的原因等进行分析，为下一步制定成本降低方案提供依据。

（6）劳动力分析

劳动力分析即对劳动力结构、职工技能水平及其对生产的影响程度进行分析。

（7）新产品开发分析

新产品开发分析即对新产品开发、试制计划完成情况进行分析。

3．经济活动分析的方法

生产系统经济活动分析常用的方法主要有如下几种。

（1）对比分析法

对比分析法即将实际与计划比较，或者将本期与前期比较，将本企业水平与国内外同行业先进水平相比较，在对比中发现问题，查找不足。运用对比分析法时要注意对比指标的可比性，一般应按同一口径进行比较。

（2）因素分析法

因素分析法即对各因素的影响做定量分析，以发现主要因素并有针对性地加以改进。当影响指标的因素有多个时，要逐个分析与计算各因素的影响程度。

（3）平衡分析法

平衡分析法是一种将具有平衡关系的各项指标进行对照，借以发现工作成绩和问题的方法。如原材料供应量与需求量之间的平衡关系分析、产销之间的平衡关系分析、各种设备能力之间的平衡关系分析、半成品供求间的平衡关系分析、生产能力与生产计划之间的平衡关系分析等。

以上三种方法的作用各不相同，经常在经济活动分析中同时使用。

4．经济活动分析的一般流程

经济活动分析的一般流程，如图 8-1 所示。

5．生产单位经济核算指标设计

生产系统的经济核算一般遵照统一管理、分级负责的原则进行，即根据企业总体管理思想把经济核算工作贯彻到生产系统的各个方面、各个层级。如总厂对分厂、分厂对车间、车间对班组及班组对个人等均实行经济核算，从而使各单位（部门）及全体生产人员均参与经济核算，都有明确的经济责任和权限，把经济效益目标落实到每个单位（部门）和人员的工作全过程中。同时，为实现层层保证的作用，各单位经济核算指标的设计通常应做到

图 8-1　经济活动分析的一般流程

（流程图内容：确定核算与分析单位 → 确定分析内容 → 选择分析方法 → 收集有关数据 → 开展对比分析 → 进行原因分析 → 制定纠正预防措施）

上下一致。

例 1：诚信公司是一家生产系列塑料薄膜产品的大型制造公司，拥有一条年产 2.5 万吨塑料薄膜的进口自动化生产线。为了充分挖掘生产潜力，公司于 2009 年年初制定并下达了本年度各级生产指标体系，分别见表 8-4、表 8-5 和表 8-6。

表 8-4　厂部对生产部的经济核算指标体系

项　　目	指　　标
产量（吨）	24 000
市场一级品率（%）	96
产品成本（元/吨）	15 000
设备开工率（%）	95
开发新产品种数	2

表 8-5　生产部对制膜车间的经济核算指标体系

项　　目	指　　标
产量（吨）	16 000
市场一级品率（%）	96
制造费用（元/吨）	3 200
允许设备影响时间（小时）	12

表 8-6　制膜车间对其生产甲班的经济核算指标体系

项　　目	指　　标
产量	10 吨/天
优级品率	92%
退货率	≤5%
额外停机	≤1.5 小时/天
低质易耗	20 元/吨

8.2.2　生产系统经济责任制的建立

1. 制定经济责任制的基本原则

（1）突出完成生产任务职责

生产是企业的基本职能，是企业价值链的核心环节，其基本任务是以尽可能少的综合投入生产出市场所需要的产品。生产部门的工作质量和效率对产品生产、各种消耗水

259

平、生产率以及整个企业的经济效益都有着重要的影响。这就要求生产管理部门要加强有关生产的各个方面的管理，加大生产任务在经济考核和奖惩中的比重，突出生产任务的完成职责。

（2）坚持质量原则

质量是企业的生命，产品质量决定着企业的生存和发展，而产品质量是在生产过程中形成的，它涉及车间、班组和个人。因此，在制定经济责任制时，要把质量放在极其重要的位置上，并落实到相关部门和人员。

（3）紧密结合生产各环节的特点

由于生产各环节的任务不同，生产条件和环境不同，影响其工作质量和效率的主要因素也各不相同。因此，在制定各环节的经济责任制时，一定要根据其特点，制定出不同的经济责任制，以确保经济责任制的针对性和有效性。

2. 生产岗位经济责任制的常见形式

企业的规模、条件及性质不同，其生产岗位经济责任制的形式也往往不同。目前较广泛使用的岗位经济责任制的基本形式主要有以下 4 种。

（1）承包制

① 逐级承包，即将企业的各项经济、社会责任层层分解承包到车间、工段、班组甚至个人。在承包方式下，企业通常采取多项指标进行考核。如车间对公司承包时，公司往往用综合产量、质量、品种、消耗和安全文明生产等项目对车间进行考核，超奖欠罚。当然，不同车间的生产特点不同，其承包项目和指标也会有所不同。

② 技术攻关承包，为了促进企业的技术进步，不断开发新产品、新工艺、新技术，对于正常岗位责任范围内解决不了的技术问题，可以实施技术攻关承包，即以完成某项技术攻关项目为目标的经济责任承包。

③ 单项指标承包，即以达到某一单项指标要求或完成某一单项任务为目标的经济责任承包，如节能降耗指标承包、设备安装或大修项目承包等。

（2）岗位工资制

岗位工资制是指根据岗位的技术含量、劳动强度等确定岗位基本工资。凡是达到劳动定额和工作质量考核标准的，可拿基本工资。对实际工作超过计划定额的，按有关规定计发超定额工资；反之，对未完成计划定额的，则按有关规定扣减基本工资。

（3）计件工资制

计件工资制是按一定质量产品的数量或工作量为单位计算劳动报酬的一种方式。计件工资等于生产出的合格产品数量乘以该产品的计件单价。

（4）浮动工资制

浮动工资制一般有三种具体形式。一是仅奖金浮动，即基本工资照发，奖金随生产效益浮动；二是工资、奖金部分浮动，即把基本工资的一小部分和奖金加在一起作为浮动部分；三是全额浮动，即没有基本工资，完全按生产效益确定生产系统工资总额，然后按职工劳动量和质量进行分配。

3．制定经济责任制的工作流程

制定经济责任制的工作流程，如图 8-2 所示。

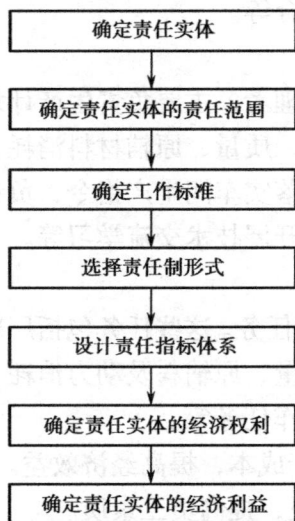

图 8-2　制定经济责任制的工作流程

说明：

① 责任实体可以是职能部门、车间、班组和个人。

② 责任实体的职责范围是制定经济责任制的基础，因此一定要明确，谨防职责不清和遗漏。

③ 责任实体的主要工作都应有明确的工作标准。通常，工作标准包括产品的种类、数量、质量和成本等方面的标准。

④ 为确保责任实体能有效完成责任目标，必须提供其必要充分的经济权限。经济权限包括人、财、物三个方面。它来源于两个方面。一是企业（或生产管理部门）应给予生产管理部门（或基层车间、班组）充足的人员、设备、原材料、燃料、动力等，以及必要的资金。二是各相关职能部门或基层单位的充分协作。

⑤ 合理设计各责任实体的经济利益。根据工作标准和实际完成情况确定相应的奖惩制度，这是制定经济责任制的关键环节。一般来讲，奖惩制度在发挥激励作用的同时，还应体现先进合理原则。

4．生产系统各岗位的主要经济责任

（1）车间主任的经济责任

车间主任是生产系统的中层管理者，主要负责落实厂部有关生产指令，具体负责生产计划的制定、生产活动的组织实施、车间生产资源的合理调配。其应完成的经济技术

指标包括：品种、产量、质量、原辅材料消耗、动力消耗、在制品占用、职工定员、安全文明生产等。其应落实的主要工作包括：贯彻执行厂部各项指示精神，负责车间生产计划的组织制定与落实，建立健全质量保证体系，合理安排生产资源，建立和完善班组和岗位经济责任制，建立健全各种原始记录和台账，建立健全车间各项管理制度，搞好与其他相关部门或车间的协调配合等。

（2）班组长的经济责任

班组长是生产系统的基层管理者，主要负责生产计划的监督落实。其应完成的主要经济技术指标包括：品种、产量、质量、原辅材料消耗、动力消耗和安全文明生产等。其应落实的主要工作包括：贯彻落实车间生产指令，负责现场管理，建立健全岗位原始记录与台账，组织所在班组职工开展技术交流学习等。

（3）车间的经济责任

① 合理组织生产，完成生产任务。这些任务包括厂部下达的各项经济技术指标和经济利益，如产品品种、产量、质量、原辅料及动力消耗、车间费用、设备完好率、在制品占用、安全文明生产、对外协作任务等。

② 加强生产管理，降低生产成本，提高经济效益。

③ 加强人员培训与制度建设，提高员工素质。

（4）班组的主要经济责任

班组是生产系统的最基层组织。为保证完成或超额完成厂部下达的各项经济技术指标，须将车间经济责任进一步分解到班组，形成班组经济责任指标体系。班组经济责任考核的项目和内容主要包括：品种、产量、质量、出勤率、原辅料及动力消耗、安全文明生产、协作任务等。

（5）岗位（个人）的主要经济责任

岗位经济责任制是生产系统经济责任制的基础。它一般包括责任指标、工作标准、协作要求和奖惩规定。其中，责任指标包括岗位应完成的各项生产任务、规定的出勤率、各种物资消耗定额、安全生产、设备完好率等；工作标准包括本岗位的产品质量标准、材料标准、设备维护标准、安全生产标准、文明生产标准、设备操作要求、应知应会、交接班制度等；协作要求包括岗位之间互为条件的协作要求；奖惩规定是将岗位责任、工作标准及协作要求实现的程度与岗位员工的个人利益挂钩，奖优罚劣。

8.2.3 生产系统经济责任制的考核

1. 经济责任制的考核时间

经济责任制的考核时间通常会随着经济责任制形式的不同而不同。对于针对独立项目或单项指标而建立的经济责任制，其考核一般在项目完成验收后或单项指标实现验收后组织实施；对于岗位工资制，其考核一般以月、年为单位进行；对于计件工资制，其考核可以视情况分别以小时、天、半月、月等为单位进行；对于浮动工资制，其考核一般以月、年为单位进行。例如，对赶工时临时聘请的生产装配工常按小时、天、半月、月进行考核，固定生产人员常按月进行考核，高层管理人员常按年进行考核。生产奖金有按月考核兑现的，也有按年考核兑现的。

2. 经济责任制的考核程序

经济责任制考核的一般工作程序，如图 8-3 所示。

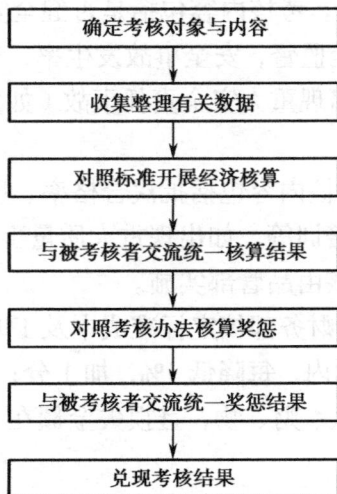

图 8-3　经济责任制考核的一般工作程序

3. 经济责任制考核中应注意的事项

① 确保提供的数据真实、全面。真实、全面的考核数据是形成准确考核结论的基础保证。

② 注重原则性与灵活性相结合。在实际工作中，可能会由于各种原因导致生产质量或效果与计划有较大差异。在形成考核结论时，既要体现考核的原则性，严格按有关经济责任制或合同条款考核；又要有一定的灵活性，对某些非人力所能控制的原因造成的差异，可给予减责或免责处理。

③ 尊重被考核对象。在考核结论形成前，应将考核的有关情况告知被考核对象，听取被考核对象的意见或陈述。

④ 注意考核结果的合理使用。考核只是手段，不是目的。考核的根本目的是准确掌握被考核对象的真实情况，为领导制定激励措施提供依据。同时，帮助被考核对象正确认识和对待自己的工作效果，以便其明确方向，做出更好的成绩。因此，在考核结论形成后，应以适当的方式及时告知被考核对象。

例 2：诚信公司车间主任考核办法。

一、目的：为加强车间管理，提高责任心，以稳定产量、提高质量与效益，特制定本办法。

二、适用范围：生产部所属一、二、三车间主任（含副主任）。

三、考核内容：

1. 生产计划完成率，占 25%。以产品转入下车间或成品库为准。未完成计划，每低 1% 扣 1 分；延误出柜 1 天，扣 5 分以上。超计划完成任务，每超过 1% 加 1 分。此项考核由生产部实施。

2. 安全文明生产，占 20%。考核内容包括是否健全安全责任制、开展安全活动，是否有专人负责安全教育、安全监督，安全事故发生率、车间清洁卫生、现场物料和半成品堆放是否符合要求等。如出现重大安全责任事故（如发生人员伤亡），此项考核不得分。此项考核由生产部实施。

3. 生产质量，占 20%。考核内容包括批次合格率、质量提高措施执行率、纠正预防措施执行率、是否进行质量培训等。如出现重大质量事故（质量损失金额在 1000 元以上），此项不得分。此项考核由品管部实施。

4. 成本管理，占 20%。由财务部核定标准成本及工时定额，实际成本在标准成本 ±1% 内，得 15 分；在允许范围内，每降低 1%，加 1 分；每超过 1%，扣 1 分，扣完为止。如出现较大成本浪费（含人、财、物，且损失金额在 1000 元以上），此项不得分。此项考核由财务部实施。

5. 内部管理，占 15%。考核内容包括培训落实、会议组织、报表规范与完善、规章制度执行、办公室规范、员工违纪违规的次数与频率等。此项考核由生产部实施。

四、工资考核：车间主任的工资由基本工资和岗位工资构成，其中基本工资占 60%，岗位工资占 40%。考核结果与岗位工资挂钩。

五、考核等级与岗位工资核发比例如下：

考核等级：优、良、中、待改进、不合格。

对应分值：90~100 分、80~90 分、70~80 分、60~70 分、60 分以下。

岗位工资发放比例：100%、100%、90%、80%、60% 或更低。

六、各相关部门应在每月 30 日前完成对车间主任的考核评分，并交企管部，由企管部汇总后，于次月 3 日前将各车间考核结果交财务部，作为计发车间主任岗位工资的依据。

七、本规定自 2008 年 8 月 8 日起生效。

例 3：诚信公司经济责任制考核管理条例。

为了加快推进"三项制度"改革，逐步建立和完善我公司分配制度与部门经济效益挂钩的新机制，真正体现按劳分配、多劳多得的分配思想，进一步规范经济责任制的考核工作，特制定本条例。

一、经济责任制考核程序

1. 经济考核数据收集

每月 5 日前，各被考核单位应将本单位的相关考核数据及时提供给企管部。数据资料的整理人及部门负责人均应在上报材料中签字并盖章。如出现拖延，企管部将按 100 元/天扣减拖延部门兑现收入。

2. 经济考核数据的整理、计算和上报

考核数据汇集完整后，企管部应在每月 11 日以前，根据各单位经济责任书及时测算出各单位的考核结果，并于当日上报公司总经理，同时转报被考核单位。

3. 经济考核结果的确定及发生争议的仲裁

如考核结果出现争议，由总经理主持召开考核单位与被考核单位见面会议，沟通确认考核数据，并仲裁争议。

4. 考核结果确认后，由企管部转送财务部、人力资源部及各被考核部门。各被考核单位持考核结果到财务部门进行结算。

二、各相关部门的权利和义务

1. 被考核部门以及相关管理部门有权力就考核数据、考核过程、考核结果提出异议。

2. 提供数据的各单位必须确保数据的真实性和完整性。如发现弄虚作假行为，将追究有关人员的责任，并严肃处理。

3. 企管部应妥善保管全部考核资料，以备审计时使用。

三、责任制考核结果的监督

公司审计监察室可不定期地对考核结果进行审计监督，并以审计报告的形式将审计结果上报董事长、总经理，以确保责任制考核结果的真实和准确。

四、经济责任考核工作的日常事务由公司企管部负责处理。

五、本条例自 2009 年 8 月 8 日起实施。

参考文献

[1] 佚名. 现代企业管理理论与实务[M]. 北京：中国林业出版社，1999.

[2] 王关义. 现代生产管理[M]. 北京：经济管理出版社，2005.

[3] 徐子健. 组织行为学[M]. 北京：对外经济贸易大学出版社，2005.

[4] 陈荣秋，马士华. 生产与运作管理[M]. 北京：高等教育出版社，2006.

[5] 任建标. 生产与运作管理[M]. 北京：电子工业出版社，2006.

[6] 王国庆，李建东. 企业生产管理[M]. 北京：清华大学出版社，2007.

[7] 谭红翔. 实用生产管理[M]. 重庆：重庆大学出版社，2007.

[8] 肖祥伟. 企业管理理论与实务[M]. 广州：中山大学出版社，2007.

[9] 余华文. 企业安全生产管理实务[M]. 合肥：安徽科学技术出版社，2008.

[10] 安维洲，刘利军. 工厂生产管理实务[M]. 北京：中国时代经济出版社，2008.

[11] 孙成志，刘明霞. 企业生产管理[M]. 大连：东北财经大学出版社，2009.

[12] 潘爱华. 企业生产管理实务[M]. 北京：北京师范大学出版集团，2011.

反侵权盗版声明

电子工业出版社依法对本作品享有专有出版权。任何未经权利人书面许可，复制、销售或通过信息网络传播本作品的行为，歪曲、篡改、剽窃本作品的行为，均违反《中华人民共和国著作权法》，其行为人应承担相应的民事责任和行政责任，构成犯罪的，将被依法追究刑事责任。

为了维护市场秩序，保护权利人的合法权益，我社将依法查处和打击侵权盗版的单位和个人。欢迎社会各界人士积极举报侵权盗版行为，本社将奖励举报有功人员，并保证举报人的信息不被泄露。

举报电话：（010）88254396；（010）88258888

传　　真：（010）88254397

E-mail：　 dbqq@phei.com.cn

通信地址：北京市海淀区万寿路 173 信箱

　　　　　电子工业出版社总编办公室

邮　　编：100036